全国 武将印 徹底ガイド

見どころ・楽しみ方がわかる

小和田哲男 監修

全国「武将印」徹底ガイド　見どころ・楽しみ方がわかる　目次

150枚以上の印を掲載！

6 はじめに
7 武将印の楽しみ方　一、武将印の見方
8 武将印の楽しみ方　二、集め方のコツQ&A
9 武将印の楽しみ方　三、集印帳に集めよう
10 本書の見方
12 ［全国］掲載武将印MAP

織田軍

14 織田信長
18 明智光秀
22 森蘭丸
23 松永久秀
24 織田信秀
25 織田信勝
26 織田信包
27 織田秀孝

真田軍

28 真田信繁（幸村）
32 真田昌幸
36 真田信之
38 真田幸綱（幸隆）
40 真田信綱

41 真田幸昌
42 鈴木忠重
44 矢沢頼綱
46 小山田茂誠
47 河原綱家
48 片倉重綱（重長）
49 片倉守信

豊臣軍

50 豊臣秀吉
52 島左近
56 後藤又兵衛
60 石田三成
62 豊臣秀次
64 豊臣秀頼
65 三法師（織田秀信）
66 竹中半兵衛
68 福島正則
70 加藤清正
72 黒田官兵衛
74 大谷吉継
76 毛利勝永
78 羽柴秀長
79 可児才蔵
80 九鬼嘉隆
81 筒井順慶
82 長宗我部元親
83 長宗我部盛親
84 堀尾吉晴
85 堀尾忠氏
86 島津義弘

87 明石全登

徳川軍

88 徳川家康
90 井伊直政
92 藤堂高虎
94 丹羽氏次
96 伊達政宗
97 本多忠勝
98 松平直政
99 水野勝成
100 横田内膳
101 加藤貞泰
102 中村一氏
103 中村忠一

104 姫の印
お市の方、小松姫、阿梅姫、大祝鶴姫、円珠姫、帰蝶、熙子、竹林院、村松殿、細川ガラシャ、山手殿など

毛利軍

108 毛利元就
110 小早川隆景
112 吉川広家
114 末次元康
115 村上武吉

尼子軍

116 尼子経久
118 尼子晴久
120 山中鹿介

大友軍

122 大友宗麟
123 高橋紹運

上杉軍

124 上杉謙信
126 長野業正
128 宇佐美定満
130 前田利益

足利軍

132 足利義輝

今川軍

134 今川義元

浅井軍

136 浅井長政
138 沼田景義
140 細川忠興

142 ゆざわ御城印プロジェクト

144 雑賀孫市
145 土岐頼芸
146 北条氏綱
147 三好長慶

148 その他の印・集印帳

152 印頒布場所一覧
154 索引（50音順）
158 「御城印」徹底ガイドシリーズのご案内

はじめに

お城や歴史好きな人の間でブームとなっている御城印は、お城めぐりの楽しみの一つとして定着しつつある。そのブームに更に拍車をかけているのが、武将をテーマとした「武将印」で、全国のお城や観光協会などで発行・販売されている。

武将印第一号は、上州真田武将隊商い処 松之屋が発行した「沼田平八郎景義」の武将印が日本で最初と考えられる。現在は全国で200種類以上が発行されている。

本書では全国の武将印の解説と、各武将の略暦、武将ゆかりの観光スポットなどを徹底的に紹介。一般に販売されている武将印に加え、イベント記念の限定版やバージョン違い、またお城や観光協会が販売しているオリジナルの御城印帳なども掲載。

武将印ガイドの決定版として、150種以上の武将印を収録している。お城や観光スポットへ行くときにぜひ一冊持ち歩いて、歴史めぐりを楽しもう。

武将印の楽しみ方

一、武将印の見方

武将にゆかりのある家紋が押印されている

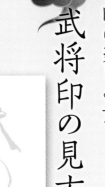

ほとんどの武将印に、その武将の家紋や、また花押や発行元の角印などが押されている。主君やその武将にゆかりのある家紋が複数配されたり、武将やお城のシルエットがデザインされているものもある。紋や印1つ1つに意味があり、個性豊かなのが武将印の特徴だ。

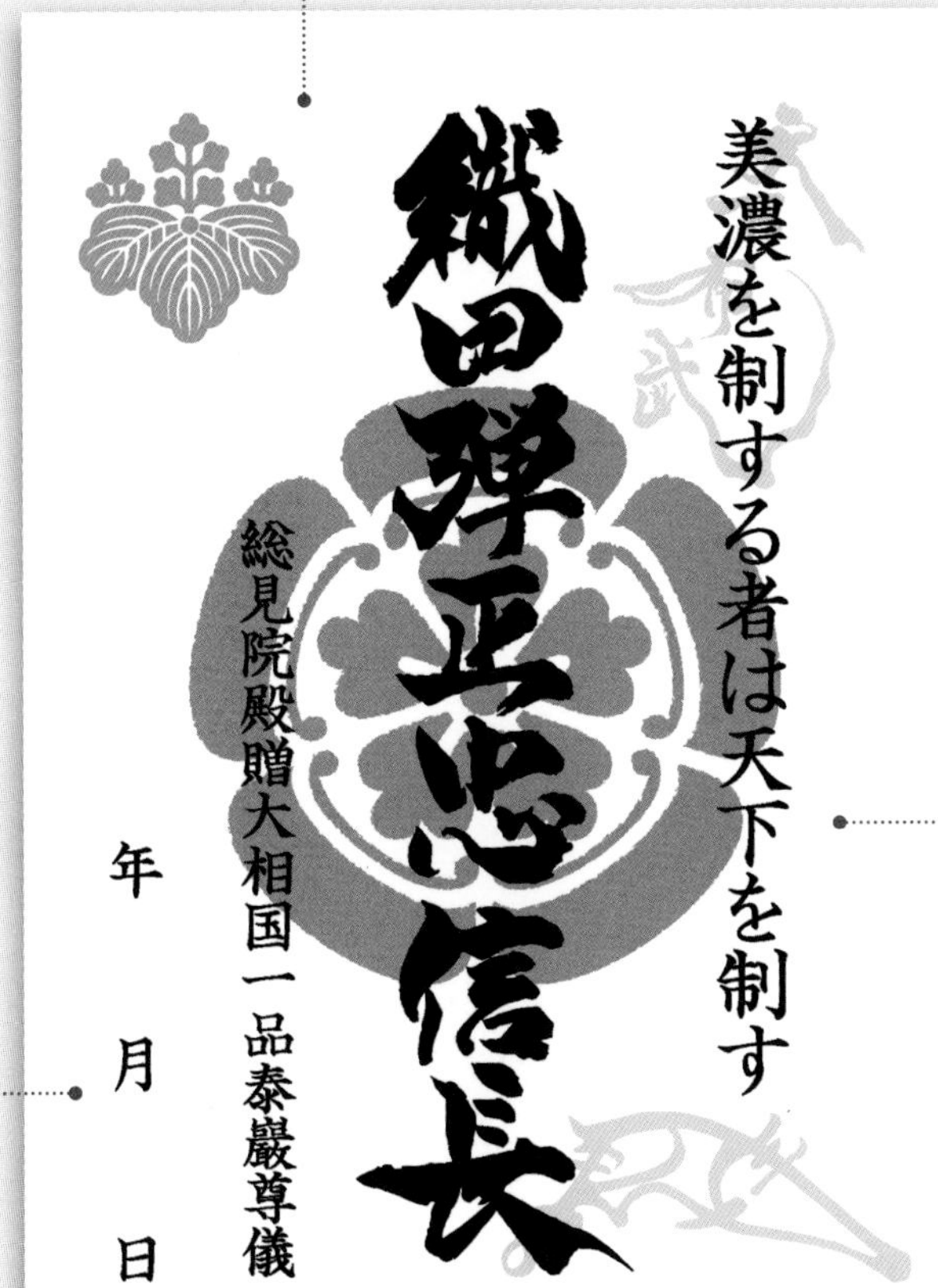

登城日の日付は記念日にもなる

武将印はいただいた日付を記入することができる。購入時に書き入れてくれるところもあれば、自分で日付印を押すところもある。いつ訪れたかがわかるので、後で観光の思い出を振り返ることができる。

台紙も個性的

地元産の和紙や特殊な素材を使った武将印もある。また、シール状になっており、好きなところに貼れるタイプもある。

武将の名言や辞世の句、戒名などが書かれている

中央に書かれている武将名は、地元出身の書家が揮毫を書いたり、城主の書状の写しなどから取られたものが多い。また、武将の名言や辞世の句、その武将にまつわるエピソード、戒名などが書かれている印もある。

二、集め方のコツQ&A

Q1 武将印と御朱印の違いは？

御朱印はもともとお寺や神社に参拝した際に納経の証としていただくもの。基本は御朱印帳に手書きしてもらう。コレクターズアイテムやスタンプラリーではないので気をつけよう。武将印はあくまでお城や観光地を訪れた記念に購入するもので、書き置きが多い。

Q2 どこで購入できるの？

お城の入場券販売所や売店、観光案内所、お寺や神社の受付などで販売されていることが多い。イベント時に無料で配布されることも ある。ただし、武将印によっては今後頒布を取りやめる可能性もあるので、訪れる前に事前に確認しておこう。
→頒布場所一覧は152ページ

Q3 いくらで買えるの？

多くの武将印が税込み300円程度で販売されている。限定版やセット販売などもある。御朱印の場合は、志納料として金額が決まっていない場合もある。

Q4 どんな種類があるの？

武将ごとに作られた「武将印」のほかに、お寺や神社が発行する「御朱印」、またお城の名前が書かれた「御城印」がある。本書ではそれらの中から武将に関連するものを武将印と総称している。続々と発行されていて、デザインも1種類ではなく、バージョン違いや季節ごとの期間限定版もあるので、観光地へ行く楽しみの1つといえる。

武将印の楽しみ方
三、集印帳に集めよう

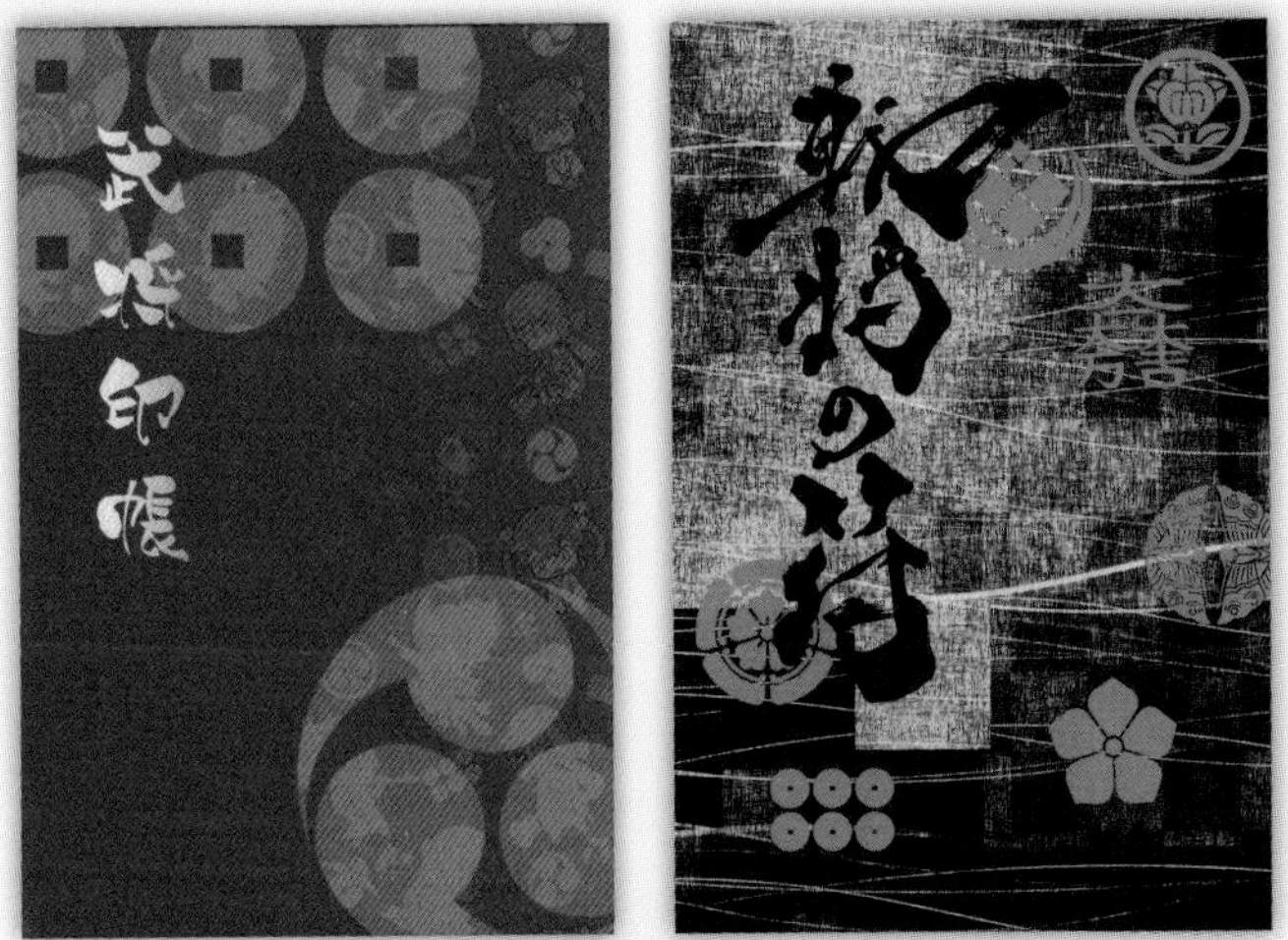

武将印帳

御城印帳

御朱印帳

オリジナルの集印帳を持って出かけよう!

武将印は、印刷された書き置きのものが多いので、集めて保管しておくのに「集印帳」を用意しておくと便利。御朱印用の「御朱印帳」のほか、最近は「御城印帳」や「武将印帳」も販売しているのでオススメ。お城や武将ゆかりの観光スポットでオリジナルの集印帳がたくさん発売されているので、お気に入りの一冊を見つけよう。

収納ポケット付きタイプ

武将印をポケットに入れて保管できるタイプ。のりで貼り付ける必要がなく、入れ替えができるので便利。入城券や拝観チケットの半券や写真など、旅の思い出も一緒に保管できる。

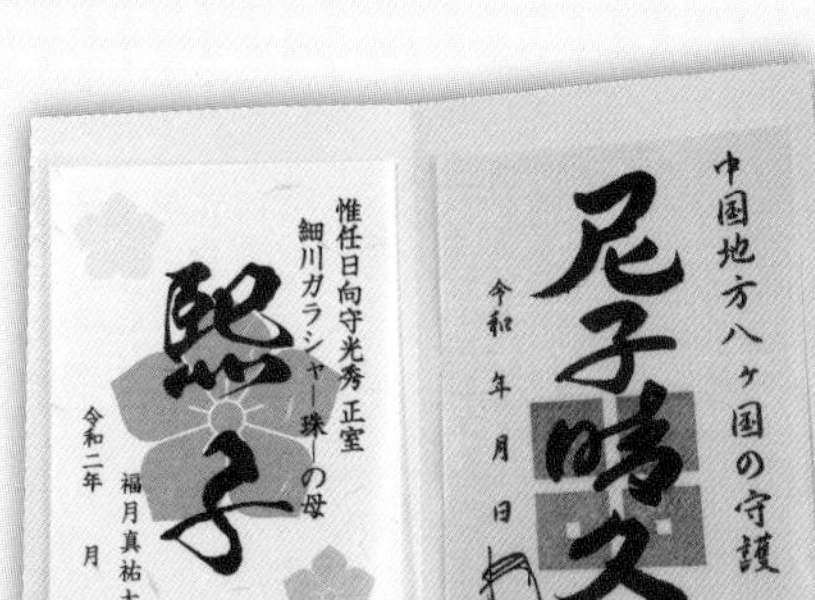

台紙タイプ

御朱印帳と同じように、ポケットはなく、台紙に直接のりなどで貼り付けるタイプ。日本100名城のスタンプ帳にしたり、旅の記録をメモしたりする使い方ができる。

本書の見方

本書では全国で発行されている武将印を紹介している。武将印の解説と、各武将の略歴、またゆかりの史跡など見どころも合わせて解説している。観光に役立つ情報も掲載しているので、ぜひ携帯して歴史めぐりをしてみよう。

武将名
現在使われている一般的な呼び方を掲載。

正義感あふれる義に厚い武将

上杉謙信（うえすぎけんしん）

武将印
生を必するものは死し
死を必するもの生く
令和 年 月 日

❶川中島の戦いの前に兵を鼓舞するために言ったとされる上杉謙信の名言。

❷中央には上杉氏の家紋「上杉笹（竹に雀）」が配されている。

❸右下には花押が配されている。

頒布場所DATA

販売場所	真・戦国丸
販売料金	300円（税込）

武田信玄の永遠のライバル

「毘沙門天の生まれ変わり」や「甲斐の虎」と呼ばれる上杉謙信は、越後の守護代長尾為景の末っ子として生まれた。初名は「景虎」だが「政虎」「輝虎」と主君や将軍から拝領した一字を用いて幾度か名を変えている。「謙信」は後に称した法号である。

もともとは、長男の晴景が家督を継いでいたが、晴景は体が弱く、度重なる家臣たちの反乱に負けて、寺に預けられていた謙信が呼び戻された。そして、見事に反乱を鎮圧したことで、兄に代わって上杉家の当主となった。

謙信は信心深く、毘沙門天を熱心に信仰していた。その神の加護を受けるために、生涯独身を誓い、それをまっとうした。そのため、謙信には子がおらず、このことが死後に争いの火だねともなった。

また、大変仲間思いの正義感溢れる人物でもあり、人生で経験した戦のほとんどが、誰かに助けを求められてのものだった。

謙信が関東の政治を司る関東管領につくことになったのも、上杉憲政が北条氏康に追われて助けを求めてきたことがきっかけ。

126

本文
武将の略歴や武将ゆかりの史跡の情報などを解説している。

頒布場所DATA
武将印の頒布場所・販売価格を掲載。
※頒布場所の営業時間や連絡先は152ページの「頒布場所一覧」をご覧ください。

武将印解説

家紋をはじめ、各武将印の特徴や見どころを解説している。

その他の印

別の団体から発行している武将印やバリエーション、またゆかりのお城の御城印などもあわせて紹介している。

武将DATA

武将の生没年や幼名、主な官位などを掲載。
※一部伝承や推定によります。

このときに、憲政を保護して北条家を攻めたことで上杉姓を与えられて、関東管領を継ぐことになった。

謙信の人の良さは、生涯のライバルとなる武田信玄とのエピソードでも垣間見られる。武田信玄が今川氏・北条氏と組んでいた同盟にヒビが入ると、両者の企みで塩の輸送を止められる事態に陥った。それを知った謙信は、「戦いとは刀でするものだ。農民たちを苦しめてはならない」といい、信玄に塩を送ったという逸話が残っている。これが「敵に塩を送る」の語源といわれる。

また、信玄が亡くなると謙信は涙を流して悲しみ、「今のうちに甲斐を攻めるべきだ」という家臣の声には耳を傾けなかった。そんな人徳の厚い謙信は、無類の酒好きだった。戦中も馬に乗りながら酒が飲めるようにと、特注の盃を作らせるほどで、酒で口をうるおしてから出陣するという逸話も残っている。それが祟って、関東進出を決めた直後に病死。死因は、酒の飲みすぎからくる脳溢血だったのではないかといわれている。

御城印

春日山城 令和 年 月 日

春日山城の御城印。上杉軍総攻撃を命じる時にのみ本陣に立てられたといわれる「懸り乱れ龍の旗」から、中央に「龍」の一字が配されている。

頒布場所DATA

販売場所	上越市埋蔵文化財センター
販売料金	300円(税込)

上杉軍／上杉謙信

春日山城の中腹に立つ謙信公像。

上杉謙信の居城として知られる春日山城(新潟県上越市)。自然の地形を利用した堅固な城寨で、日本五大山城の一つに数えられる。

武将DATA

生没年	享禄3年(1530)～天正6年(1578)
出身地	越後国
幼名	虎千代
通称	長尾景虎
主な官位	関東管領
拠点(主な居城)	春日山城

127

写真提供・協力

安芸高田市観光協会／石都々古和気神社／いっぷく処清松庵／岩崎城歴史記念館／大阪城／柏崎観光協会／観音正寺／紀州九度山真田砦／教法院／小倉城／高知県立高知城歴史博物館／国立歴史民俗博物館／静鉄プロパティマネジメント／慈眼寺／上越市埋蔵文化財センター／上州真田武将隊商い処　松之屋／真・戦国丸／関ケ原観光協会／戦国魂／瀧宮神社／垂井町観光協会／多聞寺／千代田区観光協会／津市観光協会／長浜観光協会／沼田市観光協会／濃州明知砦／広島市文化財団 広島城／彦根市産業部観光企画課／福岡市／福山城博物館／松江観光協会／箕輪城ふれあい市／三原観光協会／妙延寺／村雲御所瑞龍寺門跡／やきとり居酒屋もみじ／安来市観光協会／米子観光まちづくり公社／霊源院

※本書は2020年10月現在の情報を掲載しています。

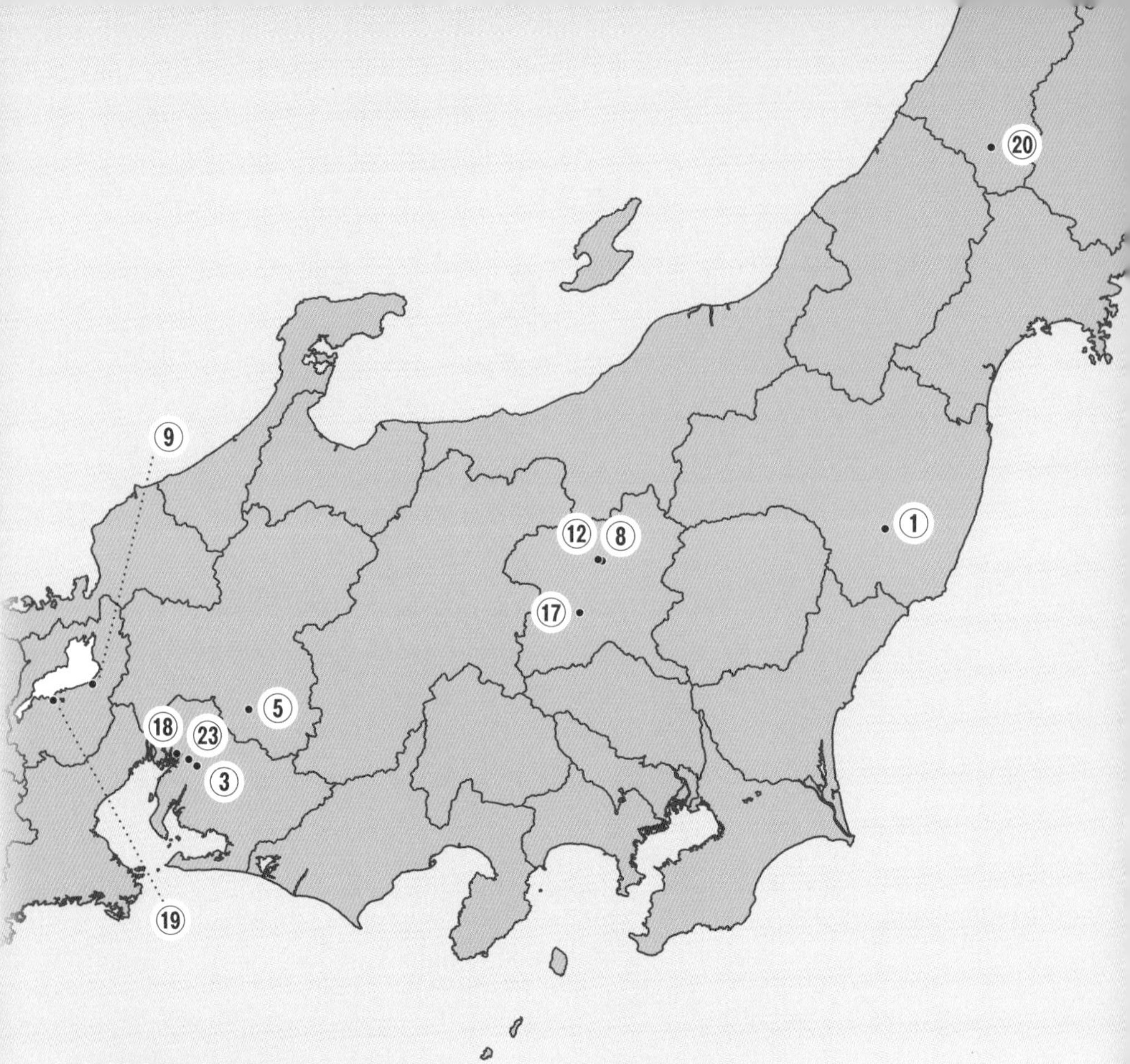

⑧上州真田武将隊商い処 松之屋
真田信之、小松姫など

⑨真・戦国丸
石田三成、上杉謙信、大谷吉継、
織田信長、豊臣秀吉

⑩瀧宮神社
小早川隆景

⑪多聞寺
後藤又兵衛

⑫沼田市観光案内所
土岐頼稔、真田昌幸、真田信繁、
真田信之など

⑬はしもと広域観光案内所
織田信長、三法師

①石都々古和気神社
石川氏

②いっぷく処清松庵
末次元康、堀尾忠氏、堀尾吉晴、
松平直政、毛利元就

③岩崎城歴史記念館
丹羽氏次

④小倉城しろテラス
細川忠興など

⑤御嵩宿わいわい館
織田信長など

⑥紀州九度山真田砦
真田信繁、真田昌幸など

⑦教法院
島左近

［全国］
掲載武将印MAP

本書で掲載している武将印の主な頒布場所と、
そこでもらえる主な武将印を紹介します。

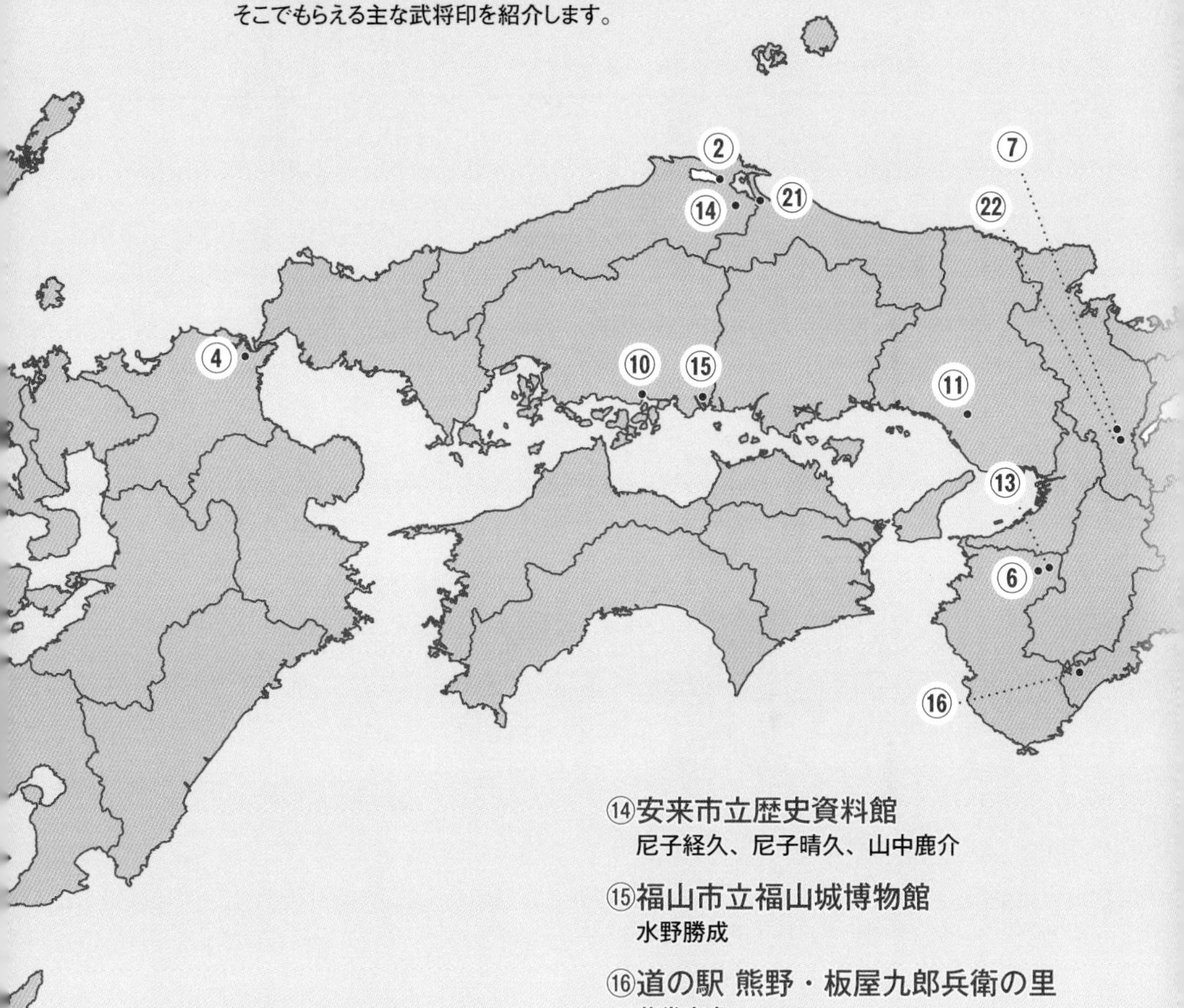

⑭安来市立歴史資料館
尼子経久、尼子晴久、山中鹿介

⑮福山市立福山城博物館
水野勝成

⑯道の駅 熊野・板屋九郎兵衛の里
藤堂高虎

⑰箕輪城跡駐車場
井伊直政、長野業正

⑱妙延寺
加藤清正

⑲村雲御所瑞龍寺門跡
豊臣秀次

⑳やきとり居酒屋もみじ
ゆざわ御城印プロジェクト

㉑米子まちなか観光案内所
加藤貞康、吉川広家、中村一氏、
中村忠一、横田内膳

㉒霊源院
今川義元、織田信長

㉓城山八幡宮
お市の方、織田信包、織田秀孝、
織田信長、織田信秀、織田信勝

天下統一を目指した風雲児
織田信長

おだのぶなが

頒布場所DATA

販売場所	城山八幡宮
販売料金	500円（税込）

御朱印

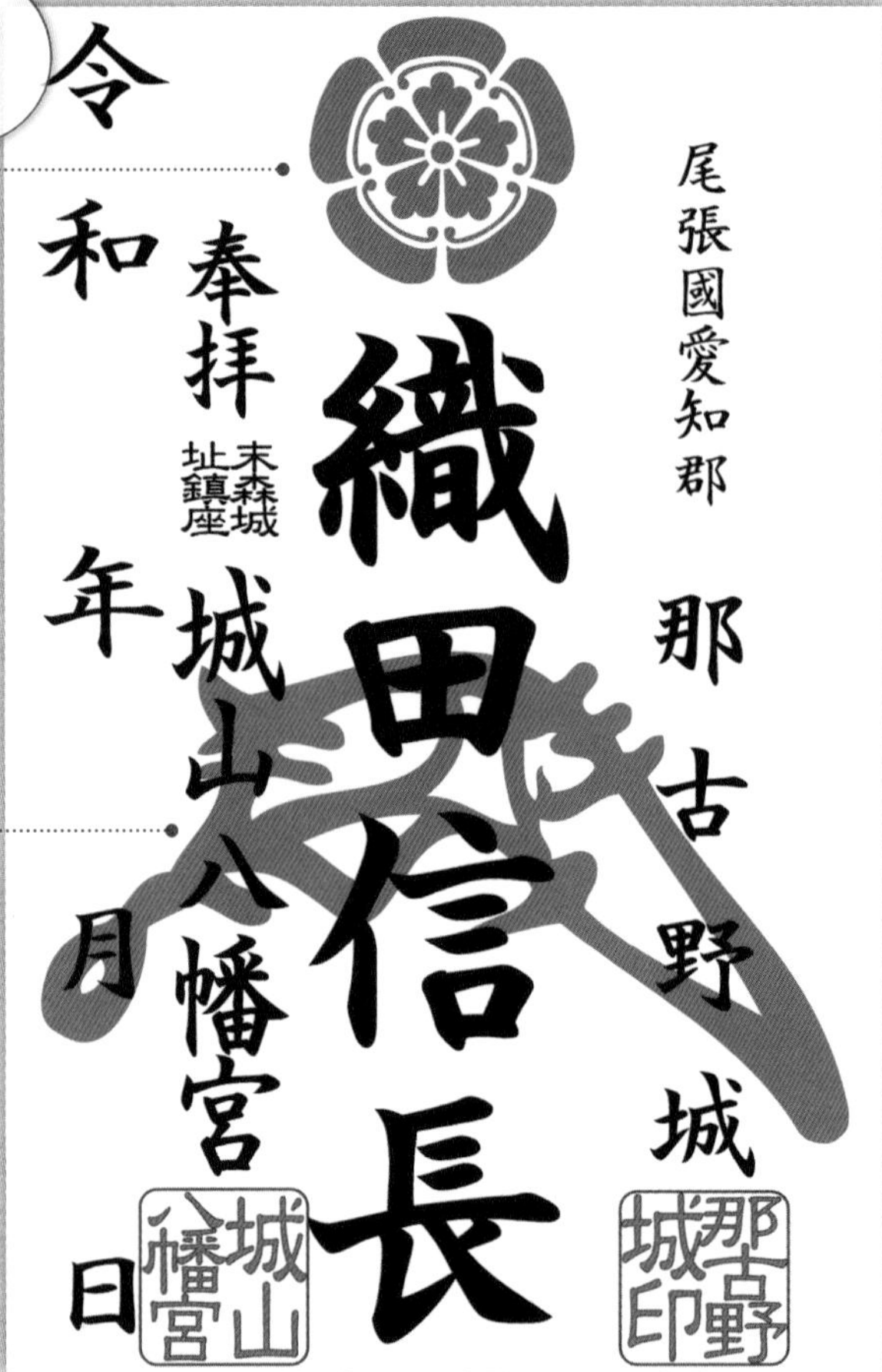

❶上部に織田木瓜が配されている。

❷中央にある花押は麒麟の「麟」の字をかたどったといわれている。

❸那古野城と城山八幡宮の印が押されている。

大うつけから古今無双の名将へ

父は尾張下四郡を支配した清須城の家老織田弾正忠信秀で、尾張那古野城で生まれ、元服すると織田三郎信長と名乗る。若い頃は好んで異様な風体をし、粗暴な振舞いが多いので「大うつけ者」と呼ばれていたという。しかし、18歳で家督を継ぐと、国内の織田家の反対勢力を一掃して、清須城に移り、尾張一国を支配下に収めた。

永禄3年（1560）、今川義元を桶狭間にて倒し、同10年（1567）、稲葉山城を攻めて斎藤龍興を滅ぼすと、この城に移り、岐阜城と名を改めた。天下を収めることを宣言する「天下布武」の朱印はこの頃より使い始めたといわれる。

この頃、信長のもとに正親町天皇から「古今無双の名将」とほめたたえられ綸旨が届けられ、前将軍足利義輝の弟義昭から幕府再興の依頼を受けるなど、天下に名が知れ渡る。

本能寺の変で明智光秀に討たれる

永禄11年（1568）、上京して義昭を

将軍職につけるも両者の関係は悪化、義昭は浅井・朝倉・武田の諸氏などを味方につけ戦を仕掛けるが、信長は徳川家康とともに姉川の戦いでこれを退け、天正元年（1573）、将軍義昭を追放して、室町幕府を倒した。この頃、近江・伊勢・越前、加賀で一向宗徒が一揆を起こすと、信長はこれらも制圧する。武田信玄に

信長が光秀に襲撃され、自刃した本能寺跡（京都府中京区）。本能寺はその後、秀吉が現在の寺町御池に再建している。

武将DATA

生没年	天文3年（1534）～天正10年（1582）
出身地	尾張国（愛知県）
幼名	吉法師
通称	―
主な官位	権大納言兼右近衛大将、内大臣、右大臣、正二位、（太政大臣従一位／死後）
拠点（主な居城）	尾張那古野（おわりなごや）城、清須城、岐阜城、安土城

かつて斎藤道三の居城でもあった稲葉山城を、信長が斎藤龍興を滅ぼした後に移り、岐阜城と改めた。現在の岐阜城は昭和31年に復興されたもの。

は三方ヶ原の戦いで敗れるものの、信玄の病死後、長篠・設楽原の戦いで子・勝頼を撃破、近江の安土に居城を築く。

　敵対する石山本願寺を退けると、中国の毛利輝元には、羽柴秀吉を当たらせ、自らは信濃・甲斐・駿河・上野の諸国を支配する。

　天正10年（1582）、山陰・山陽を攻略中の秀吉から救援を求められて上洛、本能寺に泊まる。6月2日の未明、配下の明智光秀の襲撃を受け自刃した。なぜ、光秀は主君である信長を裏切り、謀反を起こしたのか、その動機は今なお謎に包まれている。

　信長の型破りな行動力は、戦においては真価を発揮し、奇襲をかけたり（桶狭間の戦い）、初めて鉄砲隊を組織したり（長篠・設楽原の戦い）した。また、従来の座を廃して楽市を開くなど、経済の自由化を促進させている。

　比叡山を焼き討ちし、仏教には弾圧を加えたものの、耶蘇教（キリスト教）は積極的に受け入れた。さらに検地を行って、荘園制を解体して公家・社寺の権威を失墜させる。ところが、武力で人は倒せても、人心を掌握することは難しく、最後は謀反によって野望が絶たれるのである。

御朱印

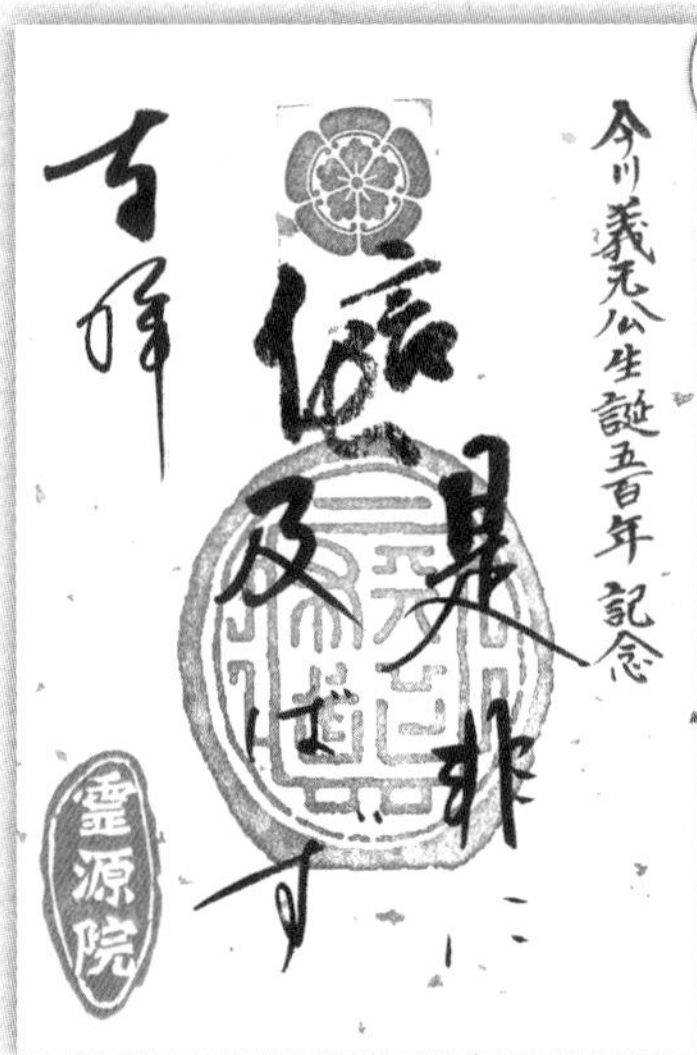

霊源院発行の御朱印。所蔵の信長公直筆の書状公開を記念したもの。印は織田家の家紋と書状にも使われている「天下布武」が押されている。

頒布場所DATA

販売場所	霊源院本堂受付
販売料金	400円（税込）

武将印

織田家の家紋と花押、「不及是非」（是非に及ばず）の文言、戒名が配されている濃州明知砦の武将印。

頒布場所DATA

販売場所	※現在は濃州明知砦通販のみ
販売料金	400円（税込）

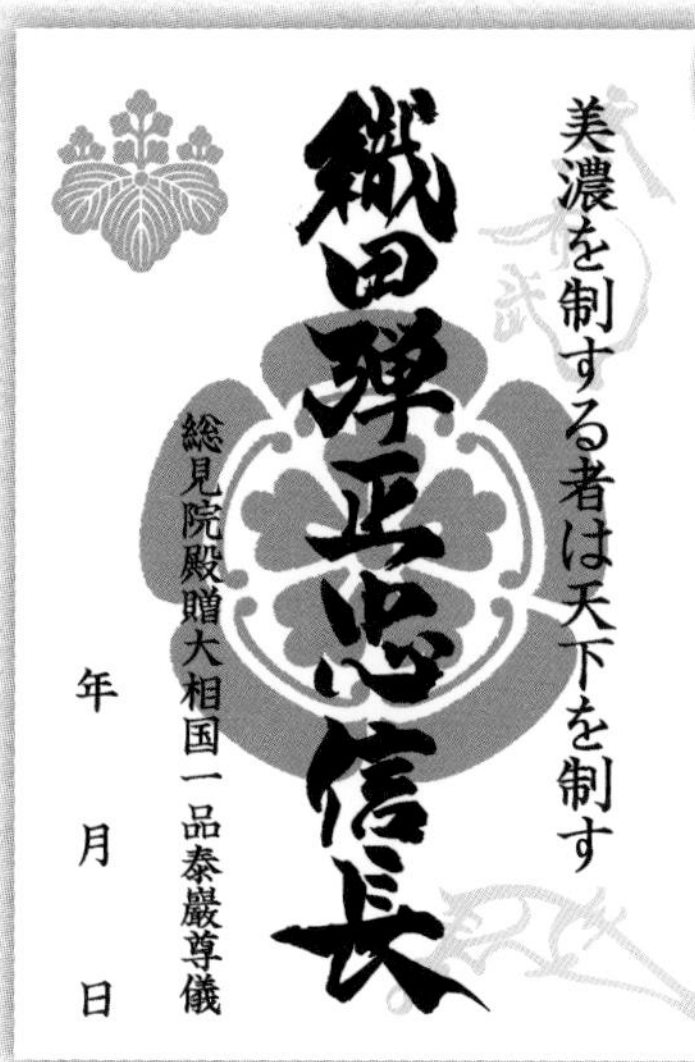

美濃を制する者は天下を制す
織田弾正忠信長
総見院殿贈大相国一品泰巌尊儀
年 月 日

武将印

織田家の家紋と花押、「美濃を制する者は天下を制す」の名言、戒名が配されている紀州戦国屋の武将印。

頒布場所DATA

販売場所	はしもと広域観光案内所
販売料金	300円（税込）

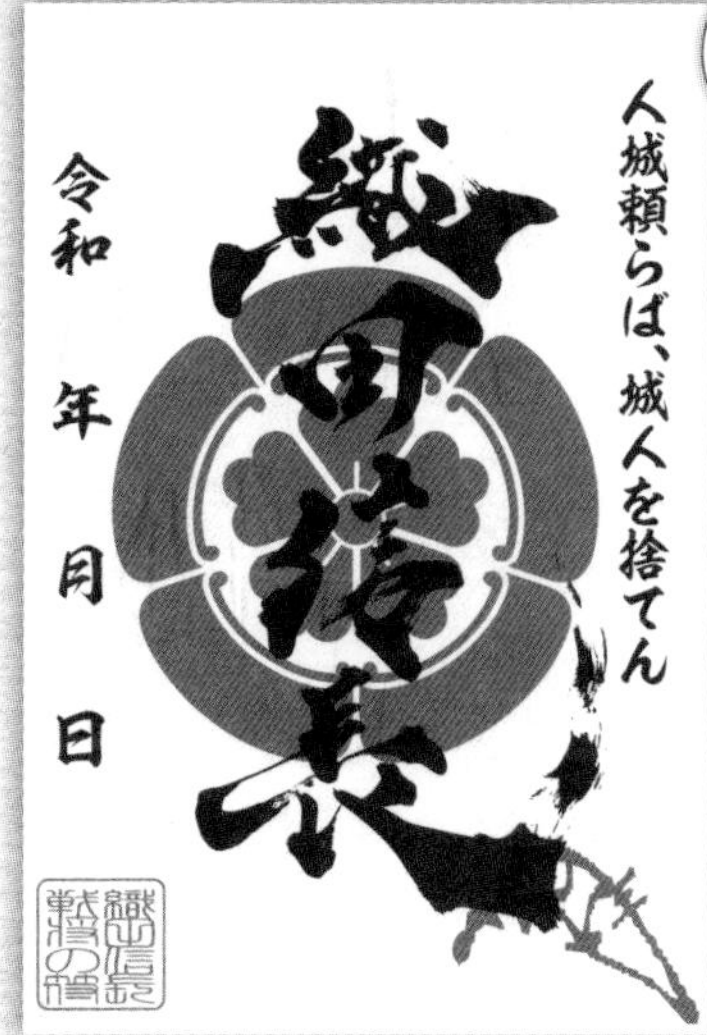

武将印

織田家の家紋と花押、「人城頼らば、城人を捨てん」の名言が配されている真・戦国丸の武将印。

頒布場所DATA

販売場所	真・戦国丸
販売料金	300円（税込）

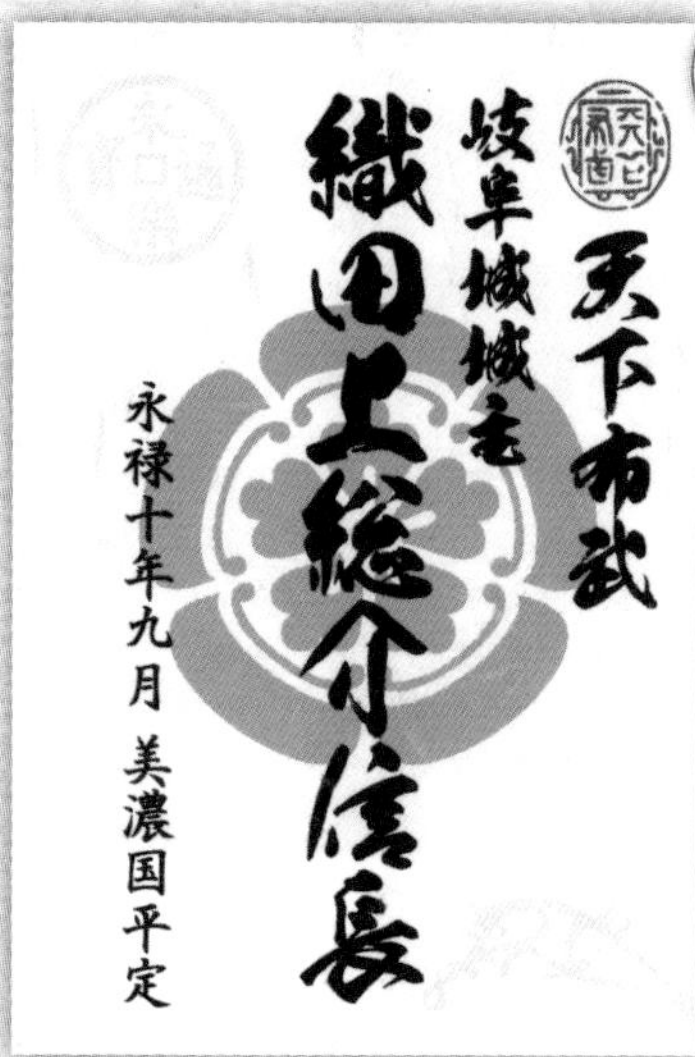

武将印

織田家の家紋（織田木瓜）、天下布武の印、岐阜城城主の文言が配されている濃州明知砦の武将印。

頒布場所DATA

販売場所	※現在は濃州明知砦通販のみ
販売料金	400円（税込）

武将印

織田家の家紋（織田木瓜）、永楽通宝、花押の他、信長を表す「覇」の一字が配されている戦国魂の武将印。

頒布場所DATA

販売場所	戦国魂オンラインショップ
販売料金	330円（税込）

明智光秀

あけち みつひで

信長を討った悲運の智将

時は今　雨が下しる　五月哉
明智光秀
令和　年　月　日

❷中央には明智家の家紋「桔梗紋」が配されている。明智家の祖・土岐家が使っていたことから採用したといわれる。光秀は桔梗の花の色にちなみ水色の紋を使用した。

❸右下には光秀の花押が配されている。

❶光秀が詠んだ「時は今　雨が下しる　五月哉」。謀反の心境を表したものではないかといわれている。

頒布場所DATA

販売場所	彦根駅前観光案内所
販売料金	300円（税込）

軍事、外交、政治など全てに優れていた

生年は不詳だが、美濃国明智荘の明智城で生まれ、落城するまでの約30年を過ごしたと伝わっている。明智氏の祖は、源頼朝と同じ清和源氏の一族で、美濃国守護の土岐氏といわれている。土岐氏の代わりに美濃国主となった斎藤道三に仕えるが、弘治2年（１５５６）、道三は子の義龍と争った長良川の戦いで敗北。明智城も攻め落とされ、道三側へ付いた光秀も越前の朝倉義景の下へ逃れる。

永禄11年（１５６８）、足利義昭が朝倉氏を通じて織田信長を頼って美濃に赴いたとき、光秀は義昭の家臣となって、その仲立ちをしたという。

元亀2年（１５７１）、比叡山延暦寺攻めを行い、坂本城の築城を開始。その後、義昭と信長の仲が険悪になると、光秀は信長につき、政治的才覚が認められ、天正3年（１５７５）には朝廷より「惟任」の姓と日向守を賜る。

以後は戦に明け暮れ、河内の畠山氏、浅井氏、三好氏を攻め、信長の一向一揆征伐、

大坂本願寺攻め等にも出陣した。天正3年（1575）、信長の丹波攻略の命を受け、宇津城、八上城、黒井城を陥落させ、丹波国の支配が認められた。

天正10年（1582）、6月1日、光秀は1万3千の兵を率いて亀山を出立すると、老ノ坂を越えたところで、急遽、馬首を東に向け桂川を渡り、2日未明に洛中に入った。宿所本能寺を急襲して信長を倒し、ついで織田信忠を攻めて自害させた。世にいう本能寺の変である。5日、安土城を接収し、秀吉の本拠長浜城を占領。近江・美濃の二国を支配下に置く。しかし、中国より折り返してきた秀吉軍と対峙し、12日、中川清秀に山崎の天王山を占拠されると敗走を余儀なくされた。

そして、坂本に戻る途中に襲撃されて深手を負い、自刃した。「敵は本能寺にあり」という言葉だけでなく、秀吉にあまりに早く討たれたことで「三日天下」、山崎の天王山を争う戦いから勝敗を決する大事な一戦を「天王山」と呼ぶようになるなど、人々に大きな衝撃を与えたできごとであった。

本来は、教養があり、和歌・連歌を好み、茶道を嗜む文化人であった光秀が、なぜ謀反を起こしたのか、その動機は謎とされている。信長のパワハラに対する怨恨説。天下を取ろうとした野望説。勧修寺晴豊や近衛前久ら公卿にさとされた朝廷黒幕説。長宗我部元親関与説などがあり、いまだ様々な憶測がなされている。

丹波平定を成した光秀が天正7年（1579）頃、横山城を前身とし築いたといわれる福知山城。

光秀ゆかりの慈眼寺（京都市右京区）に祀られている黒塗りの光秀坐像。逆臣の汚名から真っ黒に塗られ「くろみつ大雄尊」と呼ばれている。

武将DATA

生没年	～天正10年（1582） ※生年は不詳、享禄元年（1528）の説もあり
出身地	不明（美濃国の出身との説も）
幼名	―
通称	十兵衛
主な官位	日向守
拠点（主な居城）	近江坂本城、丹波亀山城

武将印

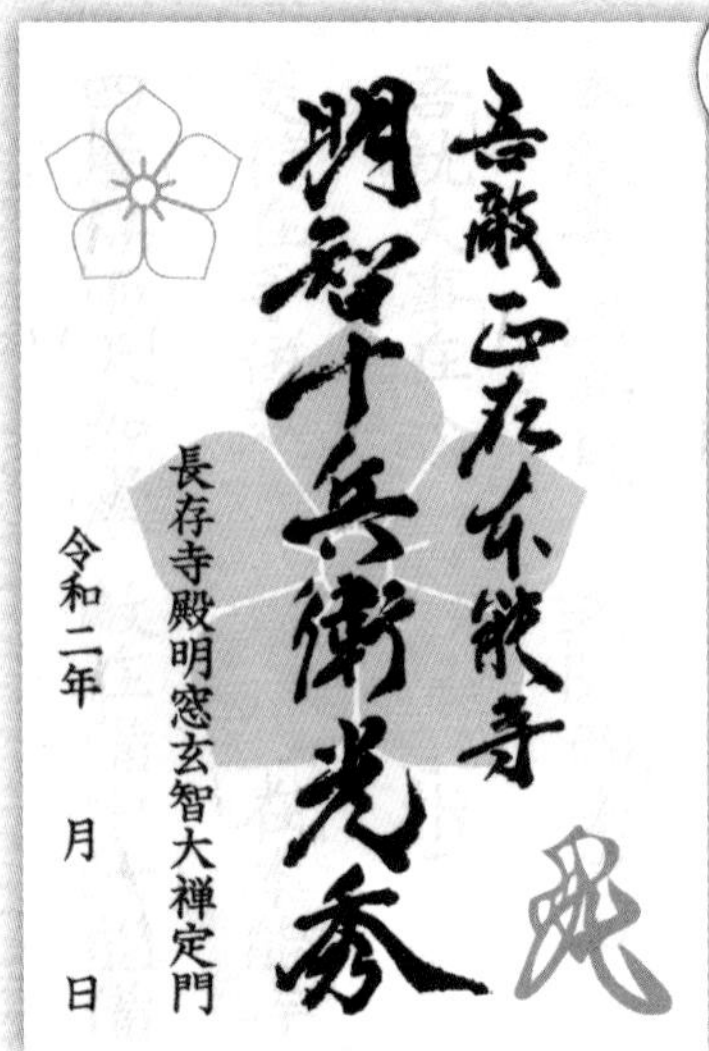

「明智十兵衛光秀公　可児バージョン武将印」
明智家の家紋、花押、「吾敵正在本能寺」（敵は本能寺にあり）の文言が配されている濃州明知砦の武将印。

頒布場所DATA

販売場所	※現在は濃州明知砦通販のみ
販売料金	400円（税込）

武将印

明智家の家紋、花押、光秀を表す一字「紕」が配されている戦国魂の武将印。

頒布場所DATA

販売場所	戦国魂オンラインショップ
販売料金	330円（税込）

武将印

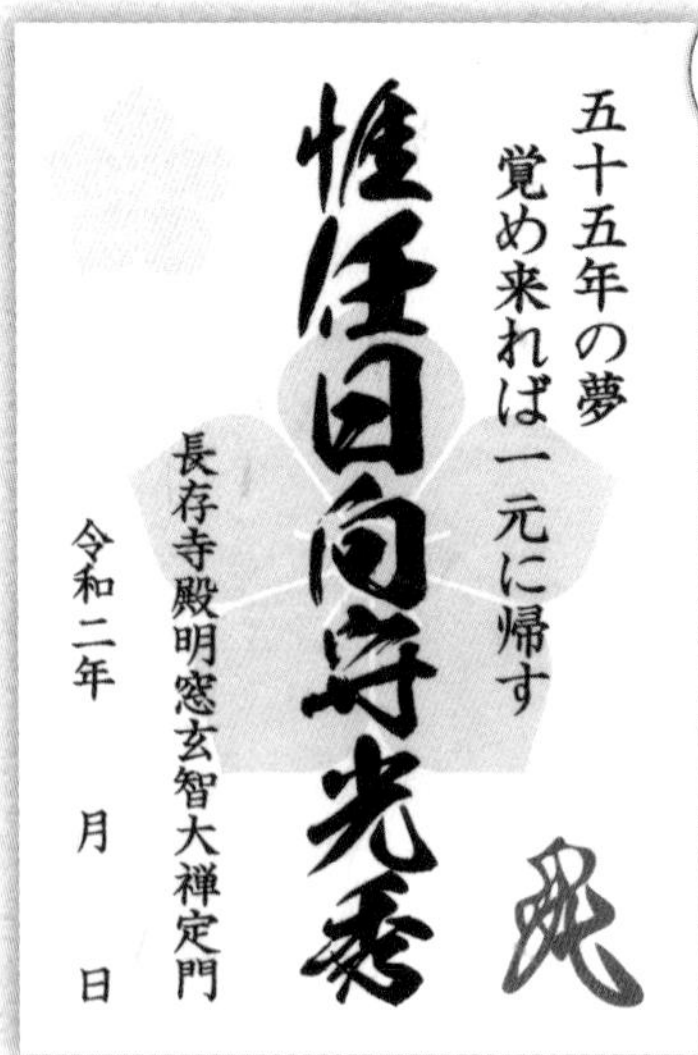

「惟任日向守光秀公　可児バージョン武将印」
光秀の辞世の句より「五十五年の夢　覚め来れば　一元に帰す」の文言が配されている濃州明知砦の武将印。

頒布場所DATA

販売場所	※現在は濃州明知砦通販のみ
販売料金	400円（税込）

武将印

鷺山城
斎藤道三
いざ決戦
長良川の戦
稲葉山城
斎藤義龍
斎藤利治
斎藤利堯
明智光安
明智光久
弘治二年四月二十日
不破光治
西美濃三人衆
日根野弘就

「いざ決戦 長良川の戦 合戦印」
斎藤道三と斎藤義龍の戦にちなむ合戦印。

頒布場所DATA

販売場所	※現在は濃州明知砦通販のみ
販売料金	400円（税込）

武将印

「濃州三傑武将符」
濃州(美濃国)の三傑、斎藤道三、織田信長、明智光秀の名が書かれた武将符。通常の武将印の2倍の大きさで御朱印帳に貼っても道三の名が折れないようになっている濃州明知砦の武将印。

頒布場所DATA

販売場所	※現在は濃州明知砦通販のみ
販売料金	700円(税込)

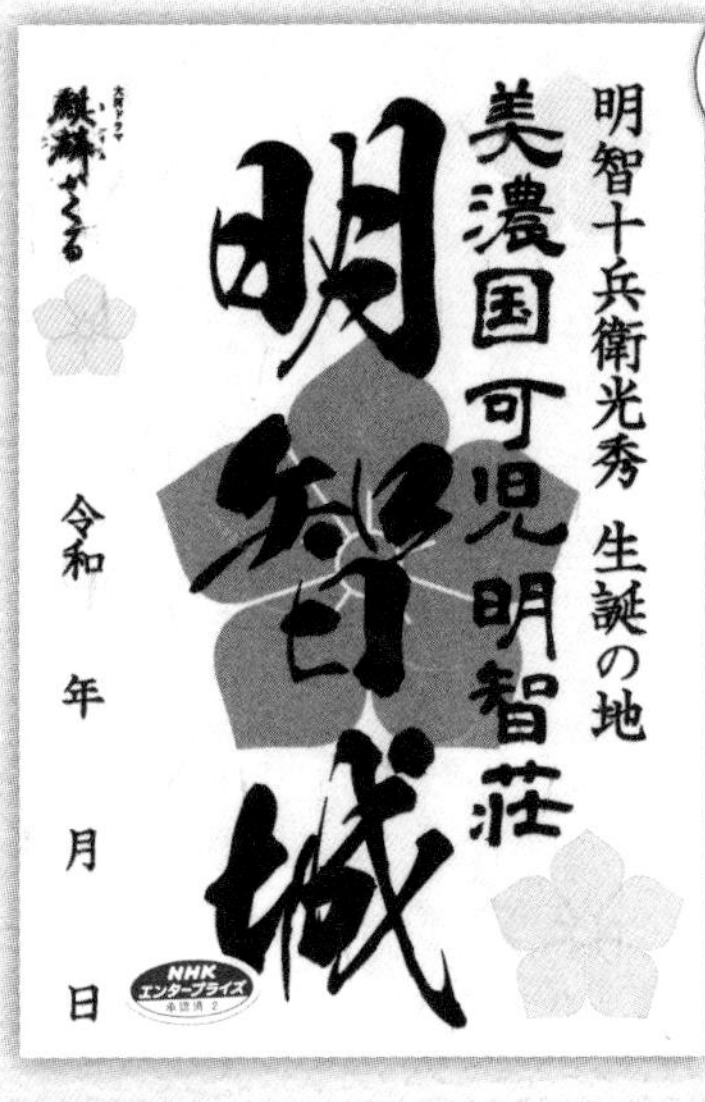

御城印

「明智城 落款入 御城印」
生誕の地、美濃国可児、明智荘の文言が入っている濃州明知砦の武将印。

頒布場所DATA

販売場所	御嵩宿わいわい館※濃州明知砦通販でも販売中
販売料金	400円(税込)

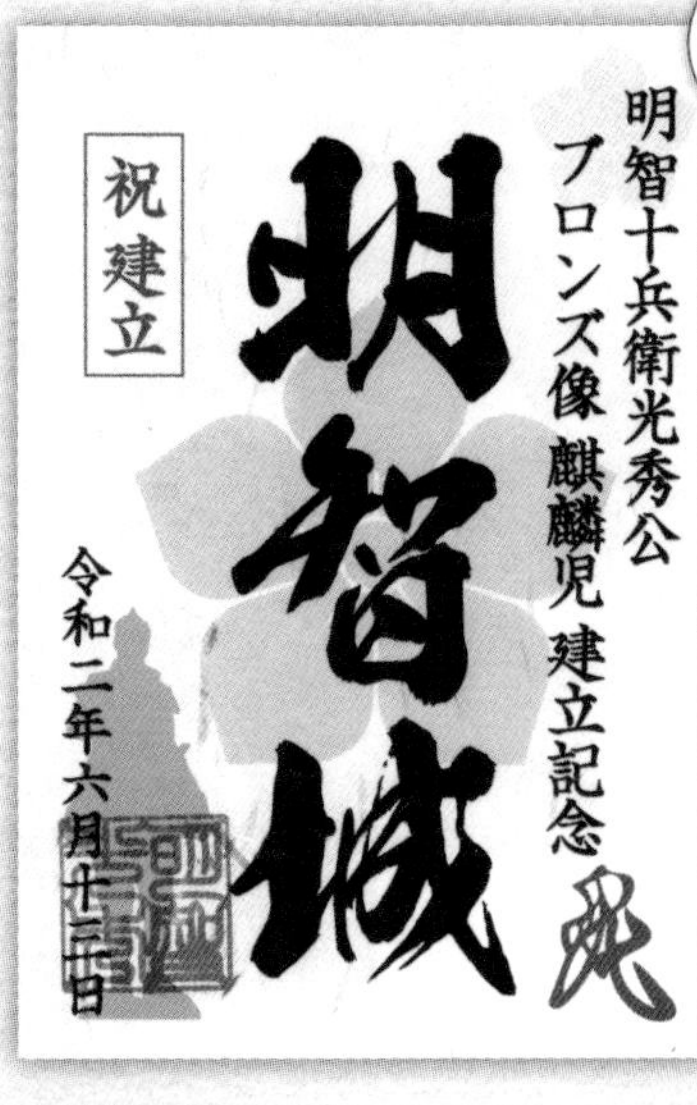

御城印

「明智光秀公ブロンズ像 麒麟児 建立記念 御城印」
令和2年6月13日(光秀公命日)に明智城本丸跡にブロンズ像が建立されたのを祝した濃州明知砦の御城印。売り上げの一部は「麒麟児」ブロンズ像の寄付金になる。

頒布場所DATA

販売場所	御嵩宿わいわい館※濃州明知砦通販でも販売中
販売料金	400円(税込)

森蘭丸

もり らんまる

信長に寵愛された美しき小姓

武将印

織田信長の側近として
最期まで献身的に仕えた小姓
美濃金山城 城主
森蘭丸成利
瑞桂院殿鳳山智賢居士
令和二年 月 日

❶永禄8年（1565）に森可成が城主となり、後に森蘭丸も美濃金山城主となったことにちなむ。

❷左上には織田信長の「木瓜紋」が押されている。

❸中央には森蘭丸が使用した家紋「鶴丸紋」が押されている。

武将DATA

生没年	永禄8年（1565）～天正10年（1582）
出身地	美濃国
幼名	蘭丸
通称	蘭丸
主な官位	ー
拠点（主な居城）	美濃金山（岐阜県可児市）

頒布場所DATA

販売場所	※現在は濃州明知砦通販のみ
販売料金	400円（税込）

本能寺の変で果てる

森蘭丸は、本名を長定といい、森可成の次男に生まれ、幼いころから兄弟で織田信長に小姓として仕えていた。身の回りの世話ができるだけでなく、聡明で美男子だった蘭丸は、信長から特に可愛がられていた。

ある日、信長は蘭丸に「お前のほしいものは死んだ父の居城だろう」と言い当てたというエピソードが残っているように、2人は気心の知れた仲だったと伝わっている。また、江戸時代に書かれた信長の一代記『信長公記』によると、蘭丸は諸武将に下賜する際の奏者を立派に果たしたと記されている。

美濃金山城主の他、天正9年（1581）には、甲州征伐の褒美として美濃金山を与えられ岩村城主となった。高い忠誠心を持って、信長に仕える中、天正10年（1582）に本能寺の変が起こった。そのとき蘭丸は、信長とともに本能寺に宿泊しており、ともに仕えていた弟の坊丸や力丸と必死に防戦するが、明智光秀家臣に襲われて戦死した。享年18だった。

信長を裏切り梟雄と恐れられた男
松永久秀（まつながひさひで）

武将印

信長を二度裏切った戦国の梟雄
松永弾正久秀
妙久寺殿祐雪大居士
一五〇八－一五七七

❶左上には茶器をイメージしたイラストが描かれている。

❷中央には松永久秀の家紋「蔦紋」が押されている。

❸右下には松永久秀の花押が押されている。

武将DATA

生没年	永正5年（1508）〜天正5年（1577）
出身地	諸説あり（阿波・京都・摂津など）
幼名	―
通称	松永弾正
主な官位	弾正忠、弾正少弼、山城守
拠点（主な居城）	摂津滝山城（神戸市中央区）、大和信貴山城（奈良県生駒郡）、多聞山城（奈良市法蓮町）

頒布場所DATA

販売場所	紀州九度山真田砦
販売料金	200円（税込）

数々の名器を秘蔵していた茶湯愛好家

久秀の出生や前半生は真偽不明な部分が多い。はじめ三好長慶に仕え、右筆から訴訟取次の奏者になった。永禄2年（1559）に大和へ侵入し信貴山城に腰を据えると、国人たちを次々と配下に収め、三好家中の有力武将として台頭していく。元亀元年（1570）、織田信長が義弟・浅井長政の謀反により撤退を余儀なくされると、その窮地を救った。ところが翌年に辰市合戦で大敗し、勢力が急速に衰えると、武田信玄を通じて信長に背き、将軍・足利義昭の企てた「信長包囲網」に加わる。しかしその後信玄が病没、義昭も信長によって京都から追放され、望みを失った久秀は多聞山城を差し出して降伏した。信長は久秀に利用価値を見出し許したが、信長の大坂本願寺攻めに出陣中だった天正5年（1577）、突然戦線を離脱し、信貴山城に立て籠る。信長が息子の信忠を総大将に城攻めを行うと、信長が欲しがっていた名器「平蜘蛛茶釜」を粉々に叩き割り、城に火を放って自刃した。

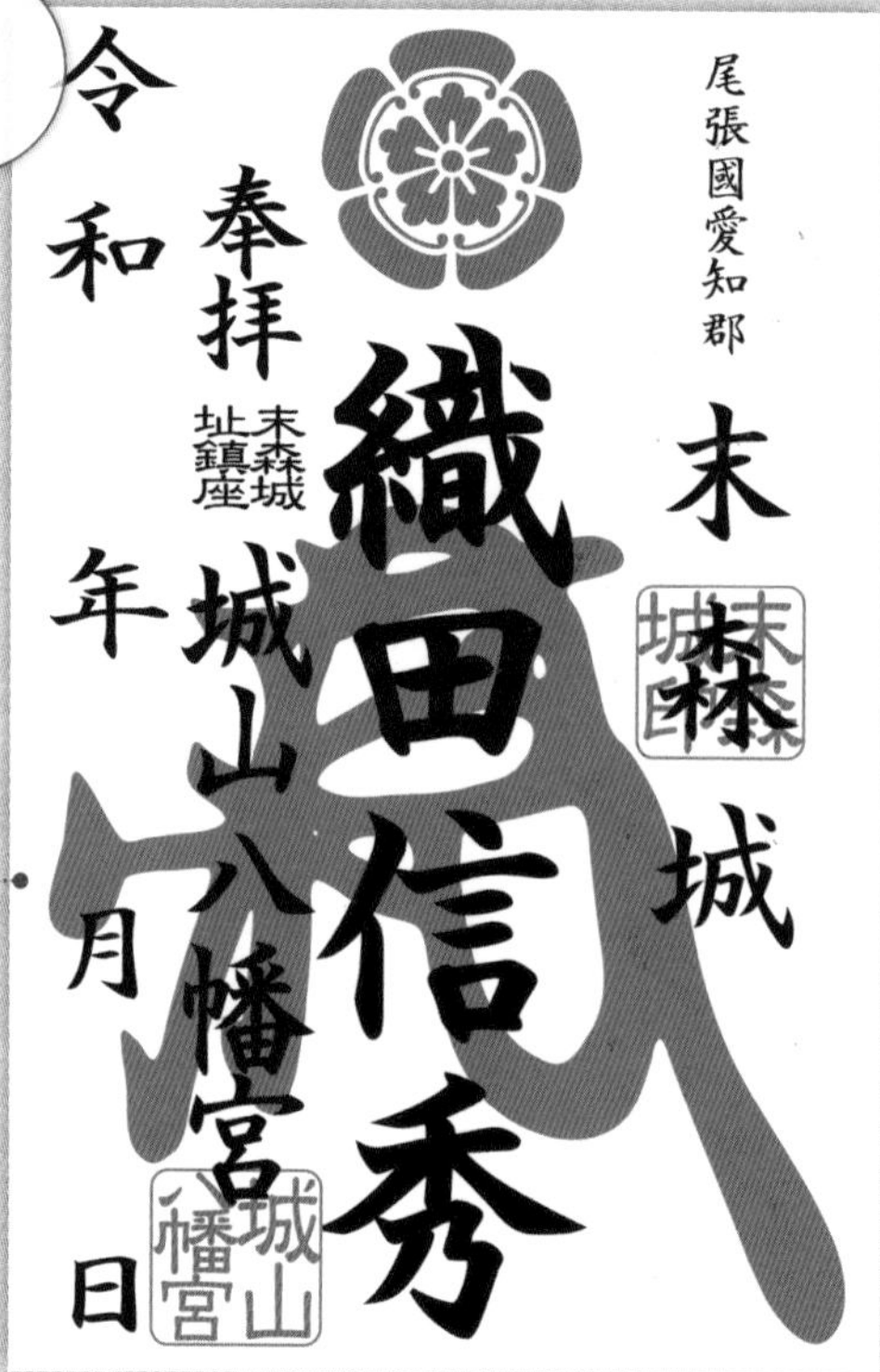

❶織田家の家紋「織田木瓜」が押されている。

❷足利系であると言われる花押が中央に押されている。

天下統一の礎を築いた尾張之虎
織田信秀（おだ のぶひで）

武将DATA

生没年	永正8年（1511）～天文21年（1552）
出身地	尾張国
幼名	ー
通称	三郎
主な官位	従五位下、弾正忠、備後守、三河守、贈従三位
拠点（主な居城）	那古野城、安城城、末森城（末盛城）

頒布場所DATA

販売場所	城山八幡宮
販売料金	500円（税込）

織田一族を従い今川氏、斎藤氏と戦った

尾張守護代清洲織田氏に仕えた三奉行の一族で、弾正忠信定の子。信定が支配した尾張西南部を基盤に尾張国全域に勢力を拡大し、「尾張之虎」と呼ばれた。

天文7年（1538）には、今川氏豊の那古野城を奪取して移り、天文9年（1540）、三河松平氏の内紛に乗じて安城城を攻略。翌々年には今川氏と小豆坂で戦って勝利するなど、西三河を席捲した。また、二度にわたり美濃の斎藤道三を攻めて敗れるも、道三の娘・帰蝶を子・信長の妻とし、和議を結ぶ。天文16年（1547）、末森城を築城し、古渡城から移った。天文17年（1548）には今川義元と再び小豆坂で戦うも敗れ、安城城も陥落。国内では信長に那古野城を譲り、地固めを行ったが病に倒れてしまう。信秀の没後、支配は瓦解し、離反するものも多かったという。ほかにも、伊勢神宮の外宮に銭700貫文、内裏築地修理料として4000貫文を献上するなど、伝統と古い権威を尊重する人物であったと伝わる。

織田信勝
おだのぶかつ

信長と敵対した品行方正な実弟

御朱印

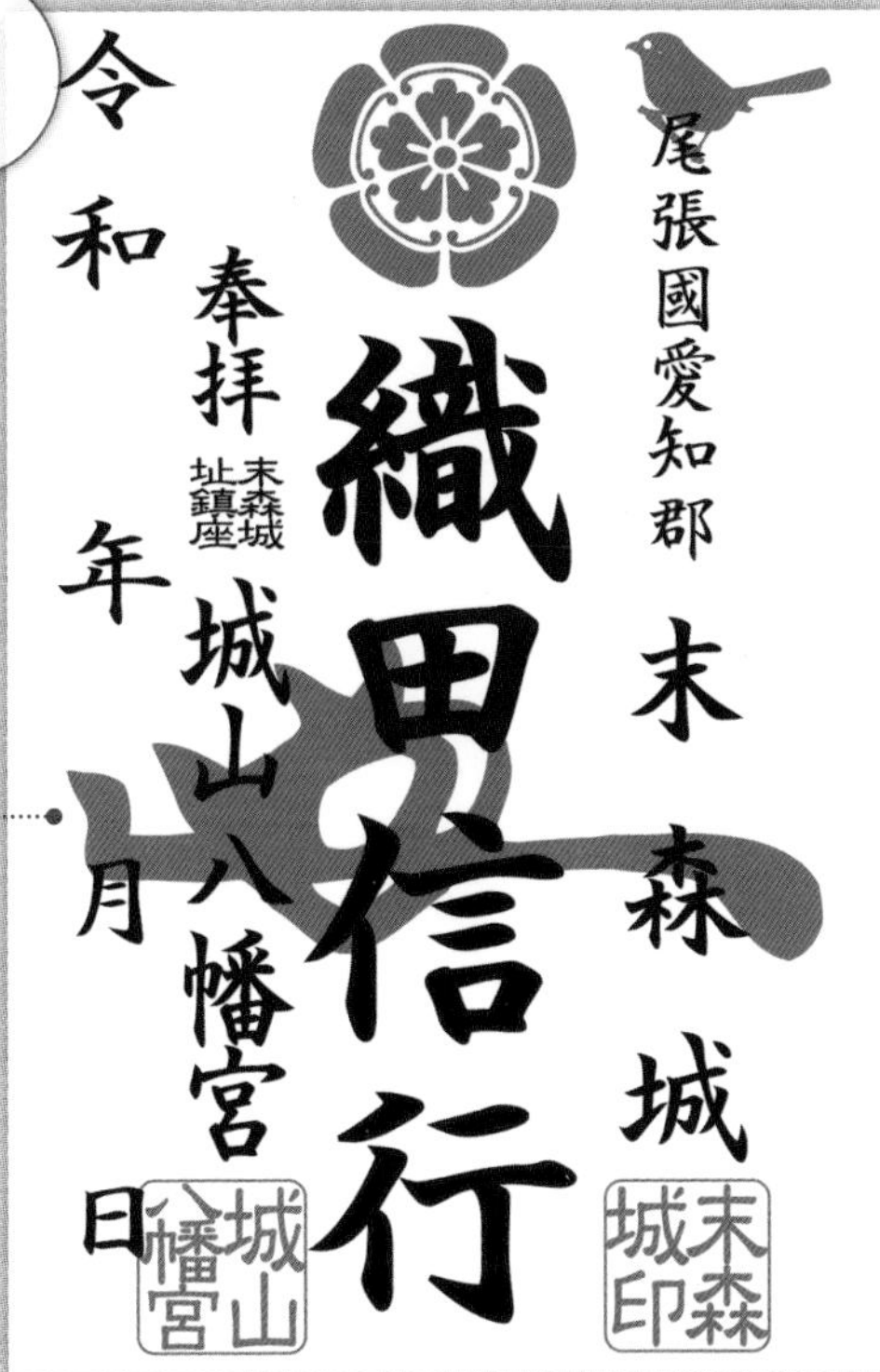

❶百舌鳥狩りの名手である信勝をイメージし百舌鳥が描かれている。

❷織田家の家紋「織田木瓜」が押されている。

❸中央に押されている花押は、扇形花押の変形に見える。

※近年の研究では信行ではなく信勝が定説。

武将DATA

生没年	不詳～永禄元年（1558）
出身地	尾張国
幼名	—
通称	勘十郎
主な官位	—
拠点（主な居城）	末森城（末盛城）

頒布場所DATA

販売場所	城山八幡宮
販売料金	500円（税込）

尾張の支配権を巡り信長と争った

織田信秀の次男で母は土田御前。信長はすぐ上の実兄である。名は信行、達成、信成とも伝わる。

天文20年（1551）前半頃、病床に伏した父・信秀に替わり尾張国内では一定の統治権を有し、判物を発給するなどして織田弾正忠家の領域支配を信長と共同で担っていた。

信秀の葬儀の際には、兄の信長は仏前で抹香を投げつけたとされるが、信勝は「折目高なる肩衣・袴めし候て、あるべきごとくの御沙汰なり」と記されているように、正装で礼儀正しく振舞った。この対照的な有様の逸話は有名である。

その後は末森城主を継承し、尾張の支配権を巡って信長と争った。初期の信長の統治を脅かし、一時は弾正忠家の当主を名乗るまでになったが、稲生の戦いで敗北。勢力を大きく後退させた後も敵対し続けたが、信長に謀殺された。父・信秀が深く帰依していた白山信仰を、信勝もまた受け継いでいたとされる。また、百舌鳥を用いた珍しい鷹狩の名手でもあったという。

三英傑に仕えた初代柏原藩主

織田信包

おだ　のぶかね

御朱印

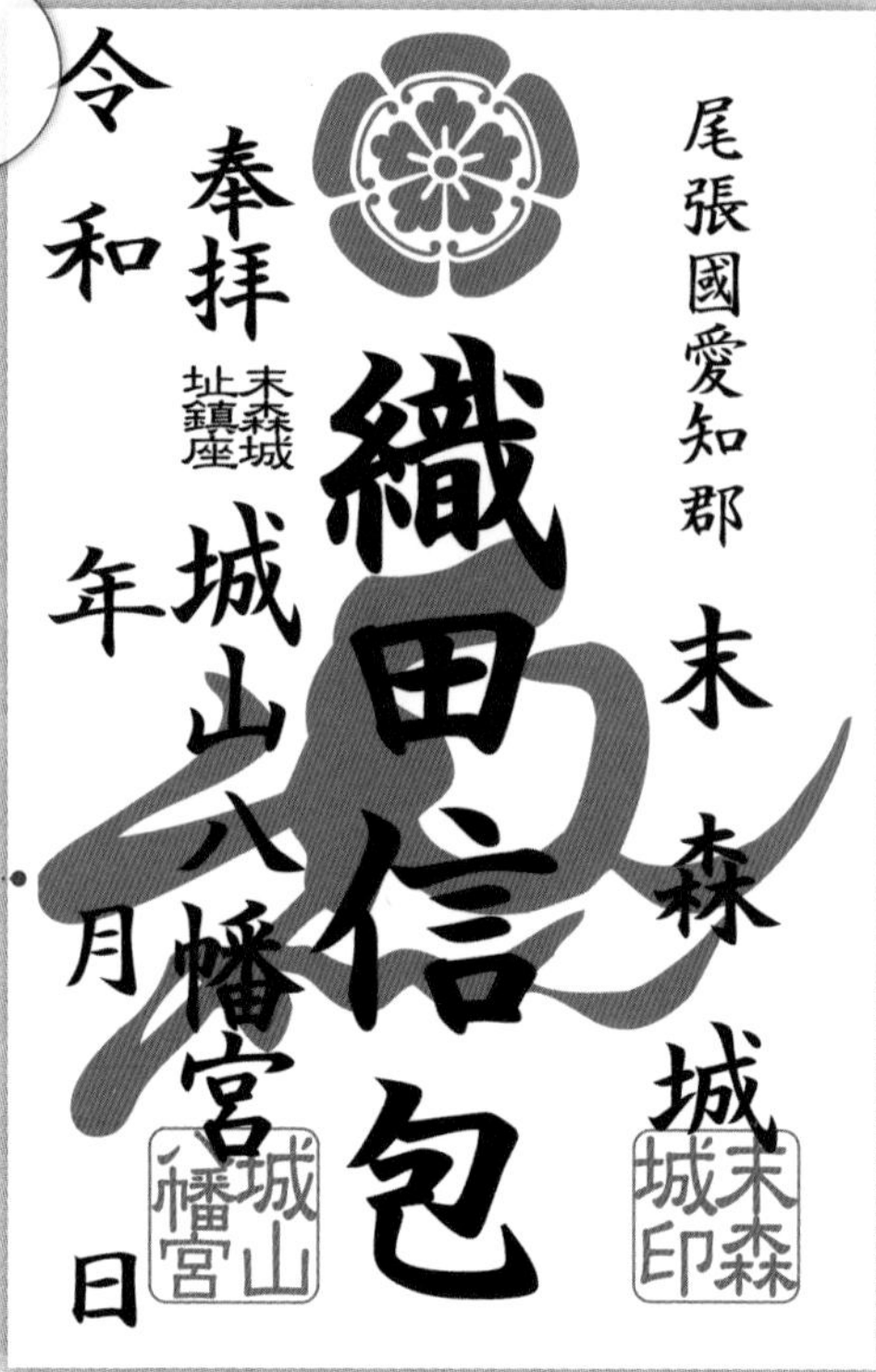

❶織田家の家紋「織田木瓜」が押されている。

❷中央には花押が押されている。

武将DATA

生没年	天文12年（1543）～慶長19年（1614）
出身地	尾張国
幼名	ー
通称	三十郎
主な官位	従三位、上野介、民部大輔、左中将
拠点（主な居城）	安濃津城、柏原藩

頒布場所DATA

販売場所	城山八幡宮
販売料金	500円（税込）

晩年は大坂城で秀頼に仕えた

尾張の戦国大名・織田信秀の四男。信長は9歳年上の兄である。

永禄11年（1568）、信長の命に従い長野工藤氏に養子入り。伊勢国上野城を居城としたが、再度信長の命で養子縁組を解消。永禄12年（1569）、伊勢大河内城が落城し北畠家が信長に従った際に、伊勢安濃津城主に任命される。その後は天正3年（1575）の越前一向一揆鎮圧、天正5年（1577）の雑賀党攻めにも参加し、織田一族の重鎮として厚遇されていた。

信長の死後は豊臣秀吉に従う。伊勢安濃津城15万石を領して「津侍従」と称されたが、慶長3年（1598）6月、柏原3万6千石に移封。初代柏原藩主となり、佐治川に堤防を築いて河川の改修などを行った。

慶長5年（1600）の関ヶ原の戦いでは西軍に所属。丹後田辺城を攻撃したが、戦後は徳川家康にその罪を問われず、所領を安堵された。晩年は大坂城で豊臣秀頼に仕えるも、慶長19年（1614）、大坂冬の陣の直前に突然吐血。享年72で死去した。

織田秀孝（おだ ひでたか）

織田家随一の美男として有名

御朱印

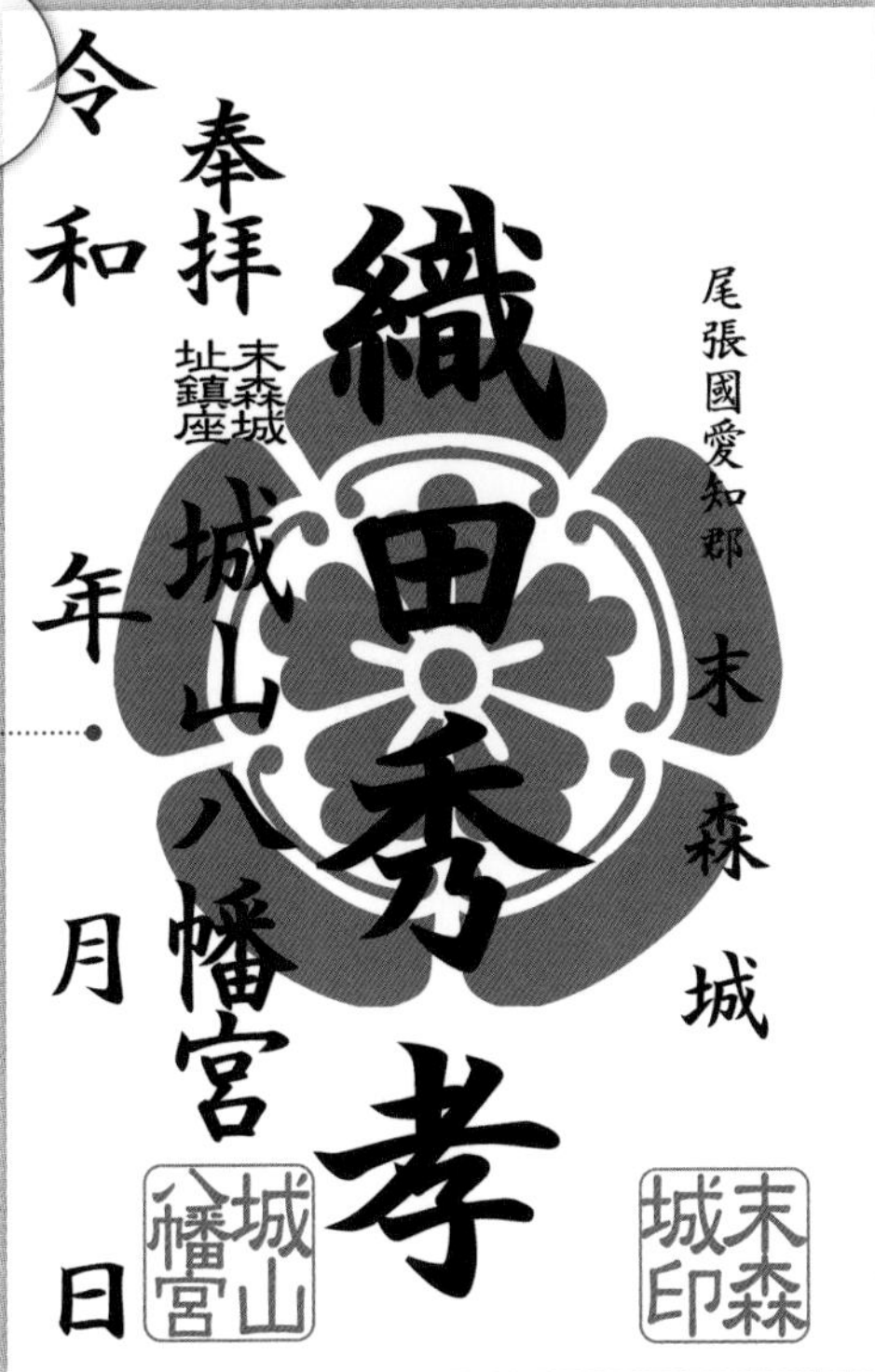

❶中央に織田家の家紋「織田木瓜」が押されている。

武将DATA

生没年	不詳～弘治元年（1555）
出身地	尾張国
幼名	—
通称	喜六郎
主な官位	—
拠点（主な居城）	—

頒布場所DATA

販売場所	城山八幡宮
販売料金	500円（税込）

親族家臣の誤射で早逝した

織田信秀（のぶひで）とその正室・土田御前（どたごぜん）の子で、信長（のぶなが）、信勝（のぶかつ）の実弟。『信長公記』によると、その容姿は織田家の美形の血筋をよく受け継いでいたようで、「齢15、6にして、御膚は白粉の如く、たんくわんのくちびる、柔和なすがた、容顔美麗、人にすぐれていつくしきとも、中々たとへにも及び難き御方様なり」と伝えられている。

弘治（こうじ）元年6月26日（1555年7月24日）、叔父の守山城主（もりやまじょう）であった信次（のぶつぐ）が、庄内川付近の松川の渡しで家臣らと川狩りに興じていた。その際秀孝は、信次の前を単騎で乗馬したまま通行したため、信次の家臣・洲賀才蔵（すがさいぞう）によって無礼討ちにあい死去する。数え15～16歳ほどであったという。

その人物が秀孝と気づいた信次は、信長の報復を恐れて逃亡するも、秀孝にも咎はあるとして、信長はその罪を許した。しかし、秀孝の次兄・信勝はただちに末森城（すえもりじょう）から挙兵し、信次の旧臣が籠もる守山城下を焼き払って報復。そのため信長も出兵し、信勝方の柴田勝家（しばたかついえ）らの軍勢を追い払ったといわれている。

御朱印

❶信繁の活躍を評した「日本一の兵（ひのもといちのつわもの）」が書かれている。

❷中央には真田神社の印が押されている。

❸真田神社では幸村もご祭神として祀られている。

家康を脅かした日本一の兵

真田信繁（幸村）

さなだのぶしげ（ゆきむら）

頒布場所DATA

販売場所	真田神社社務所
販売料金	300円（税込） ※御朱印帳を受けた方のみ

大坂冬の陣で出城「真田丸」を築いた

武田家の家臣で後に自立する真田昌幸の次男として生まれる。母は山手殿（諸説あり）。幸村の名でも広く知られている。

天正13年（1585）、上田城が徳川家康の軍に攻撃された際、父や兄・信幸（信之）とともに鉄砲で迎撃して敗退させた。

その後、父・昌幸が上杉景勝に属したため、19歳の信繁は人質となって景勝の元に預けられ、同15年には豊臣秀吉の人質となって大坂城に赴いた。信繁は大谷吉継の娘・竹林院と結婚している。

慶長5年（1600）、関ヶ原の戦いが勃発すると、父・昌幸は戦いに先立ち、信繁たちと東西どちらにつくかを話し合っている。結果、昌幸・信繁親子は西軍（石田方）に、信幸は東軍（徳川方）に付き、袂を分かつことにした（犬伏の別れ）。

関ヶ原の戦いが東軍の勝利に終わると、敗れた昌幸・信繁父子は紀州の高野山に配流となる。信繁33歳の時であった。のちに信州から妻子を呼び寄せ高野山麓の九度山（和歌山県九度山町）で暮らすようになり、父・昌幸はこの地で病没している。ここでは兄・信幸からの仕送りに頼って生活しており、出家して好白と名乗った。

上田城本丸跡に鎮座する眞田神社。真田氏、仙石氏、松平氏という歴代の上田城主を御祭神としている。

慶長19年（1614）、天下取りの総仕上げにかかる家康と戦うべく、豊臣秀頼(ひでより)は大坂城で挙兵する。秀頼に招かれ、信繁は14年過ごした九度山を脱出して、大坂城へ入城した。

毛利勝永、長宗我部盛親らとともに「大坂五人衆」と呼ばれ兵を率いた。信繁はあらゆる武具を朱塗りの赤備えにし、攻め込まれやすい大坂城の南側に出城「真田丸」を築いて決戦に備えた。この大坂冬の陣で徳川軍を大いに悩ませ、一旦は和睦が成立したものの、翌年再び夏の陣がおこる。

和睦の条件により城の外堀を埋めていたため籠城できず、信繁は城外で迎撃することにした。苦戦しつつも伊達政宗の大軍を破り、三度に渡って家康の本陣に切り込んだといわれる。家康に何度も自害を覚悟させるほど追いつめたが、茶臼山付近で激戦の末ついに討ち死にした。

後世、江戸幕府・諸大名家にその勇将振りが伝わり、それをもとに『真田三代記』や『真田十勇士』などの軍記物や講談が数多く創作されている。主君への忠義を貫き、宿敵・徳川家康に挑む物語は庶民の間で人気を博した。

父・昌幸が築城した上田城。2度の合戦（第一次・第二次上田合戦）で徳川の大軍を退け、その名を全国に知らしめた。

武将DATA

生没年	永禄10年（1567）～慶長20年（1615）
出身地	信濃国
幼名	弁丸
別名	幸村、好白
通称	源次郎、左衛門佐
主な官位	従五位下、左衛門佐
拠点（主な居城）	上田城（長野県上田市）、九度山（和歌山県九度山町）

御朱印

「信繁」バージョンの真田神社の御朱印。九度山 真田ミュージアム入場チケットの半券を提示することでいただける。

頒布場所DATA

販売場所	真田神社社務所
販売料金	300円（税込）※御朱印帳を受けた方のみ

御朱印

眞田神社の御朱印「見開き朱印 騎乗幸村」。眞田神社では、他にも通常御朱印や季節限定の御朱印も頒布されている。

頒布場所DATA

販売場所	眞田神社
販売料金	500円（税込）

武将印

イラストは沼田市在住のイラストレーターsinobuが担当。揮毫は沼田市の観光課職員である地野氏によるもの。

頒布場所DATA

販売場所	沼田市観光協会観光案内所
販売料金	200円～（税込）

武将印

大坂夏の陣で徳川家康の本陣に向けて出陣する信繁。真田家の家紋「六文銭」「結び雁金」、信繁を表す一字「兵」が配されている戦国魂の武将印。

頒布場所DATA

販売場所	戦国魂オンラインショップ
販売料金	330円（税込）

武将印

真田家の家紋「六文銭」「結び雁金」「洲浜」、「日本一の兵」と戒名が配されている紀州戦国屋の武将印。

頒布場所DATA

販売場所	紀州九度山真田砦
販売料金	200円（税込）

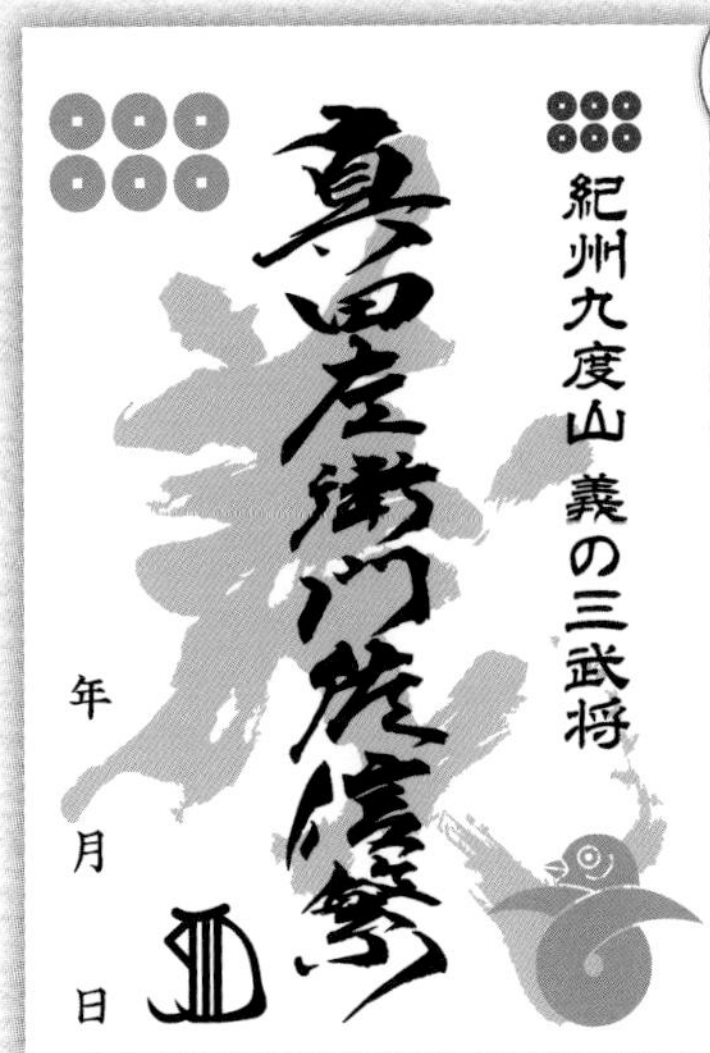

武将印

真田家の家紋「六文銭」「結び雁金」、花押が配され、中央には「義」の一字が書かれている紀州戦国屋の武将印。

頒布場所DATA

販売場所	紀州九度山真田砦
販売料金	200円（税込）

武将印

真田家の家紋「六文銭」と「日本一の兵」、そして信繁の甲冑が大きくデザインされている。

頒布場所DATA

販売場所	沼田市観光協会観光案内所
販売料金	300円（税込）

関東百万石も候へ、男は一人もいなく候
真田信繁
令和 年 月 日

武将印

信繁の名言「関東勢百万も候へ、男は一人もいなく候」と「六文銭」、花押が配されている真・戦国丸の武将印。

頒布場所DATA

販売場所	真・戦国丸オンラインショップ
販売料金	300円（税込）

真田昌幸

さなだ まさゆき

徳川を恐れさせた「表裏比興の者」

御朱印

❶2度も徳川の大軍を撃退した上田城を築いたことにちなみ「不落城の主」と書かれている。

❷中央には真田神社の印が押されている。

❸真田神社ではご祭神として祀られている。

頒布場所DATA

販売場所	真田神社社務所
販売料金	300円（税込） ※御朱印帳を受けた方のみ

二度も徳川の大軍を破った初代上田城主

真田幸綱の三男で、信之・信繁（幸村）の父。

幼い頃は武田氏に人質として送られ、成長後は武田信玄の側近として仕えた。武田親類衆・武藤氏の養子となり、武藤喜兵衛と名乗っていたが、天正3年（1575）、長男・信綱、次男・昌輝が長篠・設楽原の戦いで討ち死にしたため、真田家を相続する。信濃国小県郡真田に住み、信玄の子・勝頼の援助を得て、沼田城（群馬県沼田市）を中心とする北上州を勢力下においた。優れた臣下として、武田信玄に「我が眼」とまで言われていた。

武田氏の滅亡後は織田信長に属すが、本能寺の変で政情が不安定になると、徳川家康に味方する。戸石城（長野県上田市）に移って、小県郡の豪族を勢力下におさめた。信濃をねらう上杉・徳川・北条の勢力の間をぬって、天正11年（1583）、上田城を築城した。

同13年、家康が北条氏政と講和するために沼田城を北条氏に返付するよう命ずると、沼田は徳川氏から封ぜられたものではなく、自力で得た土地なので返却する必要はないと拒否。その後上杉景勝に従属し、徳川軍の侵攻に備えた。7千人もの大軍に上田城を攻められたが、地の利を活かした戦術を駆使して2千人の軍で対抗し、これを撃退。

その後家康と講和し、ついで豊臣秀吉に属した。秀吉から沼田城を北条氏へ渡すよう命じられ従ったが、翌年の小田原攻めによって北条氏が滅亡すると、再び沼田を領した。めまぐるしく従属する主を変えながら、真田家を独立した大名として導いた。

慶長5年（1600）、関ヶ原の戦いでは、信繁とともに西軍（石田方）に味方し、上田城にて徳川秀忠軍の西上を阻止。秀忠を関ヶ原の戦いに参加させなかった。

昌幸父子の奮闘にもかかわらず関ヶ原の戦いは徳川方の勝利に終わるが、東軍に味方していた長男・信之の嘆願により、一命を取り留めた。上田領は信之に与えられ、昌幸は高野山麓九度山に配流。外交術と戦略に長けた智勇の将は、この地で65歳の生涯を閉じた。

「ゆく年くる年限定御城印セット」。大晦日と書かれた霞城と迎春と書かれた沼田城の御城印がセットになり、2020年1月に限定150のみ発行された。

武将DATA

生没年	天文16年（1547）～ 慶長16年（1611）
出身地	信濃国
幼名	源五郎
通称	喜兵衛
主な官位	安房守
拠点（主な居城）	上田城 （長野県上田市）

天正7年（1579）頃、武田勝頼の命を受けて昌幸が築城した名胡桃城。秀吉の小田原攻めのきっかけとなった「名胡桃城事件」で有名。

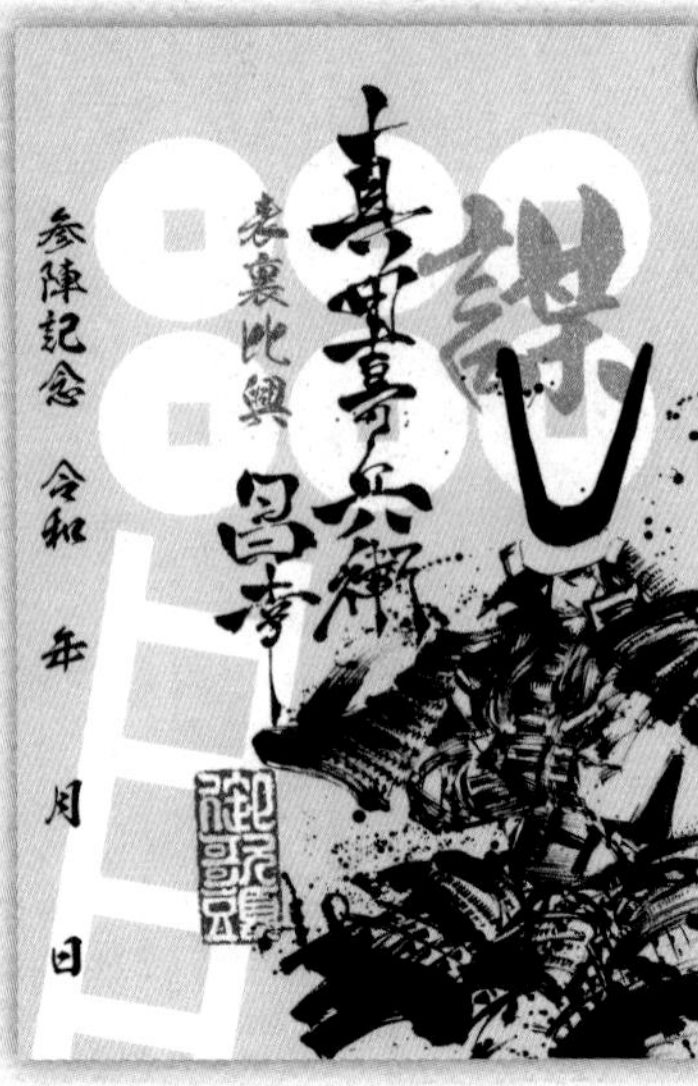

武将印

真田家の家紋「六文銭」「梯子」に、昌幸を表す一字「謀」が配されている戦国魂の武将印。

頒布場所DATA

販売場所	戦国魂オンラインショップ
販売料金	330円（税込）

武将印

キャラクターイラストと、昌幸を評した「表裏比興の者」。「戦国稀代の謀略家」の文言が書かれている武将印。

頒布場所DATA

販売場所	松之屋
販売料金	200円～（税込）

御朱印

昌幸をはじめ、真田家がご祭神として祀られている真田神社の御朱印。

頒布場所DATA

販売場所	真田神社社務所
販売料金	300円（税込）※御朱印帳を受けた方のみ

武将印

真田家の家紋「六文銭」「結び雁金」「洲浜」、戒名が配されている紀州戦国屋の武将印。

頒布場所DATA

販売場所	紀州九度山真田砦
販売料金	200円（税込）

御城印

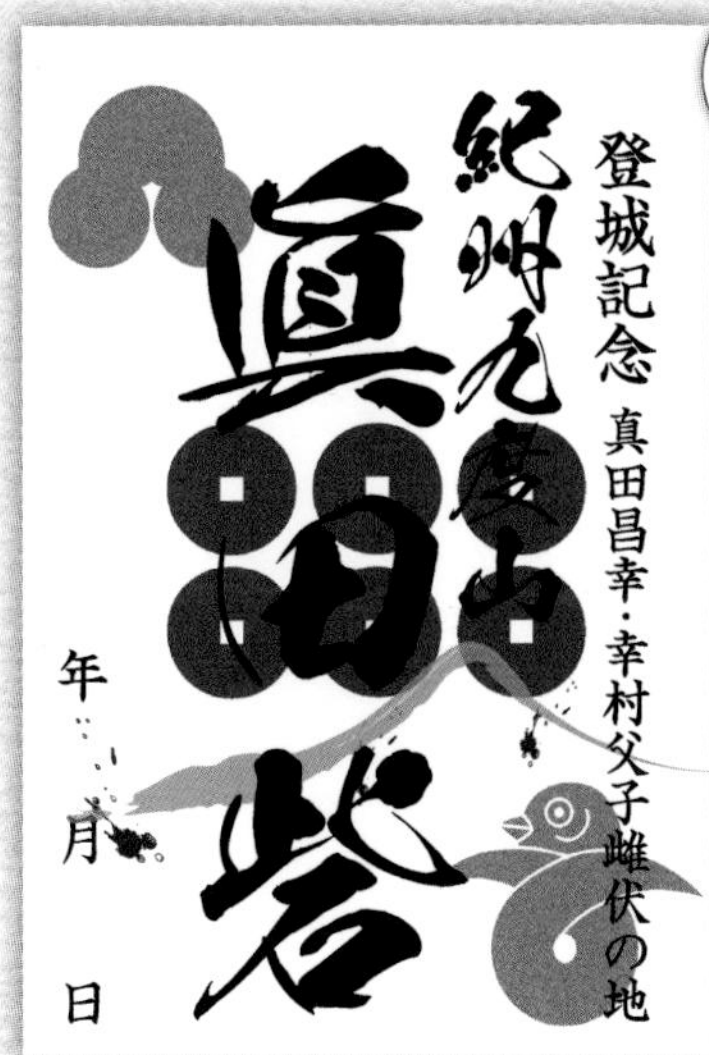

眞田砦の登城記念の御城印。真田家の家紋「六文銭」「結び雁金」「洲浜」が配されている。

頒布場所DATA

販売場所	紀州九度山真田砦
販売料金	200円（税込）

武将印

「犬伏（いぬぶし）の別れ」武将印

真田昌幸が信幸・信繁と密談し信幸は徳川方に昌幸・信繁は石田方に味方することを決め袂を分けた「犬伏の別れ」にちなんだ武将印。

頒布場所DATA

販売場所	沼田市観光協会観光案内所
販売料金	300円（税込）

武将印

真田家の家紋「六文銭」と甲冑をデザインに使用した武将印。

頒布場所DATA

販売場所	沼田市観光協会観光案内所
販売料金	300円（税込）

真田信之

さなだ のぶゆき

松代藩主の礎を築いた名君

御朱印

❶信濃の獅子と呼ばれたことにちなむ。

❷信之の兜をイメージした印が押されている。

❸この御朱印は松代町 真田宝物館の拝観券を提示することでいただける。

頒布場所DATA

販売場所	真田神社社務所
販売料金	300円（税込） ※御朱印帳を受けた方のみ

関ヶ原の戦いで父弟と袂を分かつ

真田昌幸の長男として生まれ、早くから父と共に上信両国に出陣していた。沼田城主として11年間、上田城主23年間、松代藩主を35年間務め、近世大名としての基礎を固めた。

慶長5年（1600）、関ヶ原の戦いでは、父・昌幸と弟・信繁（幸村）と袂を分って徳川方につき、敵味方に別れることになる。その密議をした場所にちなみ、「犬伏の別れ」と呼ばれている。その功により上田城とその領地を継ぐことを許された。以降徳川幕府の大名として、沼田藩3万石および松代藩10万石藩主の地位を築く。

後に信之の長男・信吉に沼田領を、次男・信政に松代領を継がせたことで、

武将DATA

生没年	永禄9年（1566）～万治元年（1658）
出身地	信濃国
幼名	源三郎
通称	信幸（初名）
主な官位	従五位下、伊豆守、 従四位下侍従
拠点（主な居城）	沼田城（群馬県沼田市）、上田城（長野県上田市）、沼田藩・松代藩主

武将印

武将キャラクターのイラストが入った武将印。イラストは沼田市在住のイラストレーターsinobuが担当。揮毫は沼田市の観光課職員である地野さんによるもの。

頒布場所DATA

販売場所	松之屋
販売料金	200円～(税込)

武将印

真田家の家紋「六文銭」と、信幸の甲冑のシンボルデザインが描かれている武将印。

頒布場所DATA

販売場所	沼田市観光協会観光案内所
販売料金	300円(税込)

御朱印

「信幸」バージョンの真田神社の御朱印。

頒布場所DATA

販売場所	真田神社社務所
販売料金	300円(税込)※御朱印帳を受けた方のみ

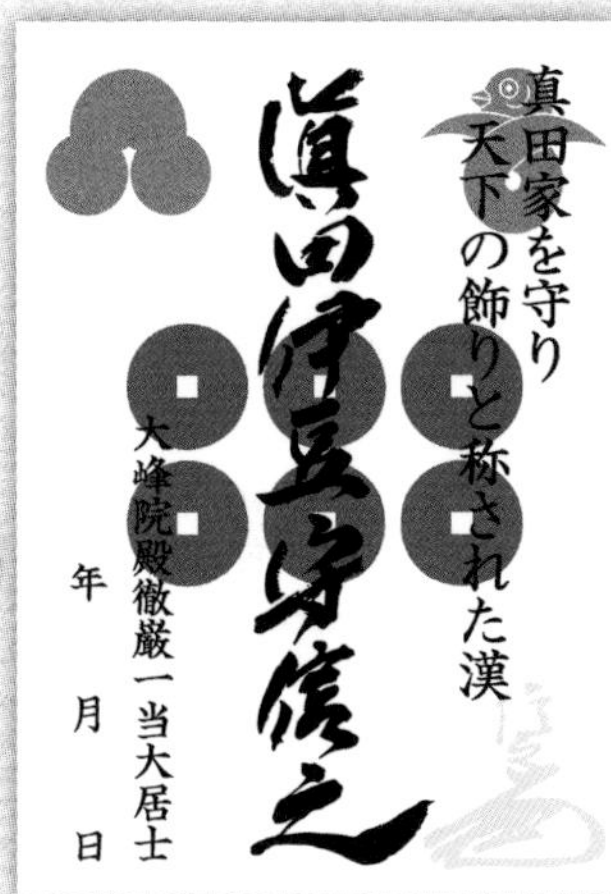

武将印

真田家の家紋「六文銭」「結び雁金」「洲浜紋」に、花押が押され、法名とキャッチコピーが書かれている。

頒布場所DATA

販売場所	紀州九度山真田砦
販売料金	200円(税込)

真田家は2家に分かれることになる。

信之は藩主として町づくりや質素倹約、文武を奨励し、明治維新まで真田の血を残す松代藩の礎を築いた名君として93歳の長寿を全うした。

妻は徳川家康の養女であった大蓮院。信之の墓は大鋒寺（長野市）にあり、長国寺（長野市）の御霊屋は重要文化財に指定されている。

また、白鳥神社（長野市松代町）には松代藩の藩祖・武靖大明神として祀られている。

御朱印

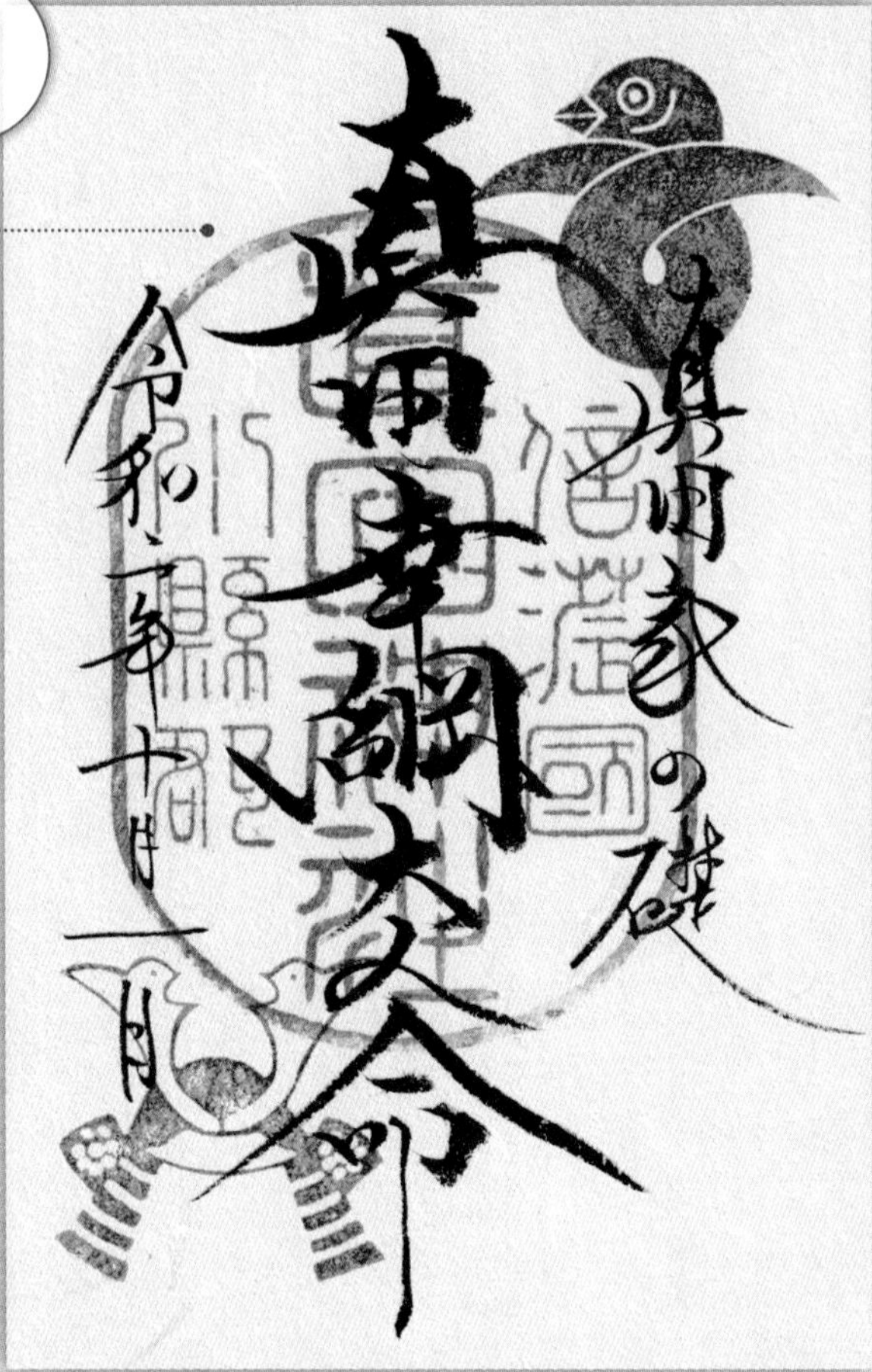

❶真田神社の印が中央に押されている。

❷真田町　真田歴史館の拝観券を提示することでいただける。

信玄に重用された真田家の祖

真田幸綱（幸隆）

さなだ ゆきつな（ゆきたか）

頒布場所DATA

販売場所	真田神社
販売料金	300円（税込） ※御朱印帳を受けた方のみ

武田二十四将に名を連ねる

真田氏は東信濃の古くからの豪族・滋野氏の流れを汲む海野氏の分流にあたり、現在の上田市真田町地域を本拠地とした土豪である。応永7年（1400）の大塔合戦で、信濃守護の小笠原氏に対抗して戦った連合諸将の中に、実田（さねだ・さなだ）氏の名が見え、これが後の真田氏に通じるものと考えられている。

真田幸綱（幸隆）は永正10年（1513）にこの海野氏の一族として生まれた。天文10年（1541）、武田信玄の連合軍と海野氏の対戦の際には一族の一人として参戦。これに敗れた幸綱は、真田の地から上野国（群馬県）へ亡命する。その後、遅くとも天文18年（1549）頃までには武田信玄の家臣となっている。

幸綱は信玄に重用され、後の真田家の礎を築いた。東北信地方の上田原・戸石・塩田城・川中島と続く合戦に、常に武田勢の第一線で参戦。川中島の戦いを経て、東北信地方の大半と上州（群馬県）の一部が武田氏の手中に落ちたのは、幸綱に負う所が大きかったと言われている。その後はさらに北上州へも転戦し、諸城を攻略し吾妻郡の支配を任された。信玄に仕えた武将のうち、特に評価の高い「武田二十四将」として、幸綱は長男・信綱、次男・昌輝、三男・昌幸とともに名を連ねている。これほどの評価を受けた臣下は真田家だけだとされている。

武田信玄が亡くなった翌年、幸綱は62歳で世を去った。死後間もなく、信綱、昌輝ともに長篠・設楽原の戦いで討ち死にしたため、三男・昌幸が真田家を継いだ。昌幸が天正13年（１５８５）に上田城（長野県上田市）を築城するまでは、三代にわたり真田氏本城（上田市）が真田氏の本拠地であったと考えられている。標高８９０ｍより見下ろすこの山城は自然の地形を生かした要害で、数々の戦闘における指令本部として使用された。幸綱の墓は曹洞宗真田山長谷寺（上田市）にあり、息子・昌幸と並んで立っている。

かつて真田氏の本拠地であった真田本城跡。自然の地形を生かした山城であった。
協力：上田市マルチメディア情報センター

武将DATA

生没年	永正10年（1513）～天正2年（1574）
出身地	信濃国
幼名	次郎三郎
通称	源太左衛門、弾正忠／渾名　攻め弾正、鬼弾正
主な官位	―
拠点（主な居城）	真田本城（長野県上田市）

御朱印

真田神社でいただける真田幸隆の御朱印。中央には真田神社の印が押されている。

頒布場所DATA

販売場所	真田神社
販売料金	300円（税込）※御朱印帳を受けた方のみ

真田信綱

さなだ　のぶつな

わずか一年で散った真田家当主

御朱印

❶真田神社の印が中央に押されている。

※授与には山梨県の武田氏ゆかりの地を訪れたことを証明する写真が必要。

武将DATA

生没年	天文6年（1537）～天正3年（1575）
出身地	信濃国
幼名	源太郎
通称	源太左衛門
主な官位	左衛門尉
拠点（主な居城）	真田本城（長野県上田市）

頒布場所DATA

販売場所	真田神社
販売料金	300円（税込） ※御朱印帳を受けた方のみ

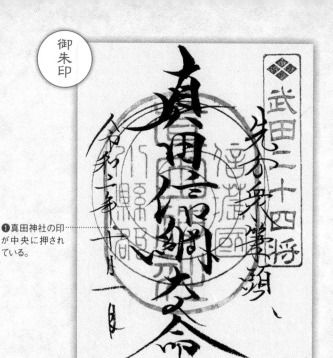

武田二十四将に数えられた武将

真田信綱は、幸綱（幸隆）の長子として生まれ、天正2年（1574）、父病没の後家督を継いだ。このとき信綱は38才、「武田二十四将」の一人に数えられているように、すでにひとかどの武将として知られた存在であった。

この相続以前から、父幸綱が吾妻の前線を固めるのに主力を置いていたのに対し、本領の信濃国小県は、信綱に支配を任されていた。しかし天正3年（1575）、武田勝頼に従い参戦した長篠・設楽原の戦いで、織田信長方から鉄砲の一斉射撃を受け、弟・昌輝とともに戦死してしまう。真田家の当主となってわずか一年後のことであった。信綱の首級は家臣白川勘解由兄弟の手により陣羽織に包まれ、鎧とともに信綱寺（長野県上田市真田町長）の桜の下に葬られた。信綱寺は、信綱によって打越寺と名付けていたものを、長兄に代わって家督を継いだ弟・昌幸が信綱の位牌所として改築した寺だと言われている。現在の墓所は寺の移築にともない裏山に移され、夫人と共に厚く弔われている。

真田幸昌

さなだ ゆきまさ

大坂城で豊臣秀頼と散った信繁の長男

武将印

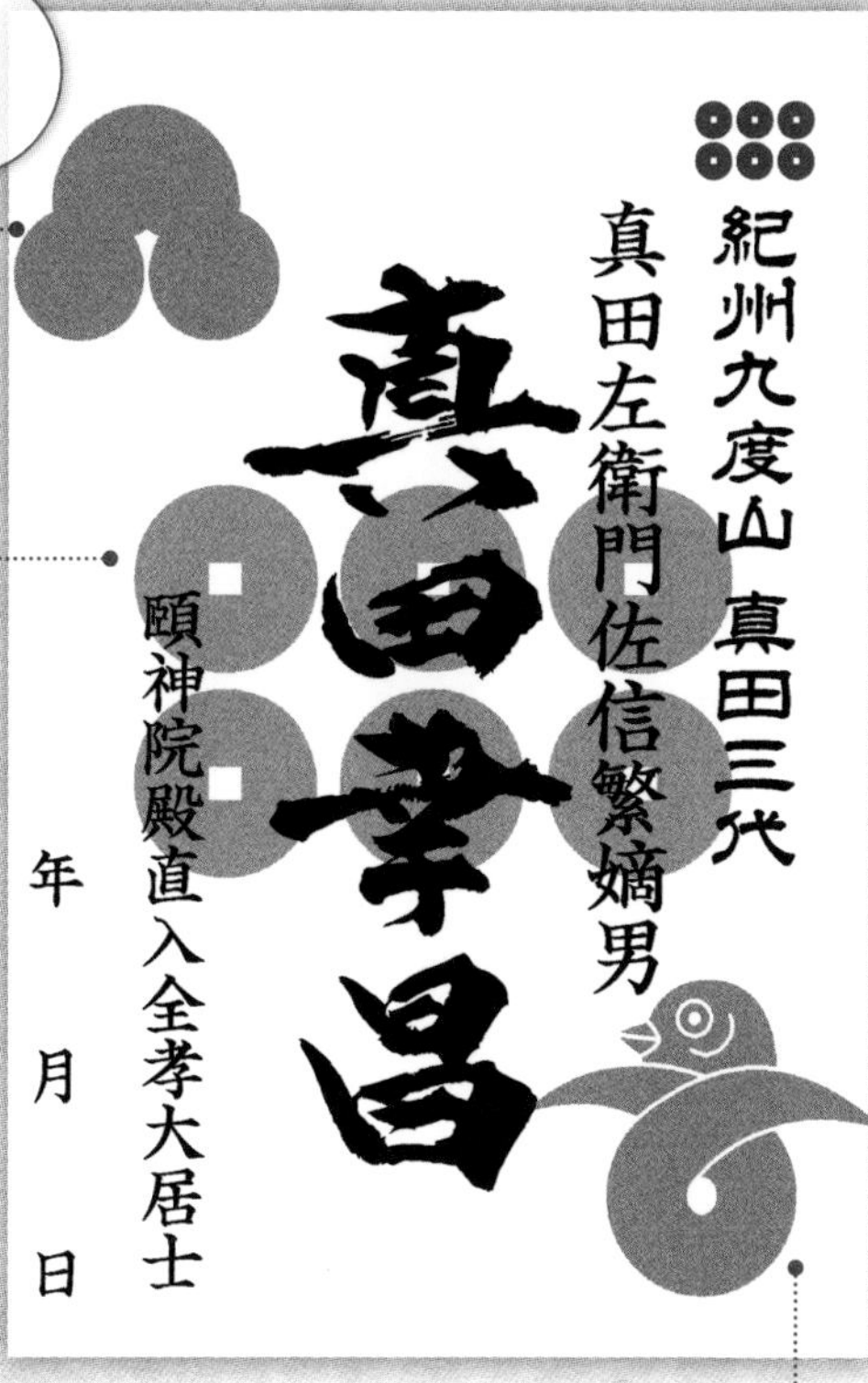

❶左上には真田家の家紋「洲浜紋」押されている。

❷真田家の家紋「六文銭」が中央に押されている。

❸右下には「結び雁金紋」が押されている。

武将DATA

生没年	慶長7年（1602）～慶長20年（1615）
出身地	紀伊国九度山
幼名	―
通称	大助
主な官位	―
拠点（主な居城）	真田庵（和歌山県伊都郡九度山町）

頒布場所DATA

販売場所	紀州九度山真田砦
販売料金	200円（税込）

九度山で生まれ育った

真田幸昌は、父・信繁（幸村）が関ヶ原の戦いに敗れ、信州から紀州に流されていた時期に生まれている。信繁は死罪を免れたものの所領を没収され、高野山に蟄居を命じられる。真田家の菩提寺である高野山に身を寄せて間もなく妻子との生活を許され、庵を高野山から麓の九度山に移した。その屋敷跡に建つ寺院が善名称院真田庵である。信繁は兄・信之からの仕送りに頼り、ここで14年もの歳月を過ごした。信繁が36歳の時、長男・幸昌（大助）が誕生。九度山での隠棲生活の中で生まれ育った幸昌は、幼い時から父と共に紀ノ川で水練や文武に励んでいたと言われている。

慶長19年（1614）、信繁父子は豊臣秀頼の頼みを受け、大坂城へ入る。徳川家康は諸大名に出陣を命じ、大坂冬の陣が勃発した。一旦は和睦が成立するも、翌年再び大坂夏の陣が起こり、信繁は家康の本陣に突撃し壮絶な最後を遂げる。炎上する大坂城で淀殿と秀頼は自刃し、幸昌はその秀頼の傍で自刃した。

鈴木忠重

すずき ただしげ

終生信之に仕えた真田家の家臣

武将印

❶真田氏の家紋「六文銭」が配されている。

❸武将印発祥の上州真田武将隊ロゴマークをスタンプ化したもの。

❹台紙は筆字が映える白色の上質な和紙を使用。

❷沼田市在住のイラストレーターsinobuが担当したキャラクターのイラストが描かれている。

頒布場所DATA

販売場所	松之屋
販売料金	200円～(税込)

名胡桃城事件で父が自害

豊臣秀吉が小田原攻めを決意したきっかけとなった、天正17年（1589）に起こった名胡桃城事件。この事件の被害者こと鈴木重則（主水）の子どもが鈴木忠重である。

この事件で重則が自害したとき、忠重はまだ6歳だった。父の自害という衝撃的な事件をきっかけに、忠重の激動の人生がはじまった。

名胡桃城が奪われ、一度は北条氏に捕われるが、その後は真田昌幸に引き取られる。その後、信之の長男の信吉に仕えるが、そりが合わなかったようで度々反発を繰り返して、ついには出奔。その際に剣豪の柳生宗章と出会い、その父柳生宗厳から剣術を学んだとされる。

真田に戻ると、信吉に変わって信之に仕えたが、関ヶ原の戦い前後に再び出奔。三度の帰藩では合計知行高800石を与えられた。これは重臣並みの待遇で、恩義を感じた忠重は信之の下で懸命に働くようになった。

昌幸の死後は、沼田城主となった信之の

家臣となり、松代転封後は、信之が参勤交代で江戸に向かう間の藩政も司ったとされている。

元和（げんな）2年（1616）に、かつて仕えた信吉が沼田城主となると、忠重は補佐役となるが、再び出奔して浪人となった。

忠重が江戸で浪人となったことを耳にした信之は、再び呼び返し、忠重は正保（しょうほう）3年（1646）に復帰を果たした。

信之が隠居すると、忠重もそれに続いて法泉寺近くに隠棲して、度々信之の様子を伺いに訪れていたという。

そして、万（まん）治（じ）元年（1658）に信之が病死すると、その2日後に忠重は法泉寺で切腹して殉死した。

当時、殉死は禁止されていたが、信之の生前に忠重の殉死の許可は特別に出ていたという。固い絆で結ばれた信之と忠重は、死後もその関係は変わらず、各地に残る信之の墓のかたわらには、忠重の墓が寄り添うように佇んでいる。

武将印

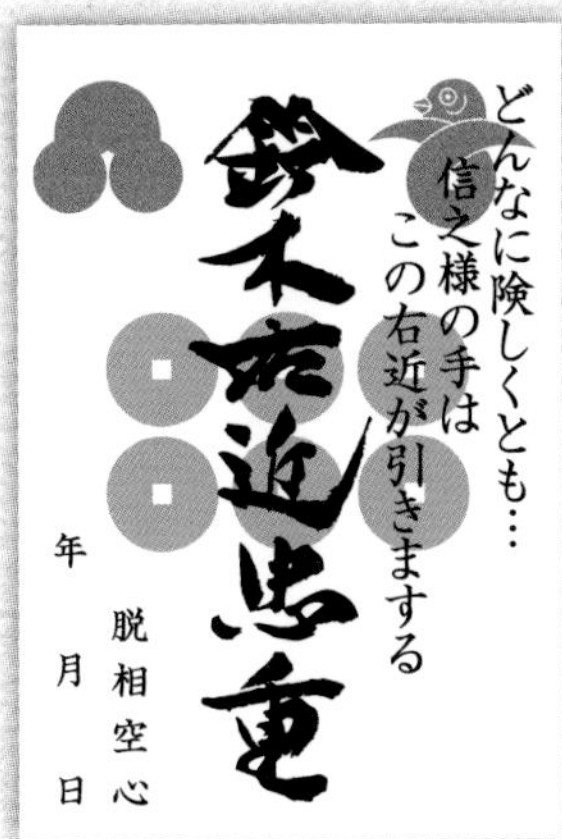
どんなに険しくとも…
信之様の手は
この右近が引きまする
鈴木右近忠重
脱相空心
年 月 日

真田氏の家紋「六文銭」「結び雁金」「洲浜」、戒名などが配されている紀州戦国屋の武将印。

頒布場所DATA

販売場所	紀州九度山真田砦
販売料金	200円（税込）

本丸跡

名胡桃城址の本丸跡に建つ石碑。

武将DATA

生没年	天正12年（1584）～万治元年（1658）
出身地	―
幼名	―
通称	右近、久次郎
主な官位	―
拠点（主な居城）	名胡桃城

真田家の筆頭家老

矢沢頼綱

やざわ よりつな

武将印

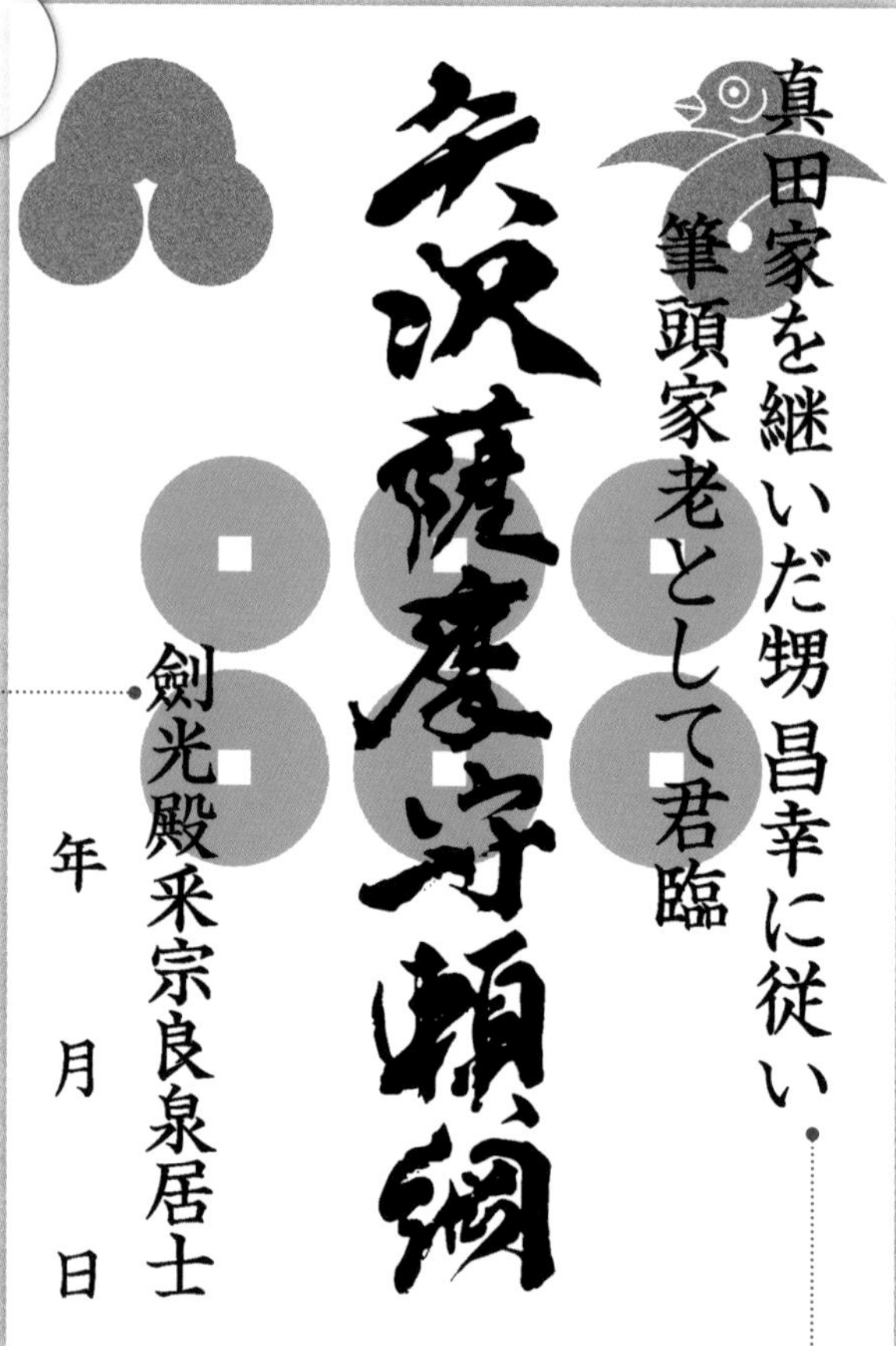
真田家を継いだ甥 昌幸に従い
筆頭家老として君臨
矢沢薩摩守頼綱
剣光殿采宗良泉居士
年 月 日

❶真田氏の家紋「六文銭」「結び雁金」「洲浜」が配されている。

❷頼綱の戒名「剣光殿采宗良泉居士」。

❸甥である真田昌幸に従い、重臣として活躍した。矢沢氏は真田家が立藩した後は筆頭家老として君臨している。

❹台紙は筆字が映える白色の上質な和紙を使用。

頒布場所DATA

販売場所	紀州九度山真田砦
販売料金	200円（税込）

沼田城を守り切った名将

信濃国で初めて真田姓を名乗った真田頼昌の三男・矢沢頼綱は、真田昌幸の叔父に当たる人物である。

幼いころに出家して、京都の鞍馬寺で僧侶となる道を歩んでいたが、武事にすぐれた人物だったため、後に里に帰って還俗。その後、真田家と敵対関係にあった矢沢家の養子となり、敵対関係を解消し矢沢姓を名乗るようになった。

矢沢城の城主となり、兄の幸隆とともに武田信玄に仕えたが、織田信長による武田攻めで武田家が滅亡すると、真田家が独立勢力となったため、頼綱は幸隆の子信綱・昌幸に従うこととなった。

天正3年（1575）に起こった長篠・設楽原の戦いで信綱が亡くなると、真田家を昌幸が継ぐことになり、頼綱はそれに従った。昌幸の下での活躍は目まぐるしいものがあり、現在でも、その功績を称える書状が複数残っており、頼綱の活躍を伺うことができる。

例えば、天正8年（1580）の沼田城攻略では総大将として指揮をとり、攻略成功

御城印

沼田市観光案内所の営業再開に合わせて販売された「限定御朱印 開門でござる」の霞城Verと沼田城Ver。

頒布場所DATA

販売場所	沼田市観光協会 観光案内所
販売料金	300円（税込）

に大きく寄与した。そして、落城した沼田城の城代に任命され、城領として200貫文の地を与えられている。

天正13年（1585）に起こった第一次上田合戦において、北条氏が大軍を率いて攻め込んできた際に、頼綱は懸命にあらがい、後に和睦のために北条方へ沼田城を明け渡すまで、沼田城を守りきった。

このように戦で、真田家に大きく貢献しているが、頼綱の功績は多岐にわたり、天正10年（1582）の本能寺の変以降は、北条・上杉などの諸大名との交渉役を務め、真田家と上杉家とをつなぐ、重要なパイプ役となった。

慶長2年（1597）、真田家一門の名将として惜しまれながら80歳で亡くなるが、矢沢家は頼綱の勇敢な活躍のおかげで、真田家家臣の筆頭という立場を確実なものにして、明治にいたるまで藩の筆頭家老格を代々引き継いだ。

武将印

真田氏の家紋「六文銭」と上州真田武将隊ロゴマーク、愛用の槍「小松明（こたいまつ）」を手にしたキャラクターのイラストが描かれている。

頒布場所DATA

販売場所	沼田市観光協会 観光案内所
販売料金	200円～（税込）

武将DATA

生没年	永正15年（1518）～ 慶長2年（1597）
出身地	信濃国
幼名	―
通称	源之助、源十郎
主な官位	薩摩守
拠点（主な居城）	矢沢城（長野県上田市）、沼田城（群馬県沼田市）

昌幸の娘・村松殿の夫で真田家家老

小山田茂誠

おやまだ しげまさ

武将印

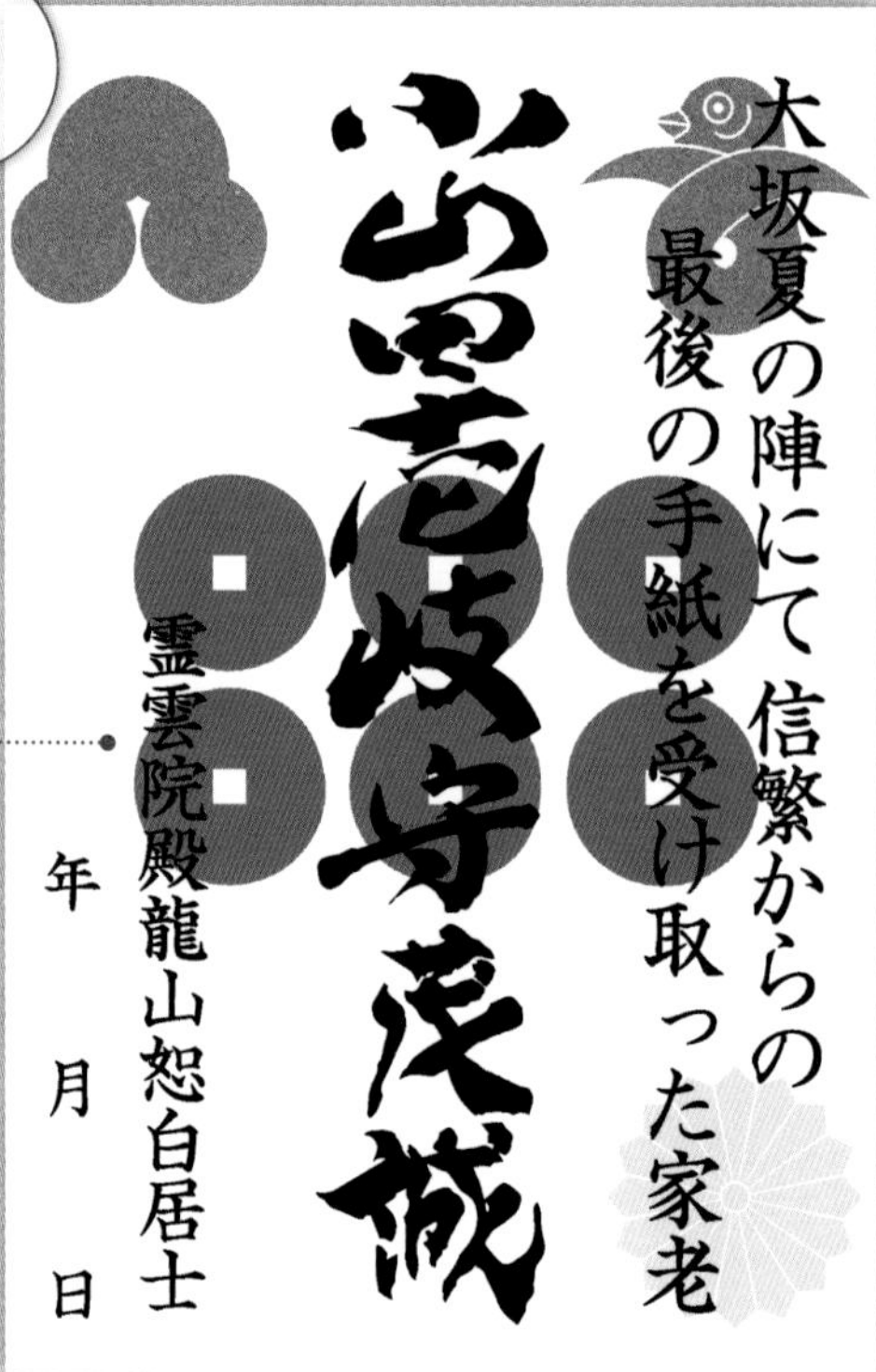

大坂夏の陣にて信繁からの
最後の手紙を受け取った家老
壱岐守茂誠
霊雲院殿龍山恕白居士
年 月 日

❶真田氏の家紋「六文銭」「結び雁金」「洲浜」が配されている。

❷茂誠の戒名「霊雲院殿龍山恕白居士」。

❸真田信繁の義兄である茂誠は、大坂夏の陣で信繁から最後となる手紙を受けとっている。

武将DATA

生没年	永禄4年（1561）もしくは永禄5年（1562）〜寛永14年（1637）
出身地	―
幼名	―
通称	重誠、六左衛門
主な官位	壱岐守
拠点（主な居城）	松村郷（長野県青木村）

頒布場所DATA

販売場所	紀州九度山真田砦
販売料金	200円（税込）

武田滅亡後、真田家家臣に

武田氏の家臣である小山田氏に生まれた小山田茂誠は、父の有誠とともに武田勝頼に仕えていたが、天正10年（1582）に、織田信長による武田攻めで武田家が滅亡すると、北条氏を頼って武蔵鉢形城に落ちのびた。

諸説あるが、このころすでに真田昌幸の長女・村松殿と結婚していたため、天正18年（1590）に北条氏が滅亡すると、妻の実家の真田家を頼り、昌幸に仕えるようになったという説が有力視されている。

村松郷を与えられ、真田家臣に加わった茂誠は、慶長5年（1600）の関ヶ原の戦いでは昌幸に従って西軍として従軍。敗戦後は信之の家臣となり、時折、高野山に蟄居した昌幸に物資を送るなどして、真田家のために働いた。

また、信繁（幸村）からも絶大な信頼を得ており、蟄居中の信繁から、老いを嘆く弱音の書かれた書状を送られている。

元和8年（1622）の信之の松代移封に従って松代に移り、寛永14年（1637）に死去した。

河原綱家

かわはら つないえ

真田家を支えた昌幸の従兄弟

武将印

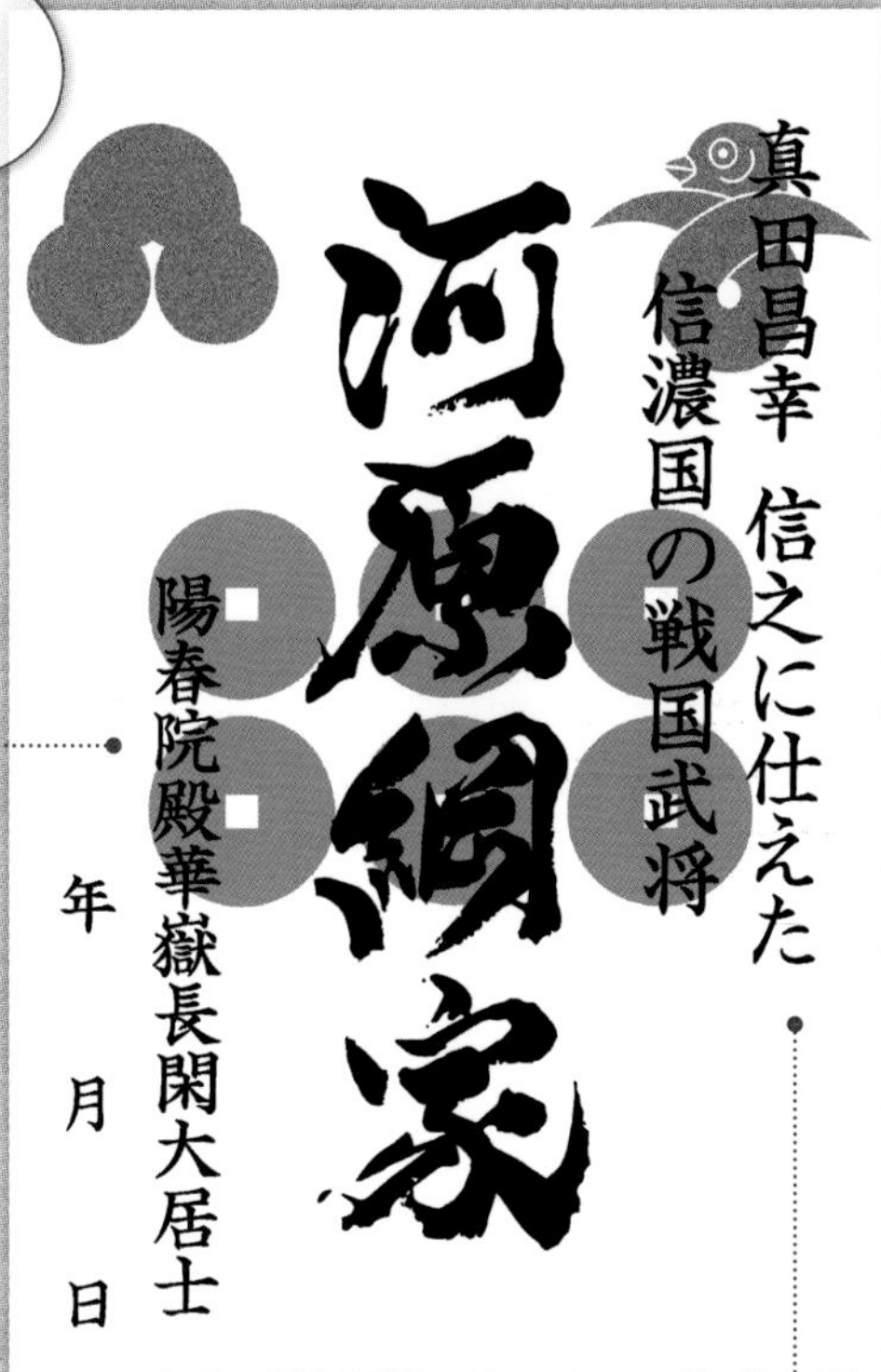

❶真田氏の家紋「六文銭」「結び雁金」「洲浜」が配されている。

❷綱家の戒名「陽春院殿華嶽長閑大居士」。

❸真田昌幸に仕え、昌幸が九度山に配流された後は、信之に仕えた。

武将DATA

生没年	?～寛永11年（1634）
出身地	—
幼名	—
通称	又次郎、右京介、右京助
主な官位	—
拠点（主な居城）	甲斐国（山梨県）

頒布場所DATA

販売場所	紀州九度山真田砦
販売料金	200円（税込）

真田親子との逸話が有名

海野氏の家臣だった河原隆正の四男の綱家は、真田信綱・昌幸の従兄弟である。海野氏が没落した後に、親子で真田家へ仕えるようになった。

綱家の「綱」という字は、信綱から与えられたという話から、真田家家臣の中でも重要な人物だったことがうかがえる。

天正3年（1575）の長篠・設楽原の戦いで、兄3人が亡くなったため家督を継ぐと、天正10年（1582）の天正壬午の乱で、織田信長勢から昌幸の正室・山手殿らを守り通すなどの活躍を見せた。

真田親子とは大変親しい間柄で、関ヶ原の戦いでは、真田家の命運を左右する、犬伏宿での会談をのぞき見して、昌幸の投げた下駄で前歯が欠けたという逸話がある。しかし、実際には、その頃の綱家は大坂城に留守居していたと言われている。

その後、西軍が敗戦して昌幸が九度山に蟄居させられると信之に仕えるようになり、寛永11年（1634）に亡くなった。

伊達家の家臣「鬼の小十郎」

片倉重綱（重長）

かたくら しげつな（しげなが）

武将印

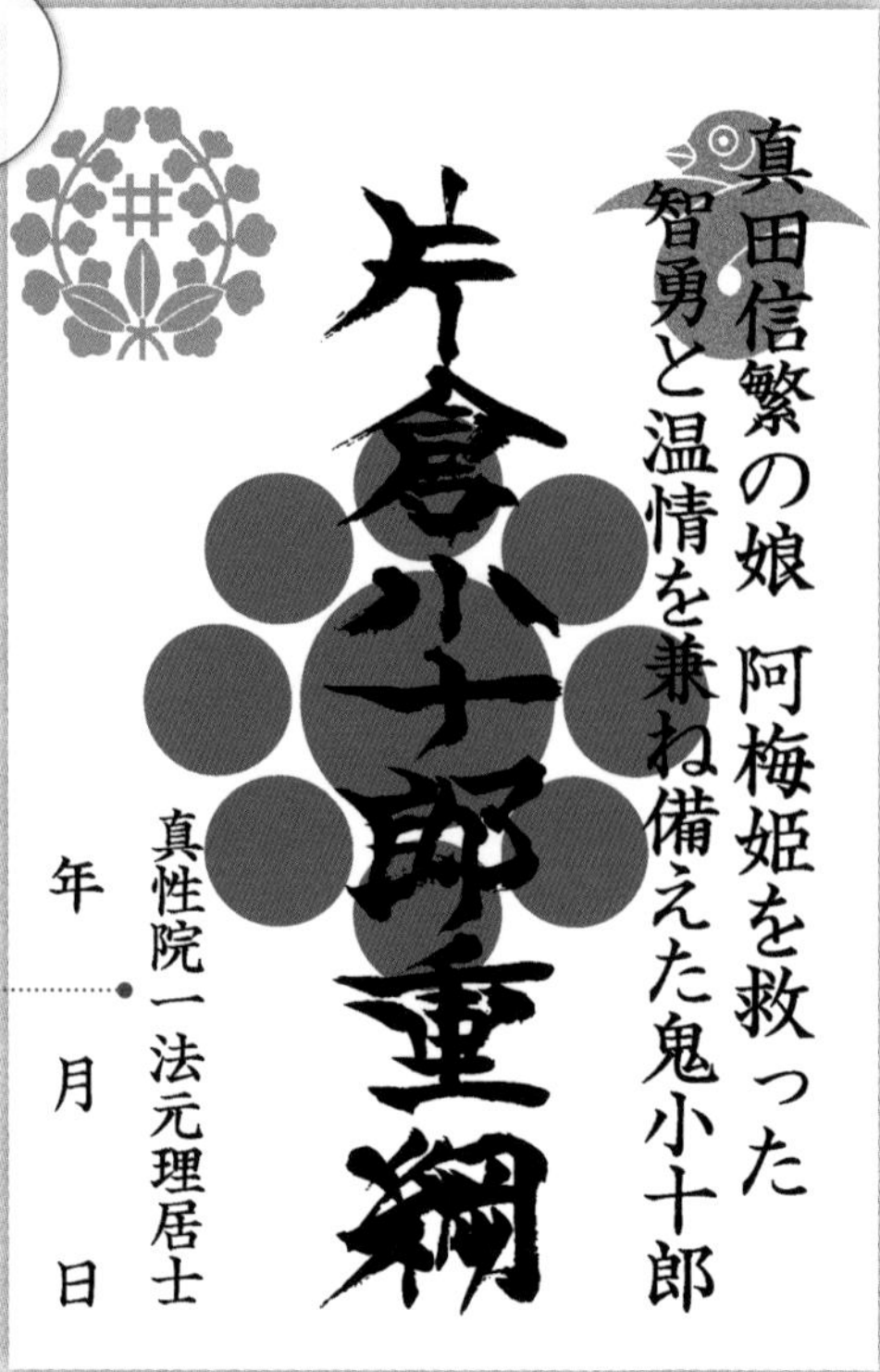

真田信繁の娘 阿梅姫を救った
智勇と温情を兼ね備えた鬼小十郎
片倉小十郎重綱
真性院一法元理居士
年 月 日

❶左上に片倉氏の家紋「ばら藤に井桁」、右上には真田氏の家紋「結び雁金」中央には伊達政宗から与えられた「九曜紋」が配されている。

❷重長の戒名「真性院一法元理居士」。

❸真田信繁の娘・阿梅らを引き取り、後に阿梅は継室に、信繁の次男・大八は片倉守信を名乗っている。

武将DATA

生没年	天正12年（1584）〜万治2年（1659）
出身地	陸奥国
幼名	—
通称	小十郎
主な官位	—
拠点（主な居城）	白石城（宮城県白石市）

頒布場所DATA

販売場所	紀州九度山真田砦
販売料金	200円（税込）

大坂の陣で奮戦した

仙台藩片倉氏初代当主である片倉景綱の子で、はじめは諱を重綱といったが、のち重長と改名。通称の「小十郎」は景綱が名乗り、以降代々の当主が名乗っている。

慶長19年（1614）の大坂の陣で、景綱は病床に付していたため、重綱が参陣している。重綱は大坂の陣における道明寺の戦いにおいて、後藤又兵衛らを打ち取っている。その戦いぶりから「鬼の小十郎」の異名を取った。片倉家の事績を伝える「片倉代々記」には、「大坂の陣において比類なき武勇を致し、伊達勢の手柄は日本一と徳川家康をはじめ天下に認めさせた」と書かれている。敵方であった真田信繁（幸村）が、大坂夏の陣で、奮戦する重綱を見て「この将ならば」と矢文を片倉の陣に送り、信繁の子女5人を託したという逸話もある。その中の1人で四女の阿梅は、片倉家の侍女として召し抱えられた。のちに、重綱の正室が亡くなると、継室となった。また、信繁の二男大八は片倉家の居城である白石城で養育され、のちに片倉守信と名乗り、仙台真田家の祖となっている。

幕府に隠れて育てられた信繁の息子

片倉守信

かたくらもりのぶ

武将印
真田信繁の次男
八代後には仙台真田家となる
片倉守信
山誉浄庵居士
年　月　日

❶右上に真田家の家紋「結び雁金」が押されている。

❷左上に片倉家の家紋「ばら藤に井桁」が押されている。

❸中央に真田家の家紋「六文銭」が押されている。

武将DATA

生没年	慶長17年（1612）～寛文10年（1670）
出身地	紀伊国九度山
幼名	大八
通称	久米介
主な官位	―
拠点（主な居城）	陸奥国仙台

頒布場所DATA

販売場所	紀州九度山真田砦
販売料金	200円（税込）

仙台藩士に召しだされる

片倉守信は、真田信繁（幸村）の秘匿の次男。

慶長20年（元和元、1615）の大坂夏の陣で父の信繁が亡くなると、守信はわずか4歳だったが、姉たちと一緒に伊達政宗の重臣の片倉重長に引き取られた。姉たちは真田家の娘と公表されていたが、守信は男児だったために、信繁の息子ということは伏せて育てられた。

元服すると、名前を片倉久米介に改めて、片倉家の客人として暮らした。

伊達政宗が亡くなり、伊達忠宗が2代目仙台藩主となった寛永17年（1640）に、守信は仙台藩士に召しだされて、300石を抱える家臣となり、真田姓を名乗りはじめた。

しかし、幕府の追及を受けたため、それを逃れようと再び片倉姓を名乗るようになった。

その後、守信は真田姓を名乗ることのないまま、寛文10年（1670）に亡くなった。今は当信寺に姉の阿梅の墓標と守信の墓碑が並んで供養されている。

立身出世を果たした天下人

豊臣秀吉（とよとみ ひでよし）

武将印
戦わずして勝ち得るのは、
良将の成すところである
豊臣秀吉
令和 年 月 日

❶秀吉の名言が記載されている。

❷筆文字は書道家の大介氏によるもの。

❸秀吉の家紋「五七桐」、花押が押されている。

頒布場所DATA

販売場所	真・戦国丸
販売料金	300円（税込）

天下を統一し近世封建社会の基礎を築く

秀吉は、百姓弥右衛門（やえもん）の子であったが、16歳のとき故郷の中村を出て、遠江頭陀寺城（とおとうみずだじじょう）の城主松下之綱（まつしたゆきつな）の家来となる。その後、織田信長に仕え、信長のもとでは、草履（ぞうり）を懐中で温めていたというエピソードなどはよく知られているが、秀吉の手腕による出世物語は、『太閤記』（小瀬甫庵）でのことだ。確実な古文書としては、永禄（えいろく）8年（1565）、信長が美濃の坪内利定（つぼうちとしさだ）に与えた知行充行状（ちぎょうあてがいじょう）の副状（そえじょう）に記された木下藤吉郎秀吉（きのしたとうきちろうひでよし）の署名が初めである。

天正（てんしょう）元年（1573）、羽柴（はしば）姓に変え、さらに豊臣姓を名乗るのは、従一位関白太政大臣になった天正13年（1585）以降のことだ。

天正5年（1577）に信長から中国平定の命を受け、播磨・但馬、備前、因幡、美作、伯耆、淡路など次々に平定している。秀吉が天下人への足がかりとなったのが天正10年（1582）に起きた本能寺の変である。知らせを聞くとすぐに毛利氏と講和し、本能寺の変の11日後には、明智光秀を

秀吉が大坂本願寺跡に築いた大坂城。大坂夏の陣により落城した後、徳川幕府により再築された。戦後は史跡公園として整備された。（©大阪城天守閣）

武将DATA

生没年	天文6年（1537）～慶長3年（1598）
出身地	尾張国愛知郡中村
幼名	―
通称	藤吉郎
主な官位	従五位下左近衛権少将（じゅごいのげさこんえごんのしょうしょう）、従四位下参議（じゅしいのげさんぎ）、正二位内大臣（しょうにいないだいじん）、従一位関白（じゅいちいかんぱく）、太政大臣（だいじょうだいじん）
拠点（主な居城）	大坂城

山崎の戦いで破った。その後、織田家の後継者を決める清洲会議では信長の嫡孫三法師を担ぎ、柴田勝家、信長の三男・信孝らを降伏させ、島津義久らを破って九州を平定するなど、天下人へと上り詰めていった。

天正11年（1583）には、大坂本願寺跡に大坂城を築き、天正14年（1586）京都内野に聚楽第（じゅらくてい）を建造。後陽成天皇を迎えて政権の基盤を整えた。その後、小田原攻め、さらには奥州も従えて天下統一を果たした。

秀吉は、キリスト教を禁じ、太閤検地を行って石高（こくだか）制を整え、刀狩（かたながり）により兵農分離を確立させ、武士・百姓・町人・職人の身分の固定化を図って、近世封建制度の礎を築いた。

しかし、明国を討つために行った朝鮮出兵（文禄・慶長の役）が、豊臣政権に大きな痛手を与え、秀吉の死後、家康の台頭を招くことになった。

島左近（しま さこん）

「鬼左近」の異名を持つ猛将

武将印

三成に殉じた鬼左近
島左近清興
妙法院殿島左近源友之大神儀
一五四〇ー一六〇〇

❶中央に左近の家紋「三つ柏」が配されている。

❷左下には左近の戒名「妙法院殿島左近源友之大神儀」と生没年が書かれている。

❸右下には左近の花押が配されている。

頒布場所DATA

販売場所	紀州九度山真田砦
販売料金	200円（税込）

三成の参謀となった勇猛な武の一匹狼

「治部少（三成）に過ぎたるものが2つあり。島の左近と佐和山の城」とうたわれたほど、文武両道で優秀な軍師として知られる石田三成の重臣。

大和平群郡の国人の家系に生まれた。左近は通称で、本名は島清興。当初は河内国の守護、畠山氏に仕えたが、教興寺の戦いにおいて三好長慶に敗北。その際、筒井順昭の指揮下で戦ったことが縁で、筒井氏に従属したという。

主君となった筒井順昭の子・順慶はやがて大和国を統一。左近は内政面で順慶を支えていたとみられるが、順慶が病死した後、跡を継いだ順慶の甥・定次とは意見が合わず、筒井家を辞したという。浪人となった後は法隆寺に一時身を寄せ、近江国へ下った。

戦に強いものの、誰にも仕えないことで有名だったが、石田三成が自己の所領4万石の領地の半分を与えるという破格の待遇で家臣にしたいと説得。その熱意に折れて三成の「武」をも支える参謀となった。文

御朱印

『島左近 刀剣ご朱印』
妙法の刀剣で煩悩の根源である元品の無明（がんぽんのむみょう）を断ち斬っている姿。島左近の朱印と刀剣の絵は、教法院の住職が書いたもの。左下の印は「日蓮宗 教法院之印」。

頒布場所DATA

販売場所	教法院 受付
販売料金	1000円（税込）

禄元年（1592）には、三成に従い朝鮮にも渡っている。

慶長5年（1600）の関ヶ原の戦いにおいては、敗戦側ではあったものの、その勇敢な戦いぶりが伝説となっている。まず、本戦の前日に蒲生郷舎とともに大垣から杭瀬川に討って出て、東軍の先鋒である中村一栄、有馬豊氏らの軍を破って西軍の士気を鼓舞した。そして本戦では、三成の先鋒として徳川家康の本陣に壮絶な攻撃をしかけ、黒田長政、加藤嘉明、細川忠興、田中吉政らの軍勢と銃創を負いながらも大いに奮戦。その恐ろしさに、徳川軍は左近をまともに見られなかったという。また、赤い前立ての兜を身につけていたことは有名である。

一進一退の戦局であったが、小早川秀秋

武将DATA

生没年	天文9年（1540）～ 慶長5年（1600）
出身地	大和国
幼名	―
通称	左近　※実名は清興
主な官位	―
拠点（主な居城）	―

御朱印

『島左近　旗印ご朱印』

島左近が杭瀬川の戦いの際に、旗印として掲げていたもの。中心に「鬼子母善神 十羅刹女」、左に「八幡大菩薩」、右に「鎮宅霊符神」と書かれている。鬼子母善神は、妙法蓮華経の信仰者を守護する神様。

頒布場所DATA

販売場所	教法院 受付
販売料金	1000円（税込）

の裏切りのために西軍諸隊は相次いで潰走。最期は黒田長政の軍に討たれて戦死したと伝承されている。

ただし、関ヶ原の戦いの後も生き延びていたという説もある。これによると大坂で妻と娘とともに暮らし、娘は大坂天満宮の宮司と結婚したという。

位牌は教法院（きょうぼういん）（京都市上京区）に祀られ、同寺院に墓碑も建立されている。

教法院の境内に祀られている島左近の墓。

御朱印

『島左近　特別ご朱印』
島左近に対して、供養の大塔婆を建てられた方に授与される御朱印。一勇斎（歌川）国芳作、『太平記英雄伝』の島左近の一部を版画にしたもの。

頒布場所DATA

販売場所	教法院 受付
販売料金	1000円（税込） ※特別御朱印は別途、大塔婆供養(3000円)が必要。

雲龍御朱印帳。大判タイプで鳥の子和紙を使用している。最初のページに、左近の銀色の御朱印入り。（3000円）

大坂五人衆の一人「槍の又兵衛」

後藤又兵衛（ごとう またべえ）

頒布場所DATA

販売場所	多聞寺本堂
販売料金	300円（税込）

御朱印

❶中央に「後藤又兵衛」、その右上には肩書として「大坂五人衆」と書かれている。「衛」の字の最後にはねるところから、左側へ筆を進め、下から上へと真っ直ぐに線を書き上げ、先端を尖らせて槍を表現している。

❷後藤氏の家紋「下がり藤」を押印している。

❸右下側には、騎乗跳ね馬のシルエット印を青色で押印している。

❹左上側には「戦国武将後藤又兵衛菩提所印」を押印している。

黒田家を出奔し、大坂の陣で豊臣方に

本名は後藤基次で、「槍の又兵衛」と呼ばれた、六尺（約180センチ）を超える巨漢であった。永禄3年（1560）、小寺政職の下にいた後藤新左衛門基国の次男として出生。しかし幼くして基国を亡くし、姫路城主黒田官兵衛に養育された。以降、深い因縁のある官兵衛の嫡子・長政とは、兄弟のような間柄であった。のち砥石越前守のもとに行くも長政に呼び戻され、黒田二十四騎のひとり、栗山利安の配下になった。武勇にすぐれ、豊臣秀吉の九州攻めや文禄の役で戦功を立てている。関ヶ原の戦いでも長政の先手として、石田三成の家臣で槍の名手、大橋掃部を一騎討ちで討ち取った。

その後は大隈城1万6千石の所領を与えられ、長政に自分の右腕とまで言われたが、性格の不一致により両者の関係は次第に悪化。官兵衛の死から2年後には、一族揃って黒田家を出奔して、豊前国の細川忠興を頼ったのち、備前国岡山の池田忠継に仕える。しかしたびたび長政の干渉に遭い、慶

境内の砂紋と本堂
元和2年（1616）に、又兵衛の三男佐太郎（太郎正方）が父を弔うために、曹洞宗 多聞寺を建立開山した。同時に又兵衛の真牌（位牌）を本堂に奉安し、御本尊は釈迦牟尼佛、他に多聞の名の如く、四天王の一人である北方多聞天王、すなわち毘沙門天像（七福神）も本堂内に祀られている。

長16年（1611）からは京都で浪人生活を送る。後に大坂に隠棲していた際、黒田家に子の左門が捕えられたが、豊臣秀頼の保護によって事なきを得たため、同19年の大坂の陣ではその恩に報いて、秀頼の招きにすぐさま駆けつけた。旗頭として指揮した閲兵式の采配から「摩利支天の再来」、徳川家康からは「警戒すべき名望家」と称されるほどで、歴戦の将として大坂五人衆の一人に数えられた。

翌年の夏の陣では、家康から裏切りを勧められたが、劣勢方から優勢方に心変わりするのは武士の本意ではないと見事に断ったと言われる。この戦いでは大和口での迎撃作戦の先鋒として2800の兵を率いて河内道明寺河原に進軍。これに応戦した伊達政宗の先手、片倉勢の放つ鉄砲によって討死した。

後藤又兵衛甲冑（レプリカ）
多聞寺には、又兵衛が身に着けていた鎧、兜、槍のレプリカが飾られている。

武将DATA

生没年	永禄3年（1560）～ 慶長20年（1615）
出身地	播磨国
幼名	―
通称	又兵衛
主な官位	従六位下・隠岐守
拠点 （主な居城）	大隈城、福岡城

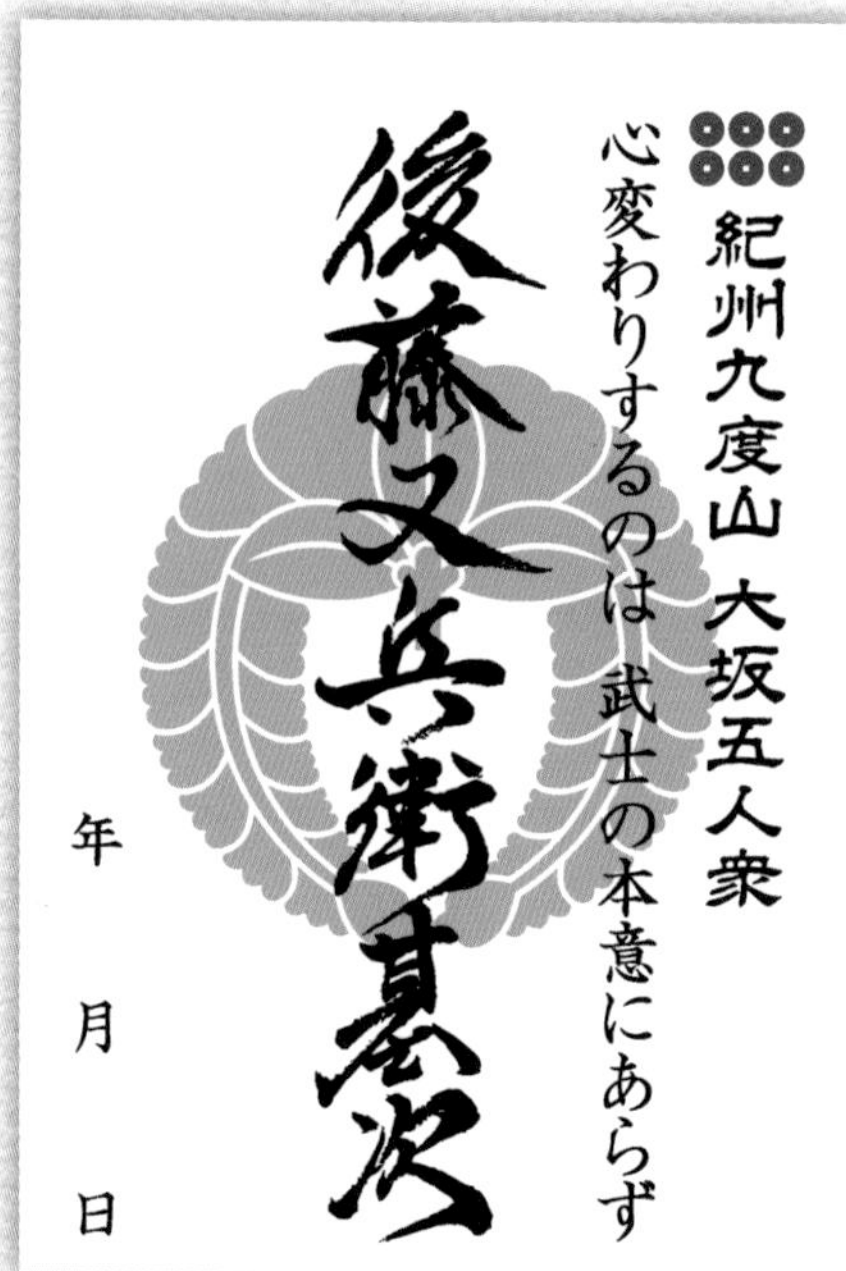

紀州九度山 大坂五人衆
心変わりするのは 武士の本意にあらず
後藤又兵衛基次
年 月 日

武将印

大坂の陣の際、家康の誘いを断った「心変わりするのは　武士の本意にあらず」という名言と、後藤氏の家紋「下り藤」が配されている、紀州戦国屋の武将印。

頒布場所DATA

販売場所	紀州九度山真田砦
販売料金	200円（税込）

武将印

後藤氏の家紋「下り藤」に「槍の又兵衛」「黒田八騎」の文言、又兵衛を表す一字「勇」が配されている戦国魂の武将印。

頒布場所DATA

販売場所	戦国魂オンラインショップ
販売料金	330円（税込）

多聞寺オリジナルの「槍の又兵衛 御朱印帳」。表紙には墨絵師・御歌頭氏が描いた墨絵がデザインされている。

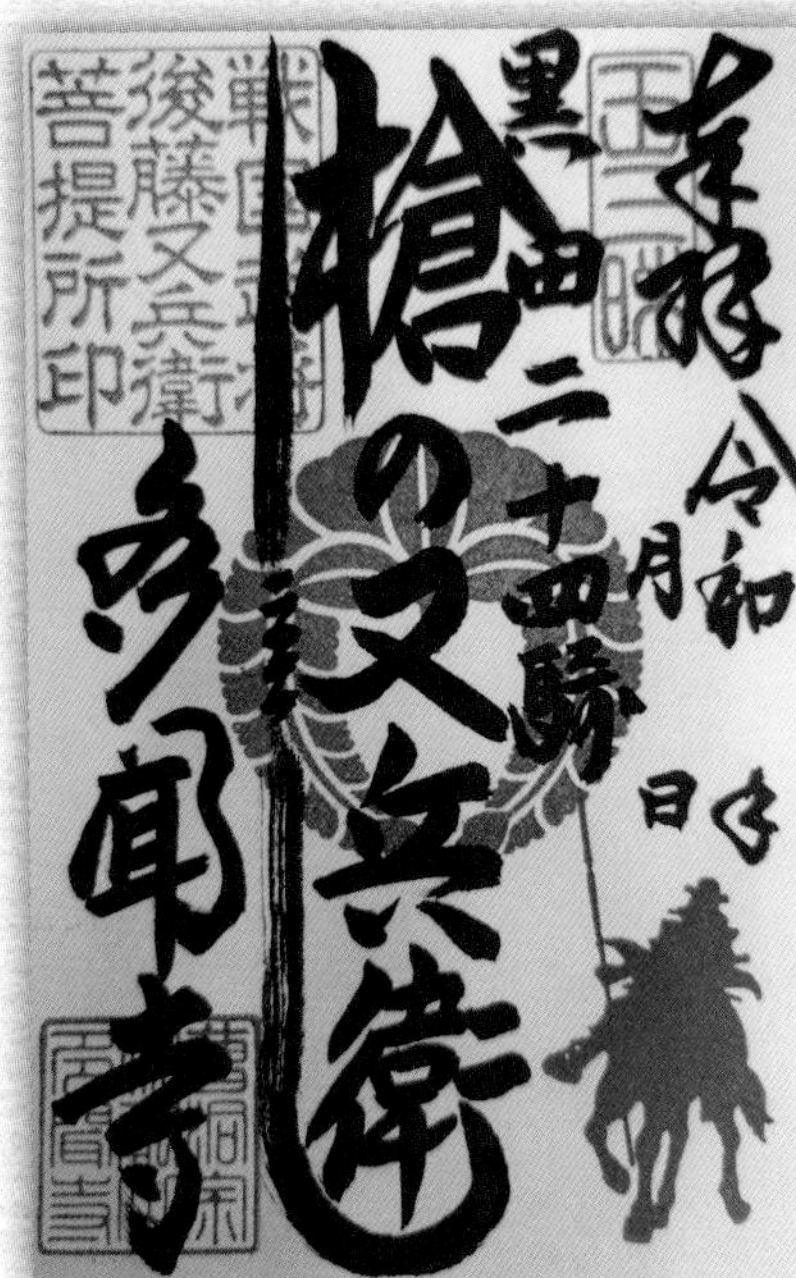

御朱印

多聞寺の「槍の又兵衛」御朱印。P56の「後藤又兵衛」御朱印と同様のデザインで、こちらは中央に「槍の又兵衛」と書かれている。「衛」の最後は槍を表現している。肩書きは「黒田二十四騎」。

頒布場所DATA

販売場所	多聞寺本堂
販売料金	300円（税込）

「御朱印　挟み紙」
多聞寺のご朱印のあて紙（挟み紙）には、墨絵師・御歌頭氏が描いた槍の又兵衛の墨絵が使われている。

大一大万大吉

石田三成

いしだ みつなり

秀吉に絶対的な忠誠を誓った武将

武将印

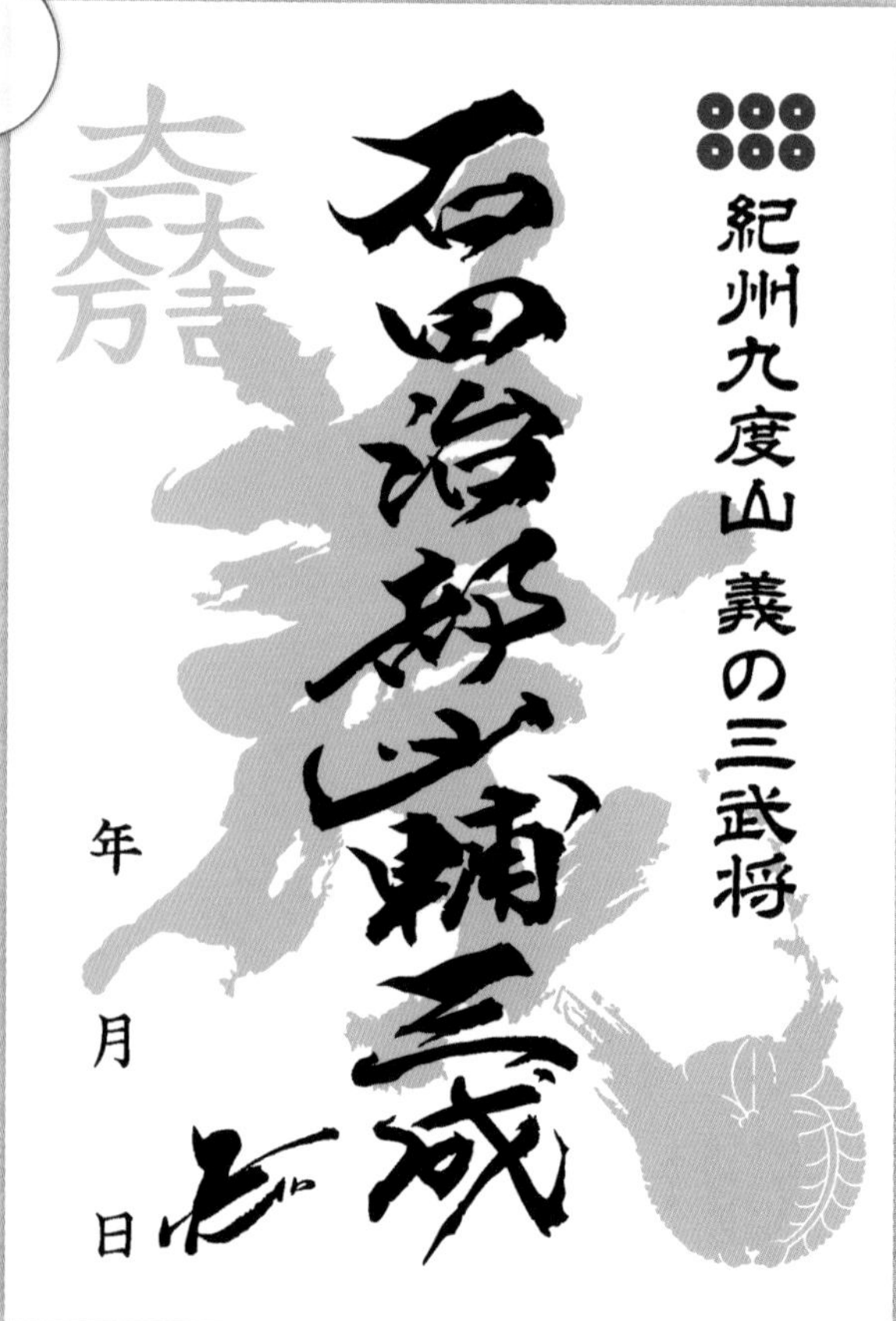

❶左上には家紋「大一大万大吉」の印が押されている。

❷中央には「義」の書が書かれている。

❸右下には家紋「下がり藤に石」、左下には花押が押されている。

頒布場所DATA

販売場所	紀州九度山真田砦
販売料金	200円（税込）

秀吉亡き後、関ヶ原の戦いに敗れる

石田三成は、豊臣秀吉（とよとみひでよし）の重臣にして他を圧倒する頭脳派の武将である。頭がよく機転が利く子どもであった三成は、寺小姓として過ごしていたある日、偶然立ち寄った秀吉に、その才能を見いだされて小姓となった。

秀吉の下では、中国攻めや山崎の戦いなどに参戦。柴田（しばた）攻めで武功を立てると、諸大夫十二人の1人にも選ばれるなど役職を上げていく。また、九州攻め・小田原攻めでも、持ち前の頭脳を駆使して活躍し、戦功を重ねた。

その一方で、武将よりも奉行としての才能の方が優れていたために、堺や博多を治め、美濃国や奥州を検地するなど、官僚としての功績も着実に重ねていった。

特に、豊臣政権の成長を支える基盤となった検地は、三成の大きな功績といえる。それまでは石高（こくだか）は申告制だったためにばらつきがあったが、三成が領地内の田の大きさを丁寧に測り、石高が正確なものとなったことで、年貢の徴収が安定したのだ。こ

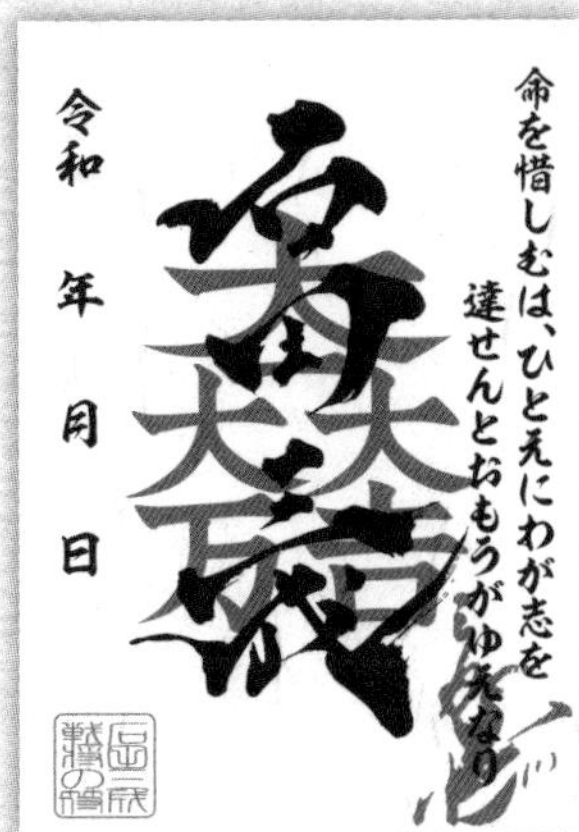

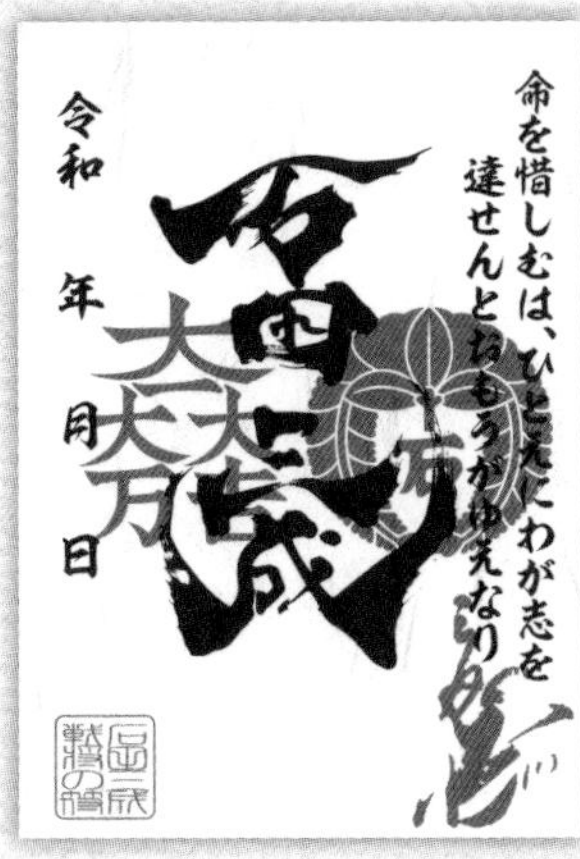

武将印

筆文字は書道家の大介氏によるもの。三成の名言と三成の家紋「大一大万大吉」と「下がり藤に石」、花押が押されている。

頒布場所DATA

販売場所	真・戦国丸、彦根観光センター
販売料金	300円（税込）

れは、まじめで細かい性格の三成だからこそ成し遂げられたと言ってもいいだろう。

このように、三成は頭脳明晰で戦術にも長け、欠点がないと思われそうだが、まじめで正義感のつよい性格が行きすぎて、まわりの目には融通の利かない者として映り、三成をよく思わない者がたくさんいた。そして、文禄（ぶんろく）元年（1592）に始まった朝鮮出兵をきっかけに、三成は豊臣家臣の中で孤立するようになった。

類を見ないほどの大掛かりな戦で、武将たちは疲労困憊。その結果、三成と小西行長（こにしゆきなが）らの文人派と、加藤清正（かとうきよまさ）、黒田長政（くろだながまさ）らの武人派との間に対立が生まれてしまった。

慶長（けいちょう）5年（1600）、秀吉亡き後に、天下を取ろうと企んだ徳川家康（とくがわいえやす）と、それに対する秀吉恩顧の三成らで「天下分け目の決戦」といわれる、関ヶ原の戦いが行われた。味方の軍が次々に家康側に寝返り、わずか半日のうちに幕を閉じたといわれる。その後、家康の命で斬首となり、三条河原で首を晒されたのち、京都の大徳寺三玄院に葬られたという。

武将DATA

生没年	永禄3年（1560）～慶長5年（1600）
出身地	近江国
幼名	三也、佐吉
通称	治部
主な官位	従五位下治部少輔
拠点（主な居城）	近江佐和山城（滋賀県彦根市）

石田三成の居城であった佐和山城跡。

御城印

中央に三成の家紋「大一大万大吉」が大きく描かれている佐和山城の御朱印。

頒布場所DATA

販売場所	彦根市観光案内所
販売料金	300円（税込）

豊臣秀次（とよとみ ひでつぐ）

殺生関白と呼ばれた悲劇の後継者

御朱印

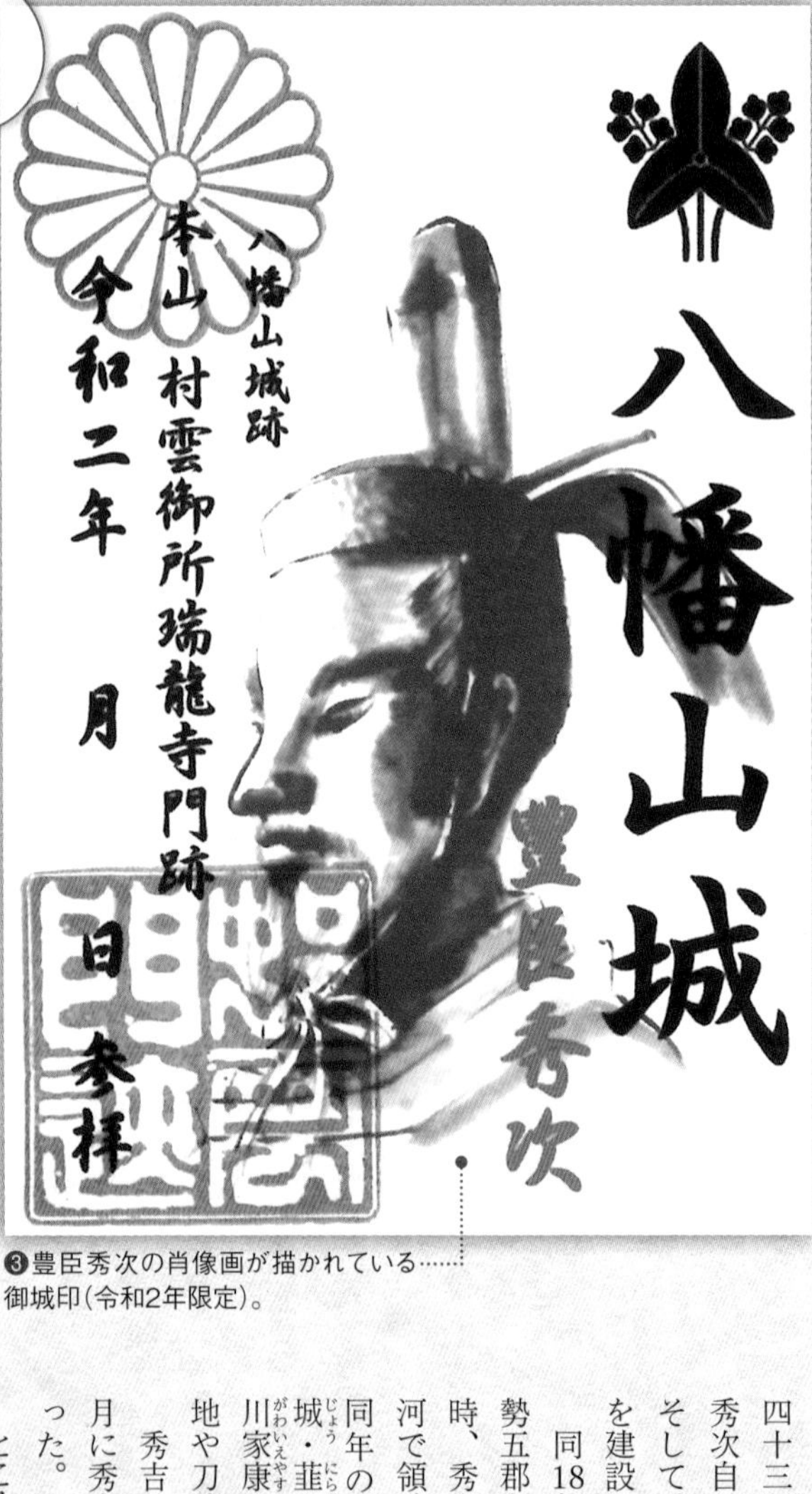

❶秀次の家紋「沢瀉紋」が押されている。

❷和紙に印刷しているが、左上の菊紋印と左下の瑞龍寺印は一枚一枚捺印している。

❸豊臣秀次の肖像画が描かれている御城印（令和2年限定）。

頒布場所DATA

販売場所	村雲御所瑞龍寺門跡売店・御朱印所
販売料金	300円（税込）

秀吉の後継者問題に翻弄された

豊臣秀次は安土桃山時代の武将で父は豊臣秀吉（ひでよし）の近臣三好吉房（みよしよしふさ）、母は秀吉の実姉日秀（にっしゅう）で、秀吉の甥にあたる。天正（てんしょう）12年（1584）の小牧（こまき）・長久手（ながくて）の戦には八千人を率いて出陣。有力な家臣を失ったものの、翌年、閏8月に秀吉から近江を中心に四十三万石が与えられ八幡山に城を築いた。秀次自らが普請の指揮をとったとされる。そして、織田信長（おだのぶなが）の安土にならって城下町を建設し、楽市（らくいち）を開いた。

同18年には、織田信雄（のぶかつ）の旧領尾張と北伊勢五郡を与えられ、清洲城に入った。この時、秀次の家臣の多くが、三河、遠江、駿河で領地を得、大名となっている。また、同年の小田原攻めには先陣を切り、山中（やまなか）城（じょう）・韮山城（にらやまじょう）の攻略にあたり、翌年には、徳川（とくがわ）家康（いえやす）とともに、奥州一揆の鎮圧のため検地や刀狩を実施している。

秀吉の嗣子鶴松（つるまつ）が夭折すると、同19年12月に秀吉から関白職を譲られ、聚楽第（じゅらくてい）に入った。

ところが、文禄（ぶんろく）2年、秀吉に実子秀頼（ひでより）が誕生すると、秀吉との関係は徐々に悪化した。

そして、同4年7月、秀次は謀反を企てたという理由で関白・左大臣の職を解かれて高野山に追いやられ、15日には切腹させられた。子女・妻妾ら三十余人も京都三条河原で処刑され、多数の近臣も殺された。秀次の性格が残忍であるといった悪評は宣教師の記録にもあるが、古筆や芸能を好み、経典の補修なども行う文化人でもあった。秀次の追善のため、京都市中京区に瑞泉寺が建立され、境内にその墓がある。

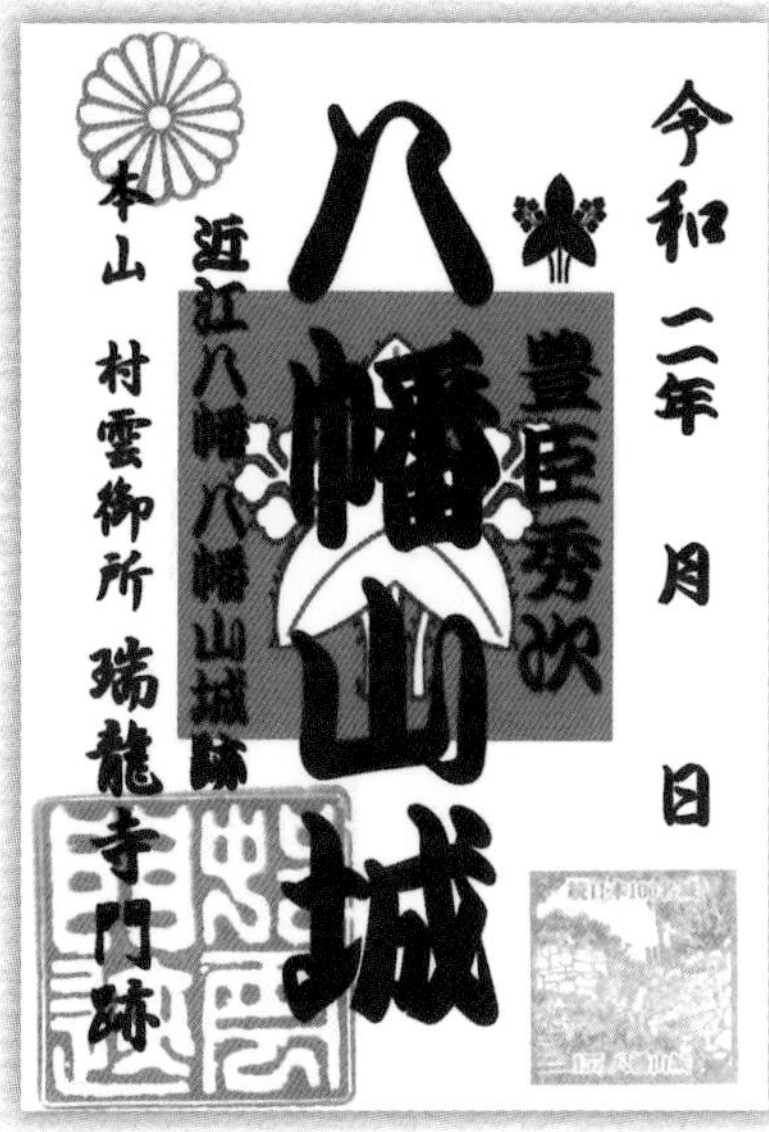

御城印

左が村雲御所瑞龍寺の代表御城印。中央に秀次の「沢瀉紋」、左上に菊紋印、左下に瑞龍寺印が押されている。右下には、100名城スタンプが押されている。右は手書きの御城印。

頒布場所DATA

販売場所	村雲御所瑞龍寺門跡売店・御朱印所
販売料金	300円（税込）

八幡山山頂の八幡城本丸跡に建つ村雲御所 瑞龍寺。秀次の母・日秀尼公が秀次の菩提のために京都の村雲に創建したため、村雲御所と呼ばれている。昭和36年（1961）に現在地に移された。

武将DATA

生没年	永禄11年（1568年）～文禄4年（1595年）
出身地	尾張国
幼名	孫七郎
通称	―
主な官位	右近衛中将、中納言、内大臣、関白、左大臣
拠点（主な居城）	八幡山城、清洲城、聚楽第

家康に敗れた豊臣最後の武将

豊臣秀頼
とよとみ ひでより

武将印

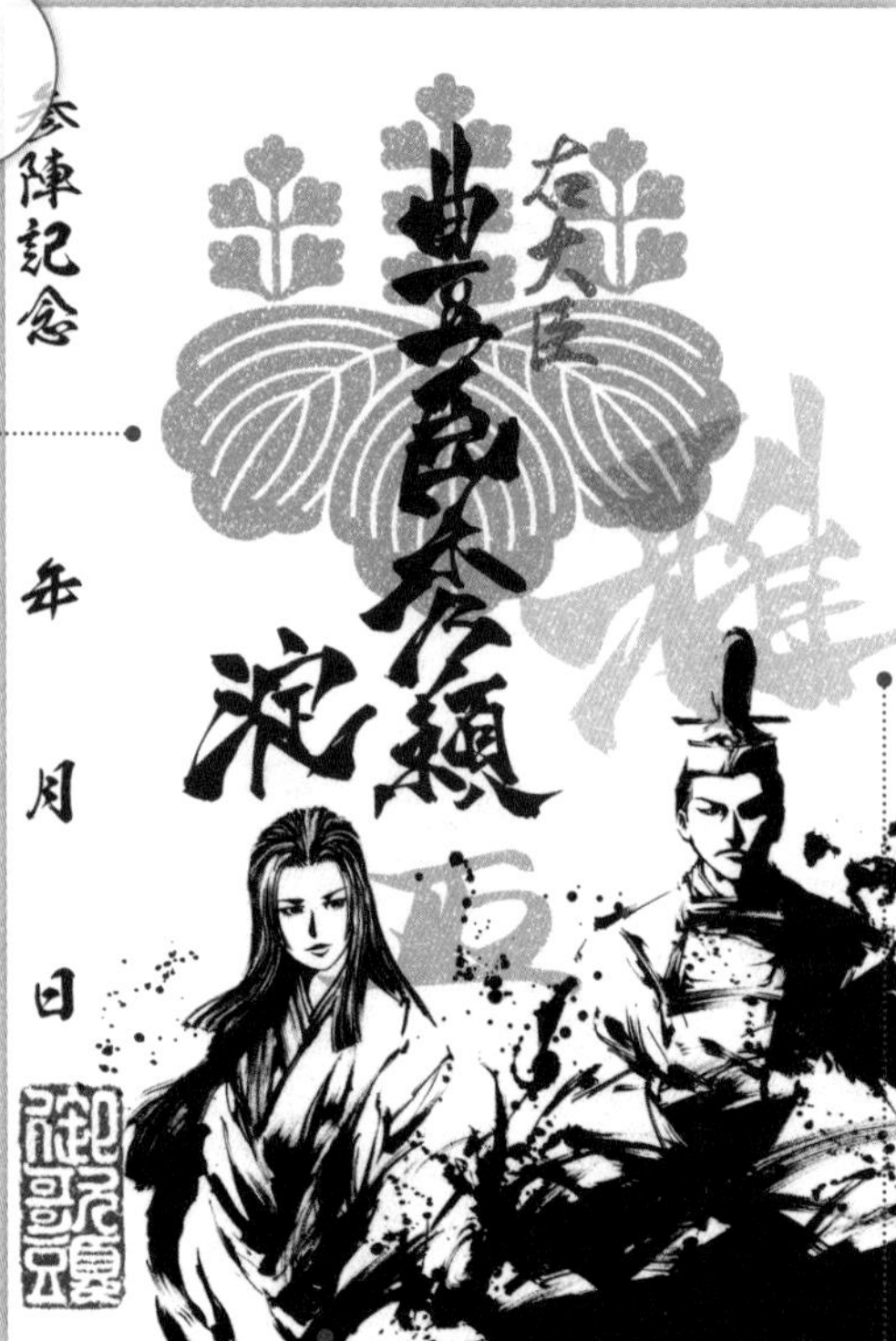

❶背景には花押と、秀頼をイメージした「雅」の文字が配されている。

❷中央には豊臣家の家紋「五七桐」が押されている。

❸秀頼と母淀殿のイラストが描かれている。2人は大坂の陣で敗れ、大坂城と共に炎につつまれる。

頒布場所DATA

販売場所	戦国魂 オンラインショップ
販売料金	330円（税込）

武将DATA

生没年	文禄2年（1593）～ 慶長20年（1615）
出身地	大坂
幼名	―
通称	―
主な官位	従五位下、従四位下左近衛権少将、権中将、権大納言、正二位、内大臣、右大臣
拠点（主な居城）	大坂城（大阪府大阪市）、伏見城（京都府伏見氏）

溺愛された秀吉の跡取り息子

文禄（ぶんろく）2年（1593）に、秀吉（ひでよし）の待望の跡継ぎとして生まれた秀頼は、幼いころから父秀吉と母の淀殿（よどどの）から大きな愛情を受けて育った。秀吉は、秀頼誕生の前に甥の秀次（ひでつぐ）を養子にもらい、聚楽第（じゅらくてい）に住まわせていたが、強制的に高野山へ蟄居させ、文禄4年（1595）に自害へと追い込んだ。そして、秀次に変わって秀頼を跡継ぎに据えた。また、徳川家康（とくがわいえやす）や毛利輝元（もうりてるもと）といった諸大名に、秀頼への忠誠を誓わせる血判起請文を書かせてから亡くなるなど、これ以上ない愛情を注いだ。

小柄な秀吉とは反対に、秀頼は立派な体格の青年に育ったといわれ、慶長（けいちょう）16年（1611）に二条城で家康が謁見した際に、家康は若々しく力みなぎる秀頼に恐れを感じ、豊臣家との戦を決意したという逸話もある。

秀頼は、大坂冬の陣・夏の陣で、家康軍に必死に対抗したが、その努力は実らず、5月8日に母の淀殿と共に大坂城で自害した。

秀吉の出世に使われた信長の孫

三法師（織田秀信）

さんぼうし（おだ ひでのぶ）

武将印

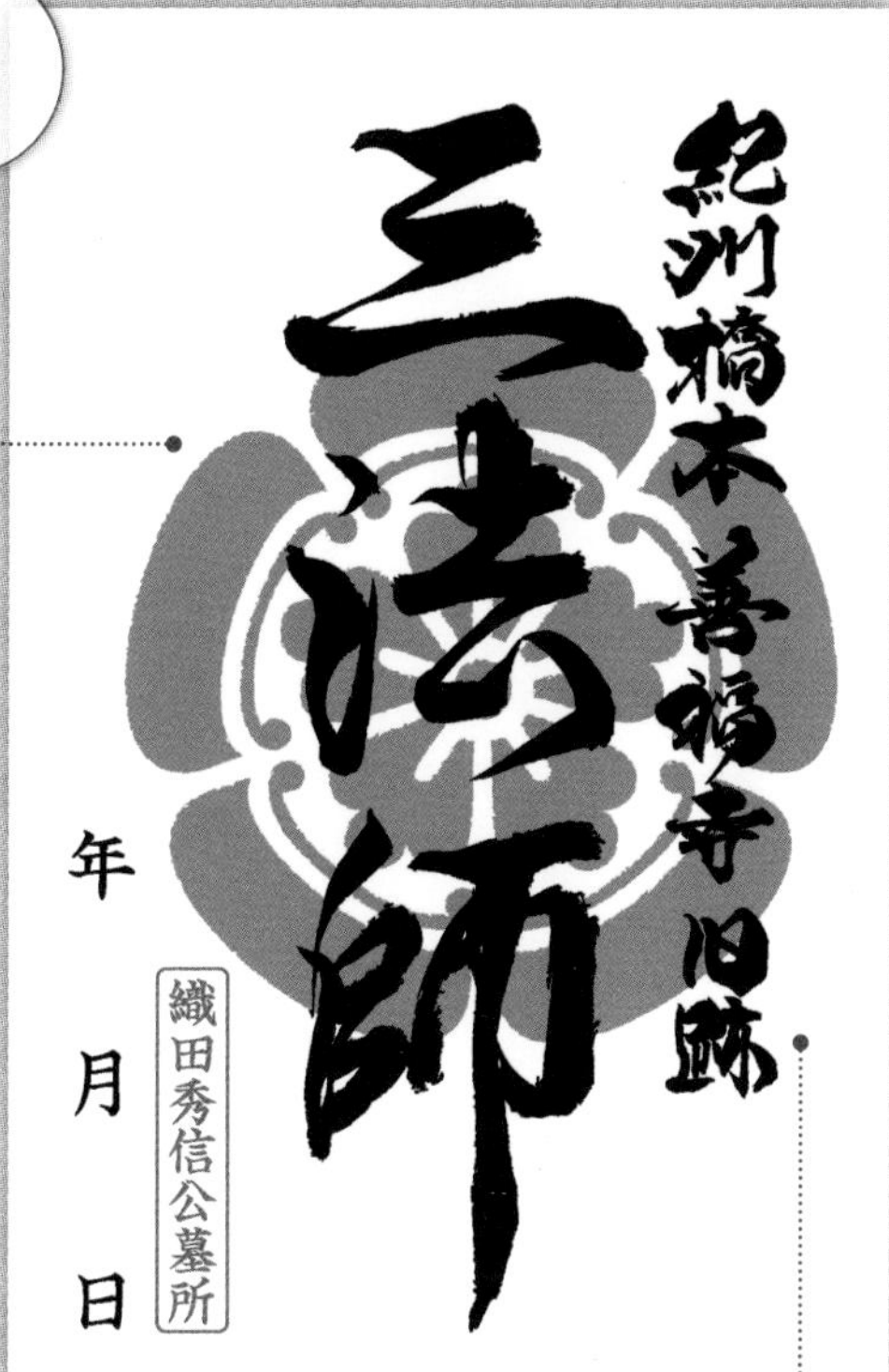

❷織田家の家紋「織田木瓜」が中央に押されている。

❶秀信（三法師）は高野山麓の橋本にて最期を迎えたと伝わり、善福寺に墓所がある。

武将DATA

生没年	天正8年（1580）～慶長10年（1605）
出身地	美濃国
幼名	三法師
通称	―
主な官位	従四位下侍従、従三位権中納言
拠点（主な居城）	岐阜城（岐阜県岐阜市）、高野山

頒布場所DATA

販売場所	紀州九度山真田砦、はしもと広域観光案内所
販売料金	200円～（税込）

3歳で信長の継嗣に

本能寺の変で自害した織田信忠の長男で、信長の嫡孫である秀信は、幼名を三法師といった。わずか3歳にして、信長亡き後の織田家の後継者問題などが話し合われた清洲会議で、羽柴秀吉により、三法師が名代となることに決定した。柴田勝家ら重臣と対面する際、秀吉が三法師を抱き、それに向かって重臣たちが平伏したというエピソードは有名である。

その後、秀吉は名実ともに天下人へ歩を進め、三法師は豊臣家に仕えた。秀吉の名前の一字をもらって「秀信」と名乗るようになり、従四位下侍従に任命されている。文禄元年（1592）には、岐阜城主となって13万石を与えられ、従三位権中納言に位を上げている。秀吉が亡くなると、西軍として関ヶ原の戦いに参戦。岐阜城で籠城した際に自刃しようとしたところを福島正則に止められ一命をとりとめたという。後に送られた高野山で僧侶となるが、織田信長の孫ということで高野山を追放されて、山麓で幽居するなかで、慶長10年（1605）に病死したといわれている。

武将印

竹中半兵衛

たけなか はんべえ

天才軍師との誉れ高い秀吉の「片腕」

❶竹中半兵衛の家紋「九枚笹」が押されている。

❷花押と半兵衛をイメージした「礼」の一文字が描かれている。

❸半兵衛のイラストが描かれている。

頒布場所DATA

販売場所	戦国魂 オンラインショップ
販売料金	330円（税込）

秀吉の両兵衛と称された

斎藤道三の家臣、竹中重元の子。もとの名は重虎で後に重治になる。半兵衛は通称である。竹中氏は美濃国の豪族で、半兵衛も当初は、道三の孫の美濃国守護斎藤龍興に武将として仕えていた。ところがまだ10代と若く、遊んでばかりで政治を行わない龍興をこらしめるため、半兵衛は、クーデターを起こす。龍興の居城、稲葉山城をわずか十数名で攻め込み、一日で城を乗っ取ってしまった。

稲葉山城は難攻不落と言われ、織田信長が何度も攻めていたが落とせなかった。信長が、この話を聞いて、美濃の半分をやるという条件で、半兵衛から稲葉山城をゆずり受けようとしたが、半兵衛はこれを拒否。半年後には、城をあっさり龍興に返してしまう。これが「稲葉山城乗っ取り事件」と伝えられる出来事である。

この後、半兵衛は龍興のもとを去り、一時、浅井氏に仕えるが、永禄10年（1567）8月、信長が龍興を攻め、稲葉山城を奪って美濃国を制圧すると、信長の家臣となる。この時、秀吉が三顧の礼で半兵衛を織田家中に誘ったという逸話もある。元亀元年（1570）の近江浅井氏との姉川の戦いや、天正3年（1575）の長篠・設楽原の戦いなどで活躍。そして、信長の命で羽柴秀吉に仕え中国攻めで活躍した。

半兵衛は、もう一人の軍師・黒田官兵衛とともに、「秀吉の両兵衛」と称され、官兵衛とも親しかった。彼が、信長から謀反を疑われ、人質であった官兵衛の息子・松寿丸（のちの黒田長政）を殺すように命じられたが、その際半兵衛は偽の首を差し出して長政をかくまったという。天正7年（1579）、播磨の三木城を攻めているとき、半兵衛は胸を病んで秀吉のすすめで京都で療養していたが、戦況を案じて戦場へ戻り、そこで病死している。

武将印

頒布場所DATA

販売場所	紀州九度山真田砦
販売料金	200円（税込）

中央に竹中半兵衛の家紋「九枚笹」、右下に花押が押されている。

御城印

頒布場所DATA

販売場所	垂井駅前観光案内所
販売料金	300円（税込）

竹中半兵衛が居城とした菩提山城の御城印。

武将DATA

生没年	天文13年（1544）～ 天正7年（1579）
出身地	美濃国（岐阜県）
幼名	—
通称	竹中半兵衛
主な官位	—
拠点（主な居城）	菩提山城

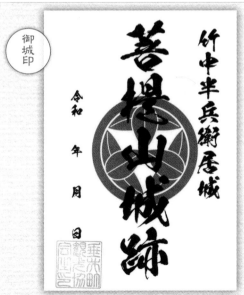

武将印

福島正則

ふくしま まさのり

秀吉を慕い仕えた子飼いの武将

❶福島家の家紋「福島沢瀉」が押されている。

❷福島正則をイメージした「漢」の一文字が描かれている。

❸正則のイラストが描かれている。

頒布場所DATA

販売場所	戦国魂 オンラインショップ
販売料金	330円（税込）

打倒三成で家康側に

豊臣秀吉のいとこといわれる福島正則は、幼名を市松という。加藤清正らとともに、幼いころから秀吉に仕えていた子飼いの武将の一人である。秀吉にとって、実の子どものようであり、深い絆で結ばれていた。正則は、秀吉の期待に応えるように三木城攻め、鳥取城攻め、山崎の戦いなどで武功を重ねて順調に出世の道を進んだ。

天正11年（1583）に起こった賤ヶ岳の戦いでは、一番槍・一番首として活躍。褒美として5000石を授けられ、秀吉を支える「賤ヶ岳の七本槍」と讃えられた。

その後も、小牧・長久手の戦い、九州攻め、小田原攻め、朝鮮出兵でも功績を残して、24万石と清洲城を与えられた。

秀吉との絆だけでなく、他の豊臣方の武将とも固い絆で結ばれていると思われそうだが、実はそうではなかった。石田三成とほかの武将との間には確執があり、慶長3年（1598）に秀吉が亡くなると、それが表面に出て、石田三成対ほかの武将という図式ができあがった。その結果、慶長5年（1600）の関ヶ原の戦いでは、ほとんどの武将が東軍の家康側について、三成と戦うこととなった。

　正則は、裏で豊臣側の武将たちを説得して、家康側につかせるよう暗躍も行ったが、岐阜城を攻略するなどの大きな活躍もした。その褒美として、安芸・備後を合わせて50万石を与えられて、新たに広島藩城主となった。

　このように、家康からも一目置かれていたかと思いきや、慶長19年（1614）の大坂冬の陣では、江戸に留まるように言い渡され、戦場に出られなかった。これは、豊臣家と血縁関係にある正則を危惧したためといわれている。

　その後、勝手に広島城を修築したことが武家諸法度違反に当たるといわれて領地を没収され、陸奥津軽へ転封。受け入れ側に嫌われて越後魚沼郡・信濃川中島合計4万5000石を与えられて、信濃高井郡に蟄居となり、64歳で亡くなった。

　酒癖が悪いことでも知られ、黒田節に歌われている事件が特に有名だ。黒田官兵衛・黒田長政の家臣であった母里太兵衛に酔った勢いで「この酒を飲み干せたら、好きな褒美を取らせよう」と大盃に注いだ酒をすすめた。太兵衛は見事に飲み干し、秀吉から正則に贈られた家宝の日本号という槍を自分のものにした。呑み取りの槍とも言われ、民謡の黒田節の歌詞に歌われている。

御城印

広島城にゆかりの毛利家、福島家、浅野家の家紋が入った御城印。揮毫は書家の翠蘭氏が描いた。カープとコラボしたバージョンもある。

頒布場所DATA

販売場所	広島城天守閣内ミュージアムショップ
販売料金	300円（税込）

武将DATA

生没年	永禄4年（1561）～寛永元年（1624）
出身地	尾張海東郡（愛知県海部郡）
幼名	市松
通称	左衛門大夫
主な官位	従五位下左衛門尉、侍従、従四位下
拠点（主な居城）	安芸国広島、信濃高井郡

毛利輝元によって築城された広島城は、関ヶ原の戦い後に福島正則が整備を進めた。

御朱印

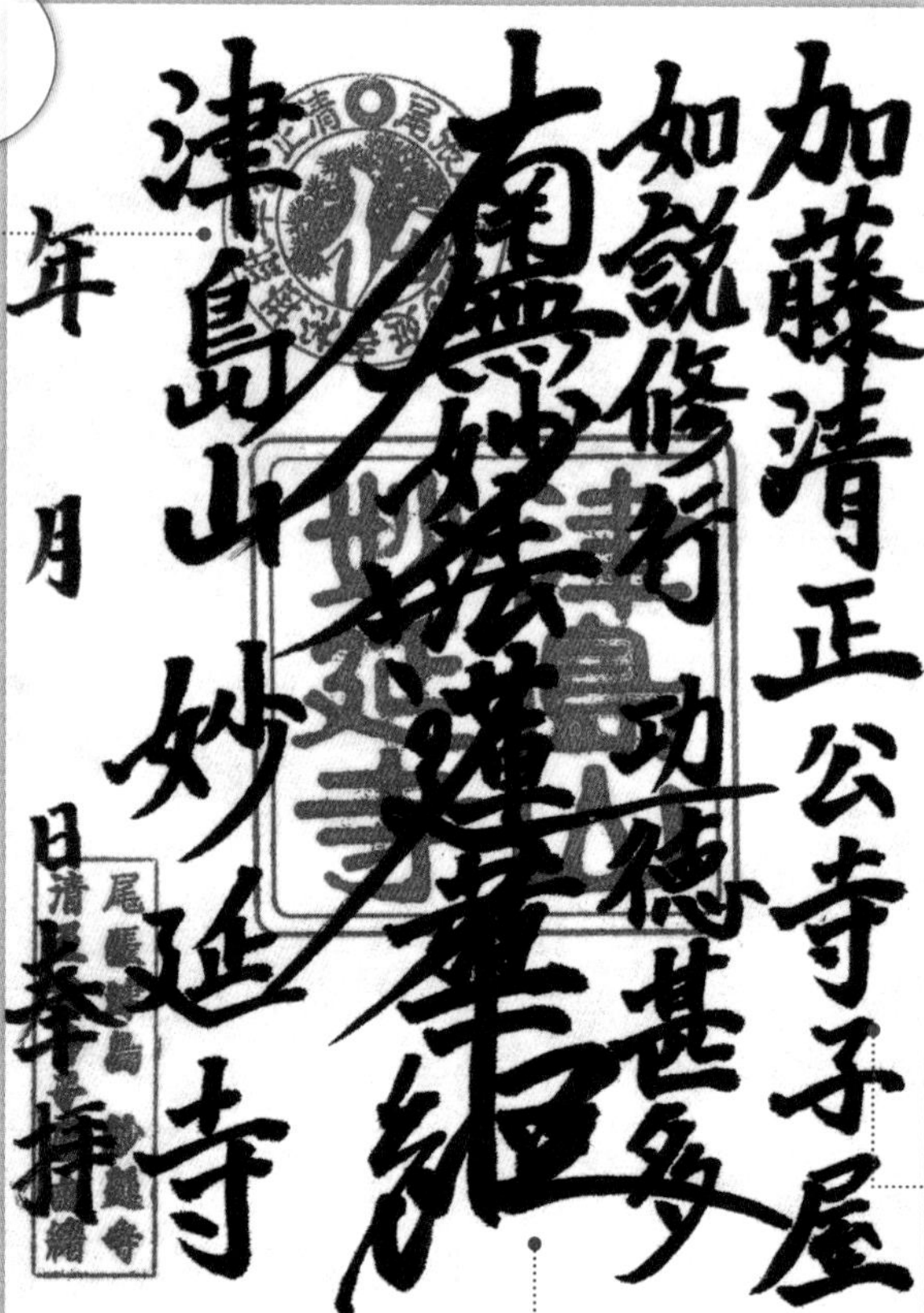

❶「お題目」と同様に馬印に描かれていた「蛇の目紋」と妙延寺の「清正公草紙掛絵」をデザインしたオリジナルの印。

❷加藤清正は熱心な法華経の信仰者で、馬印にも「お題目」が記されていた。清正の馬印に記された「お題目」が中央に書かれている。

加藤清正

かとう きよまさ

秀吉子飼いから肥後国大名となった鬼将軍

頒布場所DATA

販売場所	妙延寺寺務所
販売料金	300円（税込）

地元では「清正公さん」の愛称で親しまれている

幼少より豊臣秀吉に仕えた肥後熊本の大名。刀鍛冶・加藤清忠の次男で、幼名は夜叉丸、元服後に虎之助清正と称する。

天正8年（1580）に初めて播磨国神東郡（兵庫県神崎郡）で120石をあてがわれる。翌年の因幡国鳥取城攻め、さらに備中国冠山城攻め、賤ヶ岳の戦いで活躍し、七本槍の一人として有名になる。また、この功績により、近江・山城・河内国に3000石の知行を得ることになった。

幼少の頃、父の死に伴い、母とともに津島上河原町に移り住むと、母は清正が当時、寺子屋として開放されていた日蓮宗の妙延寺（津島市今市場町）で読み書きや仏法を習わせた。境内にあった松の木に手習いの半紙をかけて干したといういわれの「清正公草紙掛松」は、今も幹の一部が寺宝として本堂に残されている。

日蓮宗に帰依し、信仰が厚くなったのは、天正15年（1587）の九州攻めの頃とされるが、当時の役務は、和泉堺周辺の豊臣蔵入地の代官役であった。

妙延寺は「清正公手習いの寺子屋」として知られている。

天正16年（1588）、清正は、秀吉の「唐入り」用の先兵的役割を担い、肥後北東部半国19万5000石の領主兼肥後の豊臣蔵入地の代官役として入国し、隈（熊）本城を居城とする。文禄（ぶんろく）の役には、二番手として一万人を率いて出兵、鬼将軍として恐れられた。

また、慶長（けいちょう）5年（1600）の関ヶ原（せきがはら）の戦いでは、九州における東軍の中心として活躍。戦後は、肥後一国54万石の領主となる。領内の川普請（かわぶしん）や新田開発を進め、今日の肥後平野の基礎を作るとともに、名城熊本城（くまもとじょう）を築城し、城下町を形成して、熊本市の母胎となった。

晩年は、文芸や茶道にいそしみ、印章に「履道応乾（りどうおうけん）」の刻印を使用している。

妙延寺の御朱印帳（黄色）の表紙。

武将印

朝鮮出兵で鬼将軍の異名を取ったことにちなみ「鬼将軍」の字と家紋「蛇の目」、花押、武将を表す一字として「鬼」が書かれている。

頒布場所DATA

販売場所	戦国魂オンラインショップ
販売料金	330円（税込）

武将DATA

生没年	永禄5年（1562）～ 慶長16年（1611）
出身地	尾張国愛知郡中村
幼名	夜叉丸
通称	―
主な官位	従五位下主計頭 （じゅごいのげかずえのかみ）、 従四位下肥後守 （じゅしいのげひごのかみ）
拠点（主な居城）	隈本（熊本）城

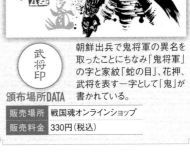

戦国三英傑に一目置かれた武将
黒田官兵衛（くろだ かんべえ）

武将印

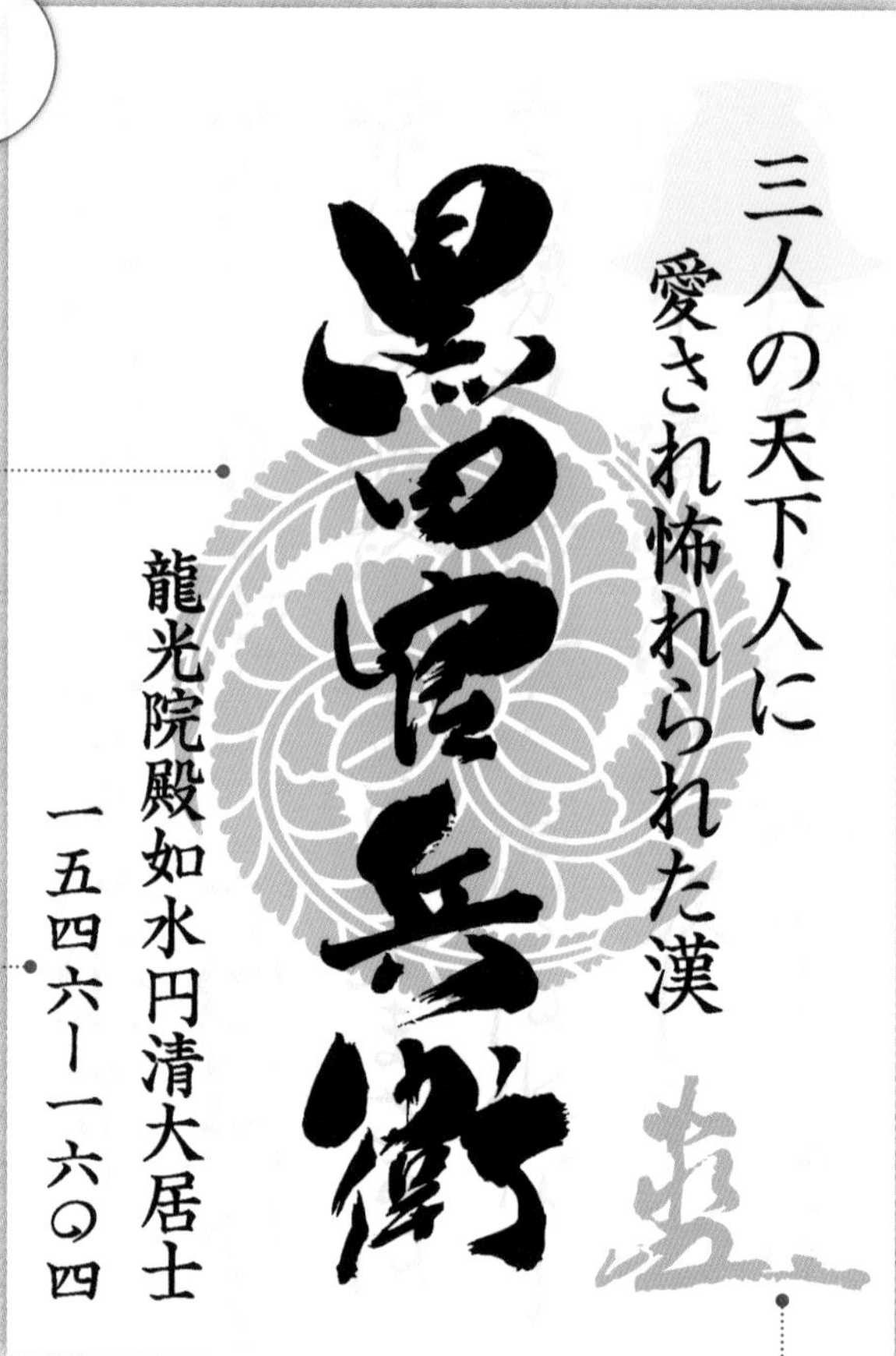

三人の天下人に
愛され怖れられた漢
黒田官兵衛
龍光院殿如水円清大居士
一五四六ー一六〇四

❶中央には、黒田家の家紋「黒田藤巴」が配されている。

❷左下には官兵衛の戒名と生没年が記されている。

❸右下には花押が配されている。

頒布場所DATA

販売場所	紀州九度山真田砦
販売料金	200円（税込）

秀吉を天下人へ導いた

戦国時代の一、二を争う軍師、名城のつくり手として知られる黒田官兵衛。明日をも知れぬ戦乱期において、「戦わずして勝つ」戦術を駆使し、次々に襲い掛かる危機を見事に乗り越え、時代を代表する三英傑に一目置かれると同時に恐れられる存在でもあった。

生まれは播磨国で、もとは父の職隆（もとたか）と共に小寺（こでら）家に仕えていた。すばらしい先見性と類まれなる知略を持ち、主君の小寺政職（まさもと）に織田信長（おだのぶなが）が頭角を現すと、織田側につくよう進言したという逸話もある。

その後、信長に反旗を翻した荒木村重（あらきむらしげ）を説得するために向かった有岡城（ありおかじょう）で、1年ほど幽閉されてしまう。このときに、もう一人の稀代の名軍師といわれた竹中半兵衛（たけなかはんべえ）に助けられるが、つらい牢獄暮らしを送る中で、官兵衛の足は不自由になったといわれている。

晴れて信長の命で豊臣秀吉（とよとみひでよし）の配下につくと、鳥取城（とっとりじょう）を兵糧攻め、備中高松城（びっちゅうたかまつじょう）を水攻めで戦わずして勝利。四国・中国平定に大きく貢献した。また、信長が本能寺（ほんのうじ）の変で

子の長政が慶長6年（1601）から7年がかりで築いた福岡城。「舞鶴城」とも呼ばれる。現在も残る天守台は展望台になっている。

亡くなると、落ち込む秀吉を奮い立たせるために助言をした。そのときに攻めていた備中高松城を落とすと、驚異的な速さで京へと戻り、約230キロメートルも離れた山崎で明智光秀（あけちみつひで）を破った。世にいう「中国大返し」である。

秀吉が天下人になると、官兵衛は褒美として豊前六郡を与えられて九州に入り、肥後の国人一揆後に、家督を息子の長政（ながまさ）に譲った。とは言え、官兵衛は以前と同様に秀吉に仕え、小田原攻めでは無血開城を成し遂げ、朝鮮出兵にも従軍した。また出家し、名を如水（じょすい）に改名している。

秀吉が亡くなると、黒田家は徳川家康（とくがわいえやす）側につき、関ヶ原の戦いには東軍として参戦した。長政は戦場で戦い、官兵衛は九州にいる西軍の足を止めて援護した。一説には九州を制圧し、天下取りを狙ったともいわれる。長政の功績をたたえられて筑前国を与えられると、官兵衛親子は豊前から筑前に移った。

その後、政権から離れ、慶長9年（1604）に京都伏見で亡くなると、崇福寺（福岡市）に葬られた。

武将DATA

生没年	天文15年（1546）～慶長9年（1604）
出身地	播磨国飾東郡姫路（兵庫県姫路市）
幼名	万吉
通称	官兵衛
主な官位	従五位下勘解由次官
拠点（主な居城）	中津城（大分県中津市）、筑前（福岡県太宰府市）

黒田家の菩提寺である崇福寺（福岡県）の境内の西北にある福岡藩主黒田家墓所。

大谷吉継

おおたに よしつぐ

石田三成のために命を捧げた武将

武将印

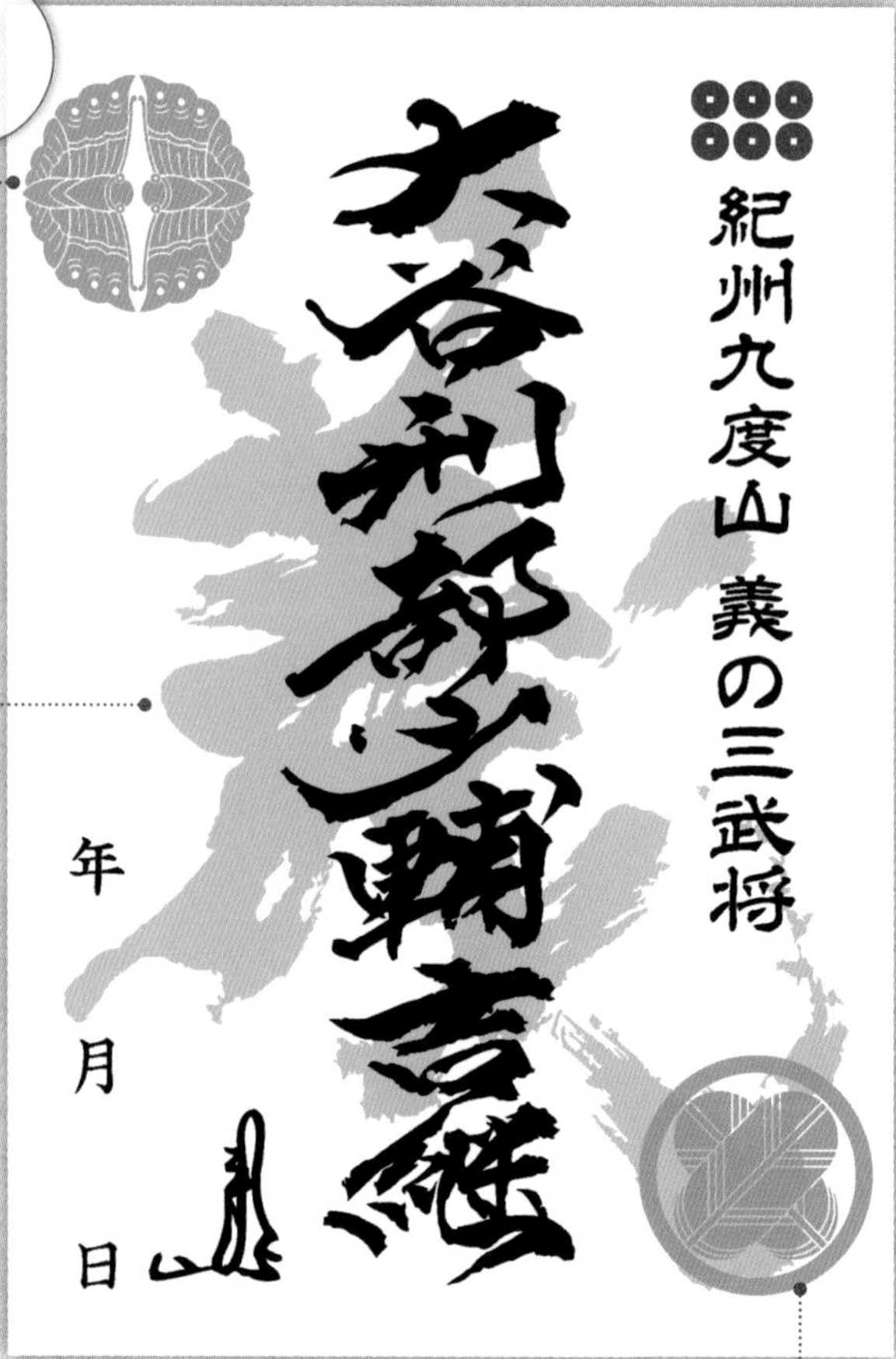

❶左上には大谷吉継の家紋「対い蝶」が配されている。

❷中央には吉継をイメージした「義」の文字が描かれている。

❸右下には吉継の家紋「丸に違い鷹の羽」が配されている。

頒布場所DATA

販売場所	紀州九度山真田砦
販売料金	200円（税込）

友情を重んじ関ヶ原の戦いに出陣

出生に謎の多い大谷吉継は、小姓として秀吉に仕えた武将の1人。その才覚を買われて、天正13年（1585）に従五位下刑部少輔に任命され、秀吉の起こした戦に従軍した。

賤ヶ岳の戦い、九州攻め、小田原攻め、奥羽地方の経略などに参戦して次々に戦功を立てた。

文禄元年（1592）からの朝鮮出兵では、石田三成らとともに船奉行に就任。船舶の調達や明軍との和睦交渉をつとめるなど、様々な活躍をした。

秀吉に仕える中で三成との絆が生まれ、唯一無二の親友となった吉継。そんな2人の友情をうかがわせる茶会のエピソードがある。

ある日、大坂城で開かれた茶会で、武将たちが茶碗に入ったお茶を1口ずつ回し飲みすることになったのだが、吉継のあとで茶を飲もうとする者は誰もいなかった。なぜなら、この頃すでに吉継は病に侵されていて、茶碗の中に膿が入ってしまっていたからだ。しかし、三成だけは嫌な顔をせずに、茶をすべて飲み干し、吉継はいたく感謝したのだそう。

秀吉が亡くなると、吉継は徳川家康に接近して、慶長5年（1600）の会津攻めに加わるため、敦賀をたち、美濃で佐和山城の三成に使者を出して、三成の長男の重家を連れての援軍を求めたが、反対に三成は吉継を佐和山城へ呼びつけ、家康討伐の企てを打ち明けた。

思いもよらない計画に、はじめこそ吉継は反対して、家康討伐を諦めるように説得したが、三成の決心の固さを知り、吉継が折れた。

吉継は敦賀に一旦戻ってから兵を挙げ、前田利家軍を破り、家康が会津攻めを中断して西に向かったと聞くと、自身もそれを追いかけた。

関ヶ原の戦場に到着すると、様子のおかしい小早川秀秋に警戒しながらも、その隣に陣を敷いた。東軍の藤堂高虎軍・京極高知軍と戦いながらも、横やりを仕掛けてきた小早川軍を一度は退けるも、包囲網を張られて大谷軍は壊滅。吉継はその場で切腹した。

武将印

中央には「対い蝶」、右下に花押、右側には吉継の名言が記載されている。中央の書は書家・大介氏によるもの。

頒布場所DATA

販売場所	真・戦国丸
販売料金	300円（税込）

武将DATA

生没年	永禄2年（1559）～慶長5年（1600）
出身地	近江国
幼名	桂松（慶松）
通称	紀之介
主な官位	従五位下刑部少輔
拠点（主な居城）	敦賀（福井県敦賀市）

関ヶ原にある大谷吉継の墓。左は側近の湯淺五助の墓。史跡名勝天然記念物。

大坂の陣で華々しく散った名将
毛利勝永
もうり かつなが

武将印

❶大坂の陣での活躍は「惜しいかな、後世、真田を云いて、毛利を云わず」と後に評されるほど奮戦したといわれる。

❷毛利勝永の家紋「鶴の丸」と受領名「豊前守」が中央に配されている。

❸勝永を表す一字「大」が書かれている。

頒布場所DATA

販売場所	戦国魂 オンラインショップ
販売料金	330円（税込）

秀頼の介錯を務めた

大坂夏の陣で活躍して、江戸時代に「惜しいかな、後世、真田を云いて毛利を云わず」と評された毛利勝永は、豊臣秀吉に仕えた豊前小倉城主の毛利勝信（森吉成）の子だ。

天正14年（1586）にはじまった、豊臣秀吉の九州平定で、吉成が功績を挙げたことで、豊前小倉の6万石を与えられ、そのうちの1万石を勝永が授かったと伝えられている。

翌年に秀吉から姓を「毛利」に改めるよう命じられたことで、毛利姓を名乗りはじめた。

慶長2年（1597）にはじまった朝鮮出兵には父とともに出陣して、大きな武功を立てた。

慶長5年（1600）の関ヶ原の戦いでは、西軍として参戦し、伏見城の戦いで戦功をあげるが、関ヶ原の本戦では活躍することなく敗戦となり、領地は没収され、肥後の加藤清正預かりとなった。その後に、親しくしていた山内一豊に預けられ、土佐で謫居した。

勝信が亡くなると、慶長19年（1614）に秀頼に声をかけられて、長男の勝家と2人で土佐を抜け出して、大坂へ渡った。

このとき、もし大坂に行ってしまったら家族に迷惑がかかるとためらっていると、妻からの思わぬ激励を受けたため、大坂行きを固めたという逸話がある。

また、藩主の山内は徳川方で、亡き君主のために戦いたいと説得をして、ある条件と引き換えに大坂行きの許しを得たが、勝永がその条件を破ったため、残された家族らは切腹や軟禁されたという話も残っている。

大坂では、後藤又兵衛らに並ぶ五人衆の一人に迎えられたが、冬の陣では活躍の場はなかった。夏の陣では、道明寺の戦いで後藤隊の敗残兵を毛利隊が収容するという功績を挙げ、天王寺口の戦いでは、次々に部隊を撃破して、徳川の本隊に迫る勢いを見せた。

しかし、真田隊の壊滅で立場が逆転して、豊臣側が追われる側となり、仕方なく大坂へ撤収。山里丸で、敗北を認めた豊臣秀頼の介錯を行った後、勝永も山里丸で自害した。

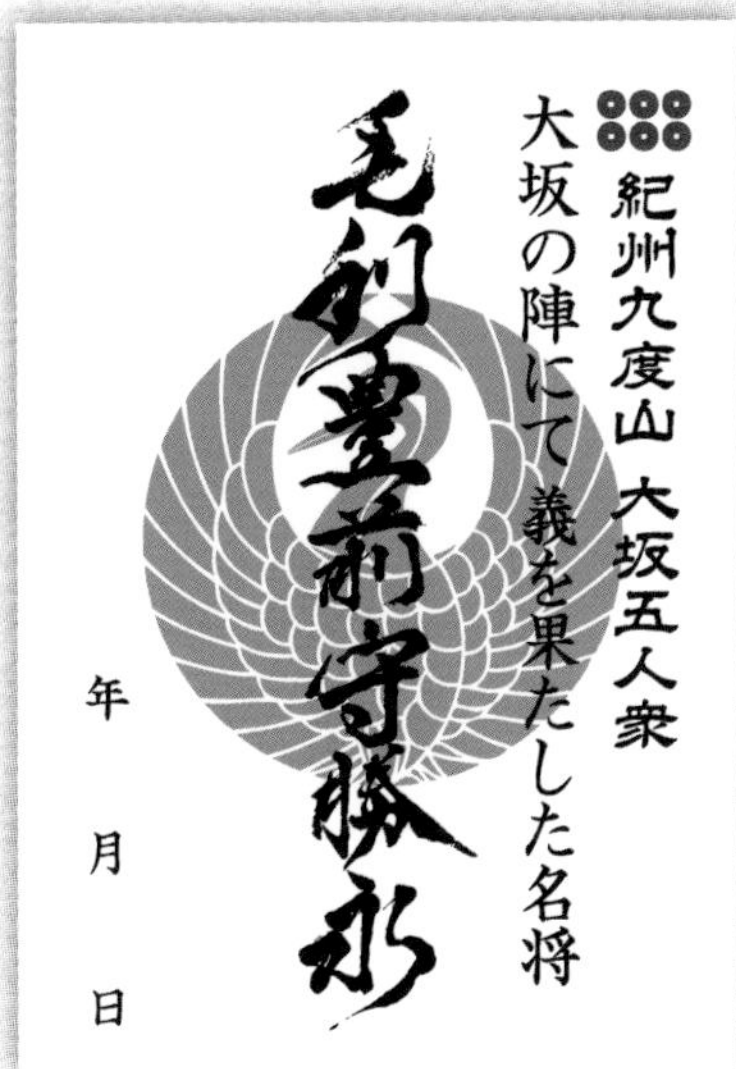

武将印

大坂五人衆など勝永を表す文言と家紋「鶴の丸」が配されている紀州戦国屋の武将印。

頒布場所DATA

販売場所	紀州九度山真田砦
販売料金	200円（税込）

関ヶ原の戦い後、土佐に預けられていた勝永が土佐を脱出、大坂の陣に加わった時に用いた「白糸威水牛兜」。（高知県立高知城歴史博物館所蔵）

武将DATA

生没年	天正6年（1578）～ 慶長20年（1615）
出身地	尾張
幼名	—
通称	吉政
主な官位	豊前守
拠点（主な居城）	—

羽柴秀長

はしば ひでなが

秀吉を支え続けた縁の下の力持ち

武将印

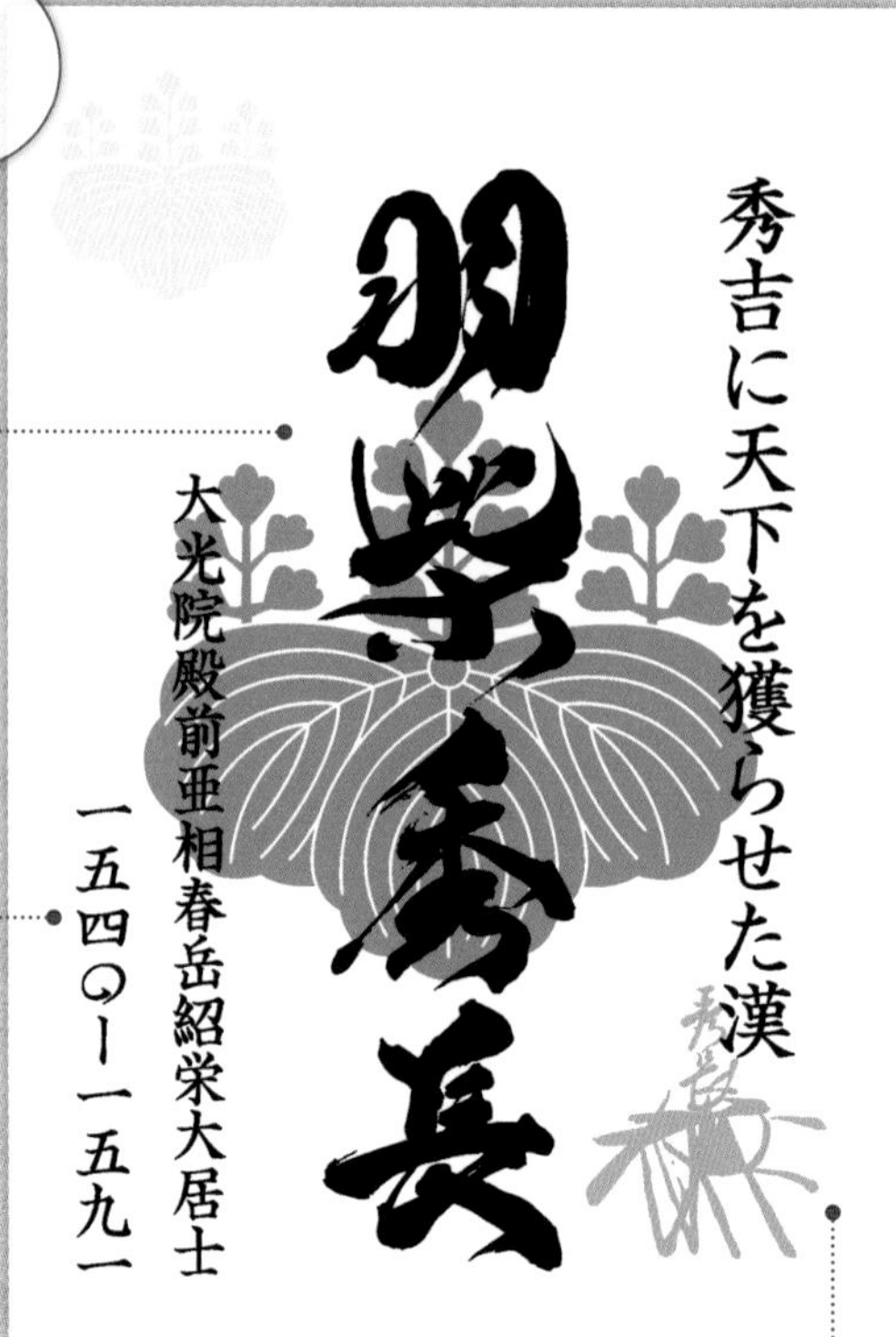

秀吉に天下を獲らせた漢
羽柴秀長
大光院殿前亜相春岳紹栄大居士
一五四〇ー一五九一

❶中央には、羽柴家の家紋「五七桐」が配されている。

❷左下には秀長の戒名と生没年が記されている。

❸右下には花押が押されている。

武将DATA

生没年	天文9年（1540）～天正19年（1591）
出身地	？
仮名	小一郎
通称	大和大納言
主な官位	美濃守、従四位下参議、権中納言、従三位、従二位権大納言
拠点（主な居城）	大和郡山城（奈良県大和郡山市）

頒布場所DATA

販売場所	紀州九度山真田砦
販売料金	200（税込）

数々の武功を上げた

秀長は豊臣秀吉の腹心の部下にして、血を分けた実の弟。秀吉からの信頼は厚く、秀長もその期待に応えるように、数々の戦で武功を立てて兄を支え続けた。

秀吉が総大将を務めた中国攻めでは、吉川経家が籠城する鳥取城を攻略し、秀吉の代理として出陣した四国攻めでは、長宗我部元親を見事に降伏させた。

また、本能寺の変では、秀吉とともに中国大返しの末に、山崎の戦いで活躍。その後も、九州攻めでは先発隊として九州に入り、毛利・吉川・小早川などの軍勢を率いて島津を追い詰めるなどの功績を残した。

しかし、天正17年（1589）頃から病気がちになり、それが徐々に悪化していき、天正19年（1591）に病死した。

その後、秀吉は朝鮮出兵や千利休の切腹などを重ねていくことになるのだが、これらは秀長が亡くなってしまったために起こった悲劇だという説もある。

関ヶ原の戦いで一番の手柄を立てた 可児才蔵（かにさいぞう）

武将印

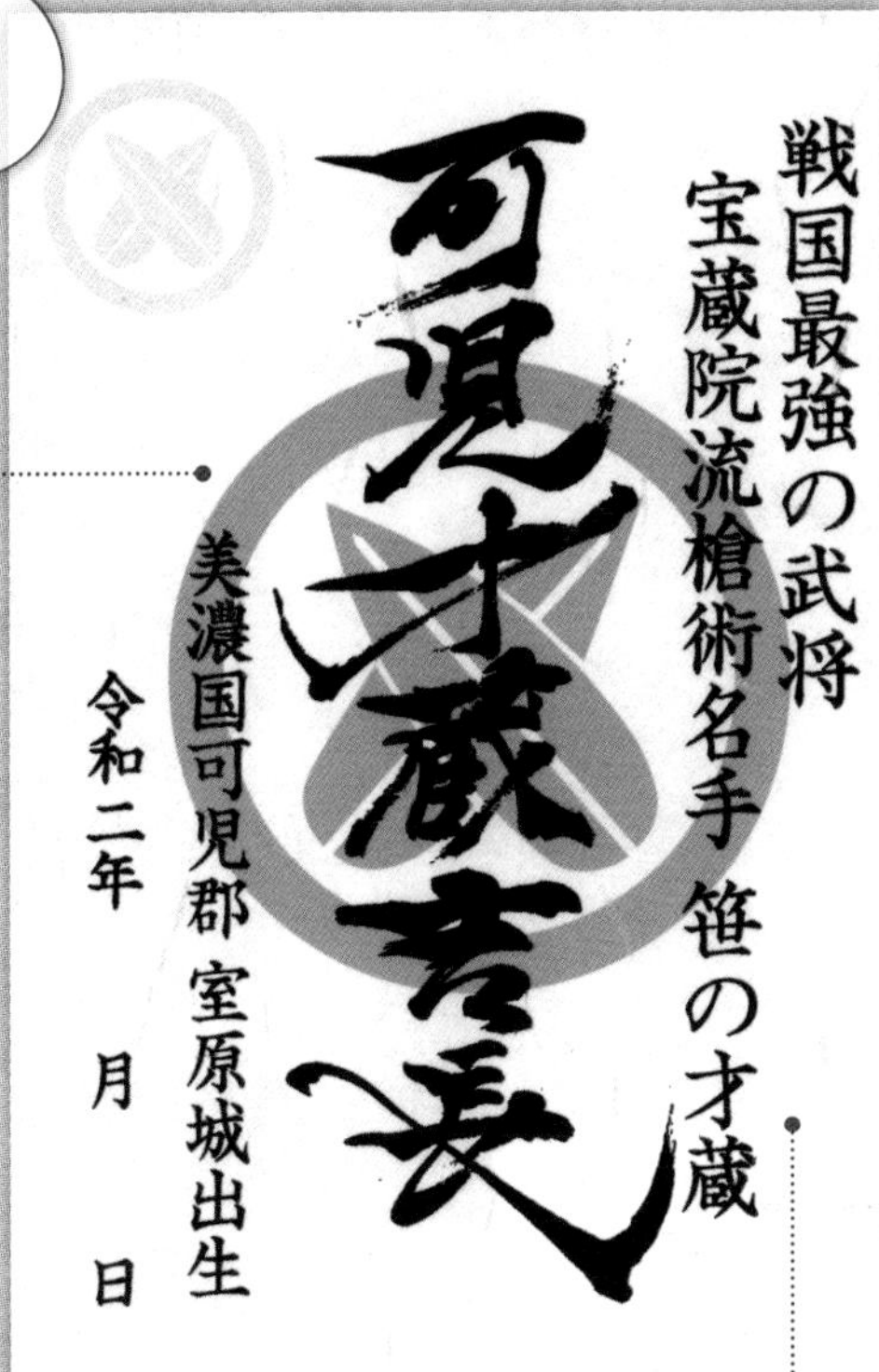

❶中央には、可児家の家紋「丸に違い笹」が配されている。

❷左下には才蔵の出生地が記されている。

❸右側には才蔵の特徴を表す文言が書かれている。

武将DATA

生没年	天文23年（1554）～慶長18年（1613）
出身地	美濃国可児郡
幼名	可児太郎
通称	才蔵
主な官位	―
拠点（主な居城）	安芸国（広島県安芸郡）

頒布場所DATA

販売場所	御嵩宿わいわい館
販売料金	400円（税込）

「笹の才蔵」の異名で知られた

可児才蔵は、元朝倉（あさくら）家の側室の子と言われ、幼少期は太郎（たろう）という名前で、美濃国可児郡にある願興寺（がんこうじ）で育てられた。

成長して願興寺を出ると、縁があって明智光秀（あけちみつひで）に仕えることとなった。他にも前田利家（まえだとしいえ）や福島正則（ふくしままさのり）などにも仕えている。槍の名手として知られ、小田原攻めや関ヶ原（せきがはら）の戦いなどで数々の武功をあげている。

特に、慶長（けいちょう）5年（1600）の関ヶ原の戦いでは、才蔵は福島隊の隊長として活躍。持ち前の槍の強さを存分に発揮し、活躍した。この戦い後の首実検では、17もの首級を上げ、徳川家康（とくがわいえやす）に称賛されたといわれている。才蔵は笹の指物をしていて、目印として口に笹を含ませることから、「笹の才蔵」の異名でも知られている。

正則が戦功で安芸の領土を与えられると、才蔵もそれに従って安芸に移り住むことに。生前から、自身は信仰する愛宕権現（あたごごんげん）の縁日に死ぬと予言しており、その通り慶長18年（1613）の愛宕権現の縁日の日に亡くなったといわれている。

九鬼水軍の大将

九鬼嘉隆

くき よしたか

武将印

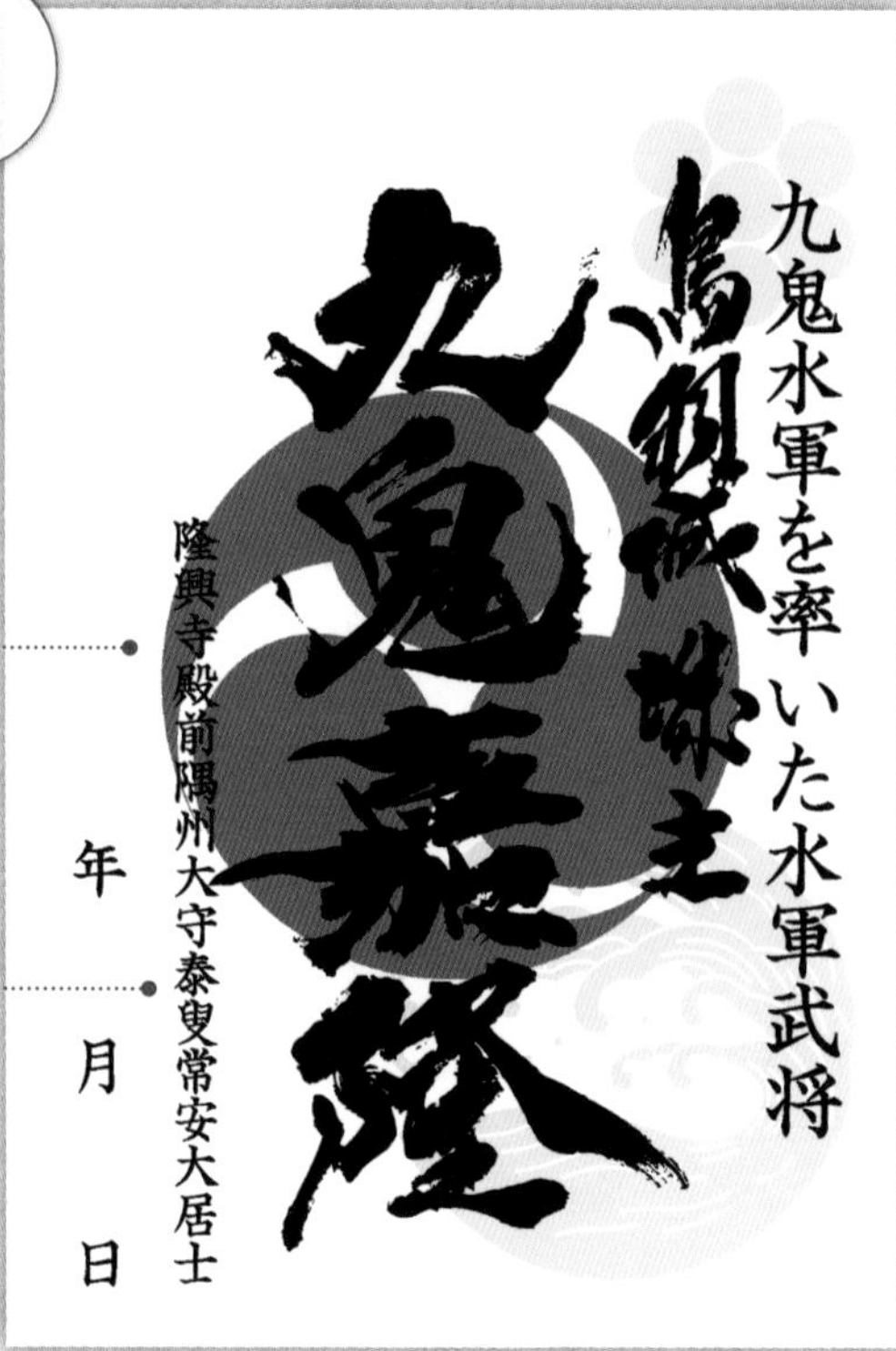

九鬼水軍を率いた水軍武将
鳥羽城城主
九鬼嘉隆
隆興寺殿前隅州大守泰叟常安大居士
年 月 日

❶九鬼嘉隆は鳥羽城の城主でもある。

❷中央には、九鬼氏の家紋「左三つ巴」が配されている。

❸左下には嘉隆の戒名が記されている。

武将DATA

生没年	天文11年（1542）～慶長5年（1600）
出身地	志摩国（三重県志摩市）
幼名	右馬允
通称	ー
主な官位	従五位下大隅守
拠点（主な居城）	鳥羽城（三重県鳥羽市）

頒布場所DATA

販売場所	紀州九度山真田砦
販売料金	200円（税込）

織田・豊臣を守った戦国最強の水軍

九鬼嘉隆は、織田信長と豊臣秀吉の二人の天下人に仕えた九鬼水軍の大将。元は北畠氏の家臣だったが、信長が京都に進出したあたりから配下となり、大坂本願寺の戦いでは、毛利氏の水軍を撃破して、信長の勝利に大きく貢献した。

また、この戦いで用いたのが、鉄板を張りつけた巨大な造船で、船内には大砲や銃を備えていたため、防御力・攻撃力ともに優れていた。前代未聞の戦闘能力を持った船の登場で世間は大きく驚き、九鬼水軍の名前は人々に知られるようになった。

豊臣秀吉の下では、九州攻め、小田原攻め、朝鮮出兵にも従軍した。

慶長2年（1597）に、家督を息子の守隆に譲ったが、慶長5年（1600）に起こった関ヶ原の戦いには、自身は西軍として、守隆は東軍として参加。西軍が敗戦すると、守隆は徳川家康に父の助命の許しをもらい、急いでその知らせを届けようとしたが間に合わず、嘉隆はその便りが着く前に自害した。

洞ヶ峠をきめこんだ大和郡山城主

筒井順慶（つつい じゅんけい）

武将印

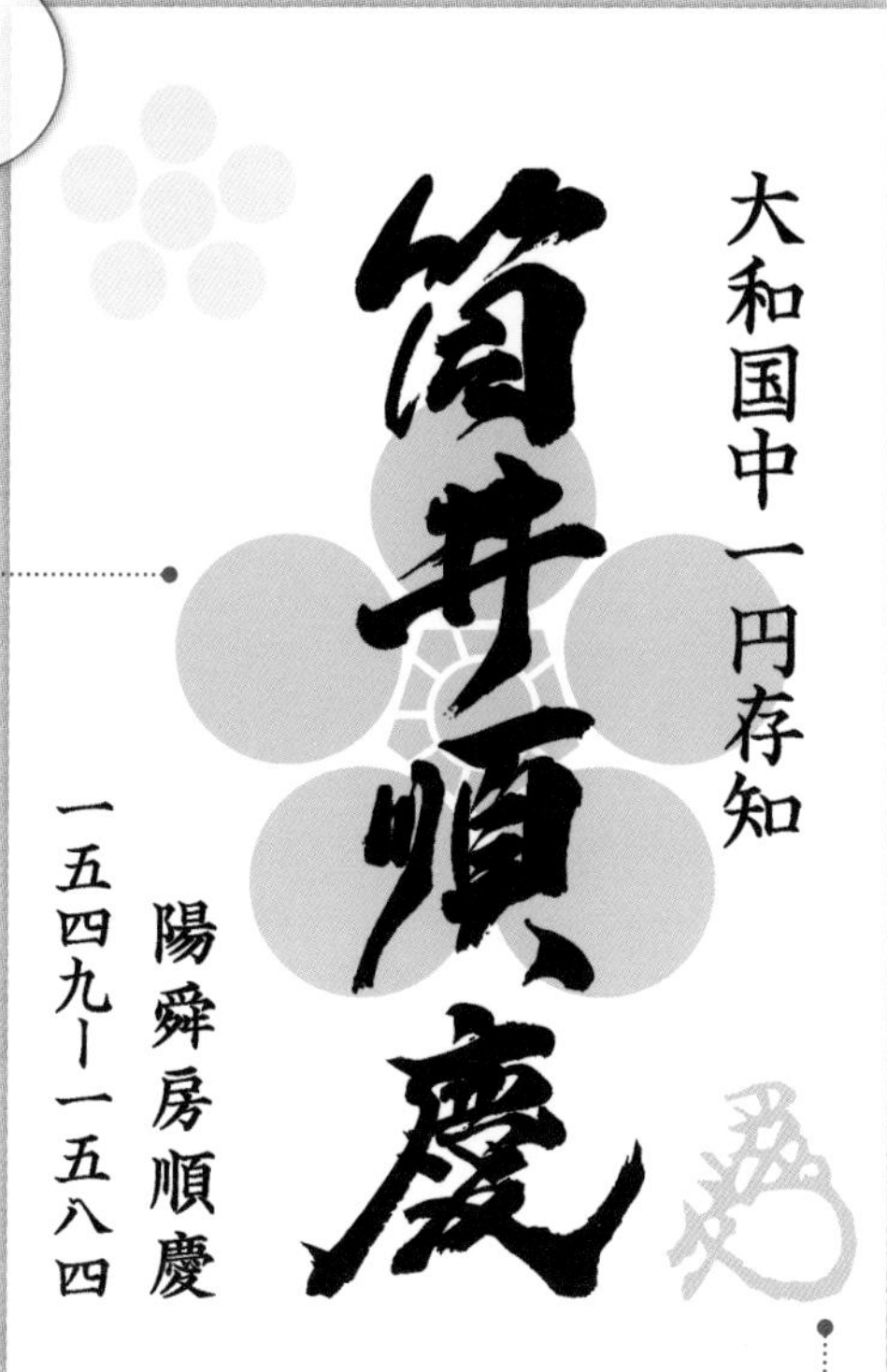

❶中央には筒井氏の家紋「梅鉢」が配されている。

❷藤勝、または藤政と名乗っていたが、得度して陽舜房順慶と改名し、そこから正式に順慶と名乗っている。

❸右下には花押が押されている。

武将DATA

生没年	天文18年（1549）～天正12年（1584）
出身地	大和国
幼名	―
通称	―
主な官位	―
拠点（主な居城）	大和郡山城

頒布場所DATA

販売場所	紀州九度山真田砦
販売料金	200円（税込）

信長、秀吉に仕える

大和国の武将で、父は興福寺官符衆徒の筒井順昭、母はのちに芳秀宗英尼となる大方殿。大和をほぼ統一した順昭が天文19年に病没したため、順慶はわずか2歳で家督を継いだ。

のちに、村々に発生した地侍を次々と支配下に置いて大和統一を果たし、織田信長を後ろ盾として天正4年（1576）には大和支配を成し遂げた。4年後には郡山に入城。

天正10年（1582）、山崎の戦いでは、恩人の明智光秀から洞ヶ峠に出兵を促されたが、羽柴秀吉に内通して郡山城に籠城。日和見を決め込んだため、「洞ヶ峠をきめこむ」という言葉が、旗色の良い方につくという悪い意味で残ってしまった。信長の死後は秀吉に仕えたが、この2年後、尾張へ出陣中に発病。京都で療養したが薬効もなく郡山城に帰還。享年36で没した。

教学に励み、謡曲、茶湯などにも非常に秀でていた。刀剣、能面、謡本、茶器などの遺品も多く、「筒井筒」と称せられる「井戸茶碗」の所持でも有名である。

長宗我部元親（ちょうそかべもとちか）

初陣を予想外の勝利で飾った鬼若子

武将印

❶中央に長宗我部家の家紋「七つ片喰」が配されている。

❷初陣で鬼神の働きをし「土佐の出来人」「鬼若子」と呼ばれたことにちなむ。

❸左右には元親をイメージした「梟」、また花押が配されている。

武将DATA

生没年	天文8年（1539）～慶長4年（1599）
出身地	長岡郡岡豊城（高知県南国市）
幼名	弥三郎
通称	姫若子、鬼若子、土佐の出来人
主な官位	従四位下少将、宮内少将、羽柴土佐侍従
拠点（主な居城）	土佐

頒布場所DATA

販売場所	戦国魂 オンラインショップ
販売料金	330円（税込）

遅咲きの土佐の出来人

長男に生まれた元親は、色白で柔和な性格の子どもだったため、まわりからは「姫若子」と呼ばれて、父の国親を悩ませていた。

青年になっても、「槍の突き方も知らないうつけ者」と噂されたが、22歳のときに初陣を果たすと、長浜城と潮江城を見事に陥落させて、初陣とは思えない大きな戦果を挙げた。これに驚いた家臣たちからは「土佐の出来人」と褒めたたえられ、以降、「姫若子」ではなく「鬼若子」と呼ばれるようになった。

直後に国親が亡くなって元親が家督を継ぐと、四国を平定するために20年以上にわたる長い戦を始め、天正13年（１５８５）に四国のほぼ全土を支配下に置いた。

しかし、同年6月、天下人となった豊臣秀吉の四国攻めに苦しみ、戦わずして降伏。土佐以外は没収されてしまった。

その後、秀吉の配下となり、九州討伐や小田原攻め、朝鮮出兵などに従軍したが、慶長4年（１５９９）に伏見で病死した。

一度は堕落した四国の名門武将
長宗我部盛親（ちょうそかべ もりちか）

武将印

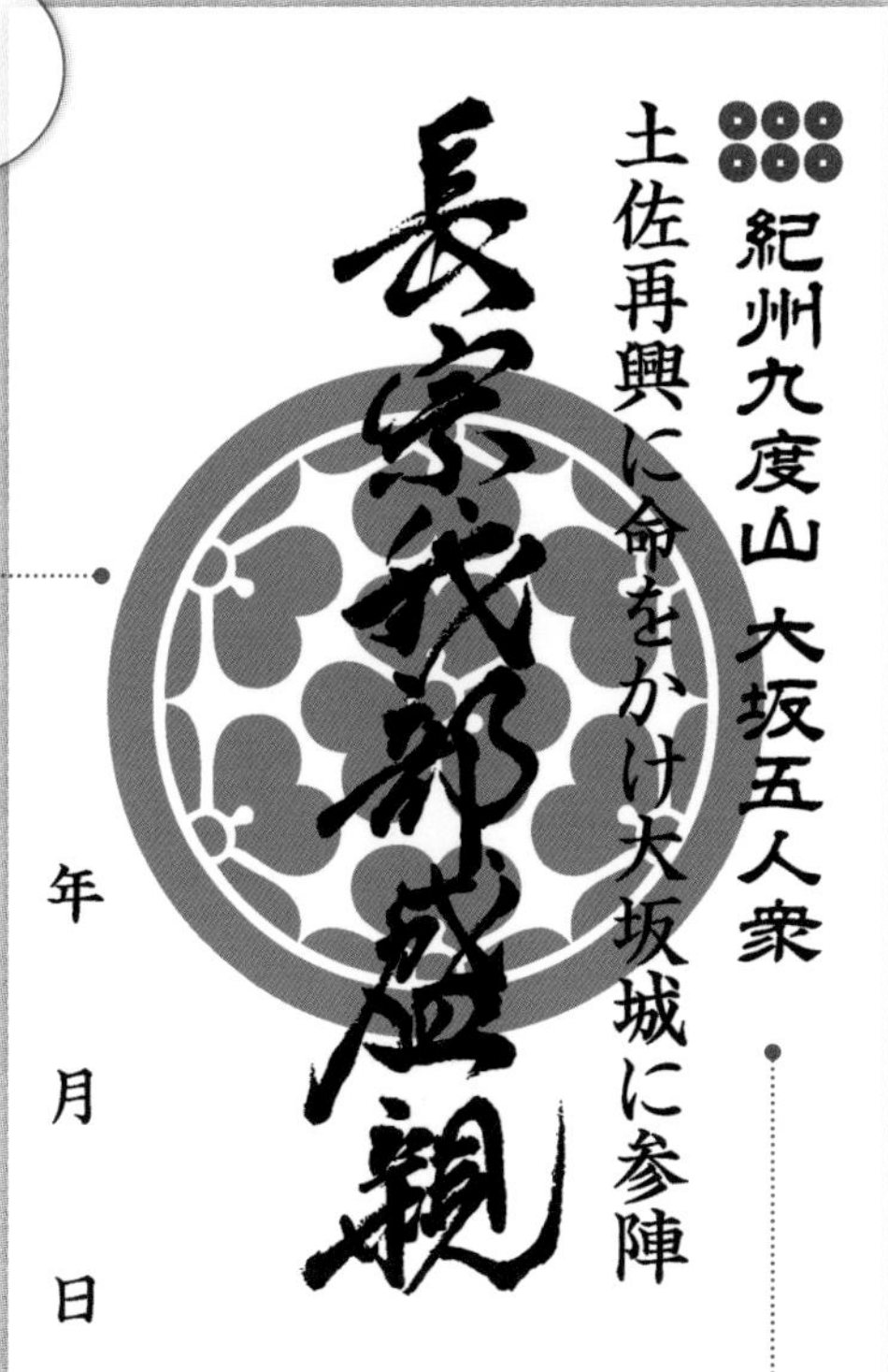

紀州九度山 大坂五人衆
土佐再興に命をかけ大坂城に参陣
長宗我部盛親
年 月 日

❶大坂五人衆の一人として、大坂冬の陣・夏の陣に参戦したことにちなむ。

❷中央に長宗我部家の家紋「七つ片喰」が配されている。

武将DATA

生没年	天正3年（1575）～慶長20年（1615）
出身地	土佐国（高知県高知市）
幼名	千熊丸
通称	右衛門太郎
主な官位	土佐守
拠点（主な居城）	土佐国

頒布場所DATA

販売場所	紀州九度山真田砦
販売料金	200円（税込）

お家復興を願い豊臣方で奮戦

長宗我部元親の四男に生まれながら、兄の信親が戦死したことで跡継ぎとなった長宗我部家の最後の当主。

小田原攻めから、豊臣家の家臣として働き、朝鮮出兵にも従軍。慶長5年（1600）の関ヶ原の戦いでは、西軍として参戦した。毛利・吉川・長束・安国寺らと共に南宮山麓に陣を敷いて戦いの時を待っていたが、徳川家康と内通していた毛利軍が動かなかったために身動きが取れず、敗戦が色濃くなると、長宗我部軍は撤退を余儀なくされた。その後、家康に領国を没収されると、浪人となったという。

慶長19年（1614）、豊臣秀頼に招かれて大坂城に入城。真田信繁（幸村）らと「大坂五人衆」として大坂冬の陣で、戦舞台に返り咲いた。長宗我部家復興を夢見て奮戦を続けるが、慶長20年（元和元、1615）の大坂夏の陣で、藤堂高虎軍・井伊直孝軍に敗れて敗走。逃走中に蜂須賀の家臣に捕まり、京都の六条河原で斬首刑に処された。

武勇に優れ晩年に松江城を築城した
堀尾吉晴
ほりお よしはる

武将印

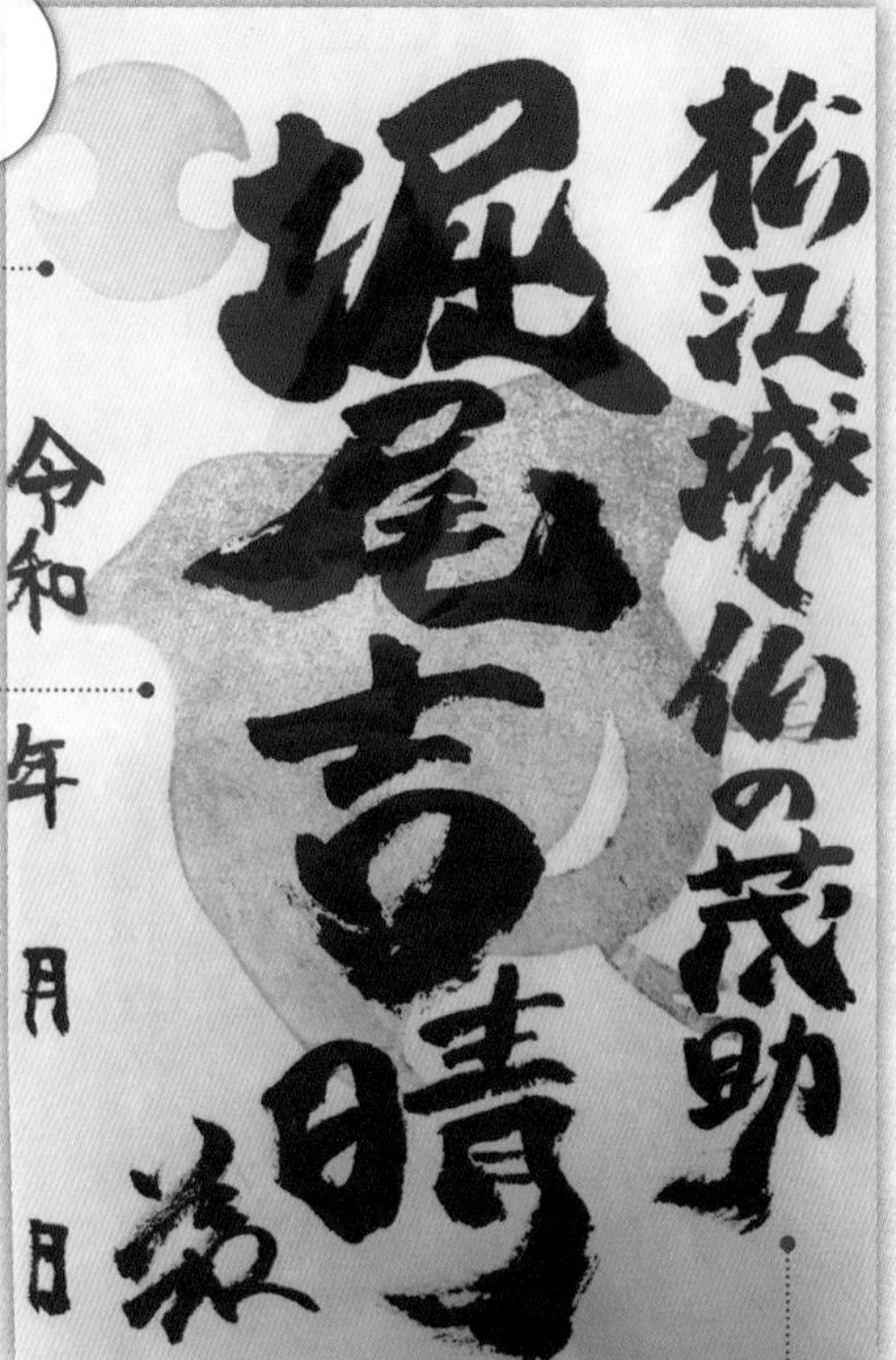

❶戦では鬼と恐れられ武勇を誇ったが、普段は性格が温厚にして穏やかであったことから「仏の茂助」と言われたことにちなむ。

❷中国攻めでの活躍により秀吉から下賜された家紋「分銅紋」の印。「富と出世」を象徴するといわれている。

❸中央の印は松江城の別名千鳥城にちなむ千鳥柄。

❹書は路上詩人こーた氏が一枚一枚書き下ろし、和紙には出雲民芸紙が使われている。

武将DATA

生没年	天文12年（1543）～慶長16年（1611）
出身地	尾張国
幼名	仁王丸、小太郎、茂助（元服後）
通称	―
主な官位	帯刀先生
拠点（主な居城）	月山富田城（島根県安来市）、松江城（島根県松江市）

頒布場所DATA

販売場所	美観地区塩見縄手いっぷく処清松庵及び併設の自動販売機
販売料金	500円（税込）※店舗／550円（税込）お茶付き※自販機

秀吉の信任が厚く三中老の一人として活躍

天文12年（1543）、尾張国丹羽郡御供所村に生まれる。容貌端正で温厚なため「仏の茂助」と呼ばれる反面、戦場に立てば「鬼の茂助」と云われる武勇に優れた人物だった。早くから羽柴秀吉に従い、長篠・設楽原の戦など重要な戦いのほとんどに参戦している。本能寺の変後は山崎の戦いで明智光秀を敗走させた。秀吉の天下統一後は五大老と五奉行の間を調整する三中老の一人となり、厚い信頼を寄せられていた。秀吉の死後、徳川家康と前田利家・石田三成が対立した際には仲裁役として和解へと導き、家康の信頼も得るようになった。関ヶ原の戦い後には息子・忠氏の戦功が認められ、出雲・隠岐両国24万石を与えられた。月山富田城に入るが、構造や立地が新たな時代に適していないと考え、亀田山（松江市）に城を移す。晩年は大規模な築城と城下町の整備に邁進した。松江城は別名「千鳥城」とも呼ばれ、現存十二天守の一つに数えられている。平成27年、国宝に指定された。

関ヶ原の戦いで活躍した松江藩初代藩主
堀尾忠氏
ほりお ただうじ

武将印

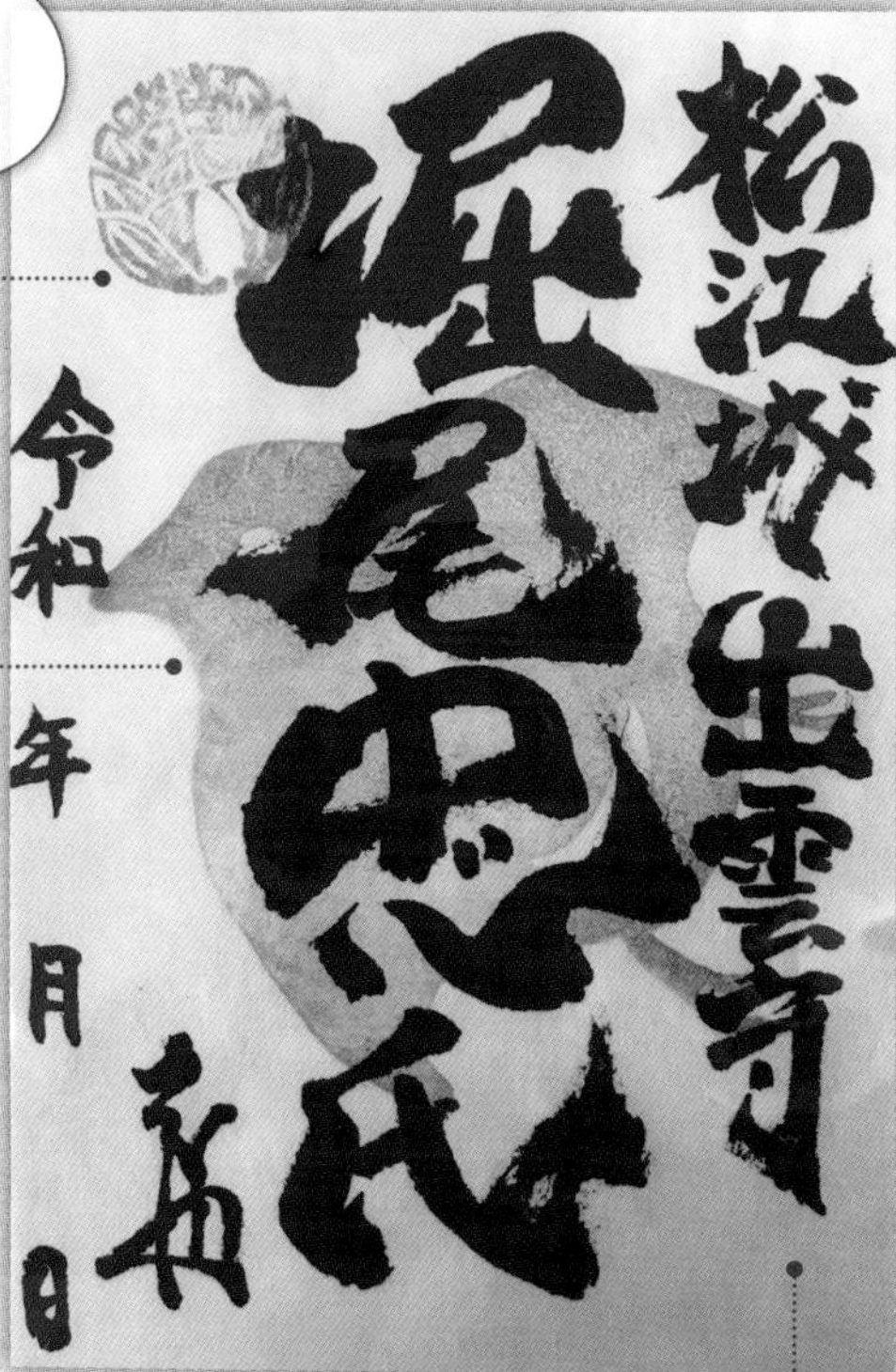

❶関ヶ原の戦いでの功績により出雲隠岐24万石を拝領し、松江藩初代藩主となった。

❷左上には堀尾家の家紋「抱き茗荷紋」の印が押されている。

❸中央の印は松江城の別名千鳥城にちなむ千鳥柄。

❹書は路上詩人こーた氏が一枚一枚書き下ろし、和紙には出雲民芸紙が使われている。

武将DATA

生没年	天正5年（1577）～慶長9年（1604）
出身地	―
幼名	弥助
通称	―
主な官位	従四位下、出雲守
拠点（主な居城）	浜松城（静岡県浜松市）、松江城（島根県松江市）

頒布場所DATA

販売場所	美観地区塩見縄手いっぷく処清松庵及び併設の自動販売機
販売料金	500円（税込）※店舗／550円（税込）お茶付き※自販機

出雲支配の本拠とすべく松江城の築城半ばで急逝

堀尾吉晴の次男。吉晴と同様に家康に心を寄せており、父が隠居した慶長4年（1599）には遠江・浜松12万石を相続し、浜松城主となる。翌年、美濃川越の合戦で大功を立てた。また同年、関ヶ原の戦いでの武功により出雲・隠岐24万石を賜り、父と共に月山富田城に入った。

忠氏は、富田城が交通の便が悪い山峡にあり、また鉄砲の普及により戦術上守るに不利なことから城を移すことに決めるが、その志を遂げることなく28歳の若さで急死する。世継ぎである忠晴はまだ6歳だったため、父・吉晴が国政を執った。忠氏の遺志を継ぎ、候補地も忠氏の主張していた亀田山に決め、5年の歳月を費やし松江城と城下町の築城に邁進するが、慶長16年（1611）、完成を目前にして69歳で没した。忠氏の墓は忠光寺跡（島根県安来市広瀬町）に、吉晴の墓は月山富田城内の岩倉寺（安来市広瀬町）にある。

武将印

島津義弘

しまづよしひろ

「鬼島津」と呼ばれた戦の天才

❶島津義弘のイメージを「鬼」の一文字で表している。

❷朝鮮出兵で鬼神の働きをしたことから「鬼石曼子」の異名を持つ。

❸中央に島津氏の家紋「丸に十文字」が配されている。

武将DATA

生没年	天文4年（1535）～元和5年（1619）
出身地	薩摩国
幼名	又四郎
通称	―
主な官位	兵庫頭、侍従、従四位下、守護代
拠点（主な居城）	岩剣城、飯野城、加治木屋形

頒布場所DATA

販売場所	戦国魂 オンラインショップ
販売料金	330円（税込）

関ヶ原の戦いで見せた島津の退き口

生涯で52回の戦に出陣して数多の戦功をあげ、その強さから「鬼島津」という異名をとった戦国時代屈指の武将。本家15代・島津貴久の次男として生まれ、父や兄・義久に従って主に軍事面を担当。島津氏の勢力を広げ、群雄割拠の状態から九州平定を目前とした。

豊臣秀吉による九州攻めの際は当主の義久が降伏したが、その後の文禄・慶長の役では、島津軍の総大将として活躍をみせた。関ヶ原の戦いでは西軍方につき、1500の兵で徳川家康軍の本陣を突破。追撃を受けつつも、井伊直政に大怪我を負わせて薩摩に生還した脱出劇は、「島津の退き口」といわれている。帰還後は、家督を子・忠恒に譲って隠居。85歳で病死した際は、義弘を慕っていた家臣が13名殉死している。学問や産業振興にも秀でた文化人でもあり、茶道は千利休直伝。朝鮮出兵の際には陶工たちを召し抱え、のちの薩摩焼に発展させた。領民にも慕われた人格者で、敵味方問わず供養する信心深い人物だったという。

明石全登（あかし てるずみ）

大坂の陣に参戦したキリシタン武将

武将印

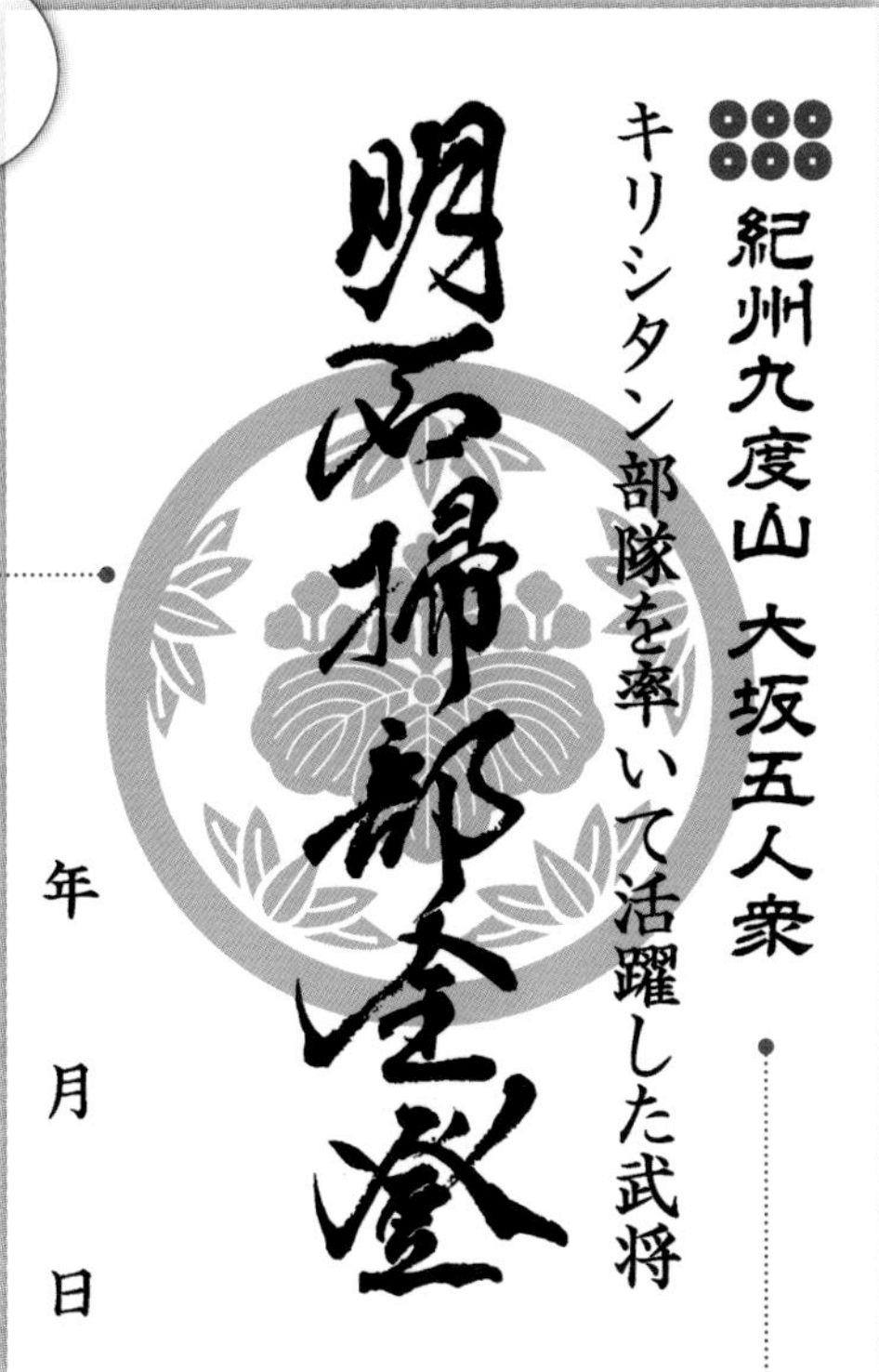

紀州九度山　大坂五人衆
キリシタン部隊を率いて活躍した武将
明石掃部全登
年　月　日

❶大坂五人衆の一人として、キリシタン部隊を率いている。

❷中央には明石氏の家紋「竹丸に桐」が配されている。

武将DATA

生没年	不明～元和4年（1618）
出身地	備前国
幼名	―
通称	明石掃部
主な官位	従五位下左近将監
拠点（主な居城）	備前国保木城（岡山県岡山市）

頒布場所DATA

販売場所	紀州九度山真田砦
販売料金	200円（税込）

大坂五人衆の一人として活躍

備前国保木城主、明石景親の子。名は守重とも言われている。キリスト教を信じ、受洗して洗礼名はジョアンという。キリシタン大名である黒田如水・宇喜多秀家の親戚にあたり、父・景親と共に宇喜多家に仕えた。

慶長5年（1600）、関ヶ原の戦いに参加、西軍の敗北により宇喜多家が没落したため浪人となり、黒田直之の領地筑前秋月に隠れ、のち長崎に移った。

大坂の陣では豊臣秀頼の招きに応じて、自身の子らと共に大坂城に入り「大坂五人衆」として活躍したが、落城の際に逃亡。潜伏していたが3年後病死した。なお彼の5人の子はいずれもキリシタンで、長男は宣教師となっている。四男ヨセフは大坂で戦死、次男内記パウロは城を脱出し、一時広島に身を潜めたが最期は明らかでない。明石景親・全登親子の居城であった保木城は、大坂夏の陣に敗れた後、廃城になったと考えられている。

江戸幕府の礎を築いた天下人

徳川家康（とくがわいえやす）

武将印

及ばざるは過ぎたるに勝れり
徳川家康
令和　年　月　日

❶家康が残した遺訓から「及ばざるは過ぎたるに優れり」の一節が書かれている。

❷中央には徳川家の家紋「三つ葉葵」が配されている。

❸右下には家康の花押が配されている。

頒布場所DATA

販売場所	彦根城内鐘の丸売店
販売料金	300円（税込）

江戸幕府を築きあげた戦国時代最強の武将

　三河国岡崎の城主・松平広忠（まつだいらひろただ）の子として生まれる。母は、同国刈谷の城主・水野忠政（みずのただまさ）の娘お大。当時、松平氏は、今川（いまがわ）氏と織田（おだ）氏に挟まれた弱小大名で、広忠は今川方に属していた。忠政の子の信元が織田方に転じたことで、お大は離別され、6歳の竹千代（たけちよ）が今川氏の人質として送られることになったが、途中襲われ、織田信秀（のぶひで）の元へ連れ去られた。

　その後、人質交換で今川義元（よしもと）の管理下になった岡崎城（おかざきじょう）に戻り、さらに駿府城へ移った。19歳まで駿府に住み、元服して次郎三郎元信と改名。弘治（こうじ）3年（1557）、今川氏の一族関口義広（せきぐちよしひろ）の娘（のちの築山殿）と結婚。長子・信康は、後に織田信長（おだのぶなが）の命によって殺された。

　今川義元が敗死すると、岡崎城に入って自立し、信長と和睦して今川氏とは離反、元康と改めていた名を家康とした。松平から徳川に改姓したのは、永禄9年（1566）である。

　家康は、三河の一向一揆を平定して戦国

家康が築いた駿府城は、戦後に駿府城公園として整備された。園内には再建された櫓や門の他、晩年の家康公の像などがある。

大名として三河の支配を確立する。そして、三方ヶ原の敗戦があったものの、信長とともに武田氏らと戦い、遠江、駿河を領国とし、甲斐、信濃（東南部）の支配権を得た。本能寺の変の後は秀吉の臣下となる。

天正18年（1590）に北条氏が滅びると、秀吉に、北条氏の旧領地の伊豆、相模、武蔵、上野、上総、下総の六か国に転封を命じられ、江戸城に入った。ここで、交通整備、商工業の振興、新田開発などの整備を行う。秀吉が没すると関ヶ原の戦いに勝利し、後陽成天皇から征夷大将軍に任じられ、慶長8年（1603）に江戸幕府をひらいた。2年後に、将軍職を子の秀忠に譲ると、駿府城を居城とし、大坂の陣で豊臣氏を滅ぼす。「武家諸法度」「禁中並公家諸法度」を制定し、外交、貨幣等を整えて、幕藩体制を確立させた。

家康は、学問を愛好し、我慢強い性格といわれている。これは、子供の頃の人質のとき、軍法や学問を教わり、耐えることの大切さを知ったことが大きいとされる。知力、忍耐力、行動力、そして人望と、家康は、戦国武将に必要な資質をすべて兼ね備えていたといえ、それゆえ徳川の世を築くことができたのであろう。

武将DATA

生没年	天文11年(1542)～元和2年(1616)
出身地	三河国(愛知県)岡崎
幼名	竹千代
通称	内府
主な官位	従五位下三河守(じゅごいみかわのかみ)、正三位権中納言(しょうさんみごんのちゅうなごん)、正二位内大臣(しょうにいないだいじん)、征夷大将軍、従一位右大臣(じゅいちいうだいじん)
拠点(主な居城)	岡崎城、駿府城、江戸城

江戸城は現在、皇居となっている。写真は大老井伊直弼が暗殺された桜田門外の変で有名な桜田門。

赤鬼と恐れられた徳川四天王

井伊直政（いいなおまさ）

武将印

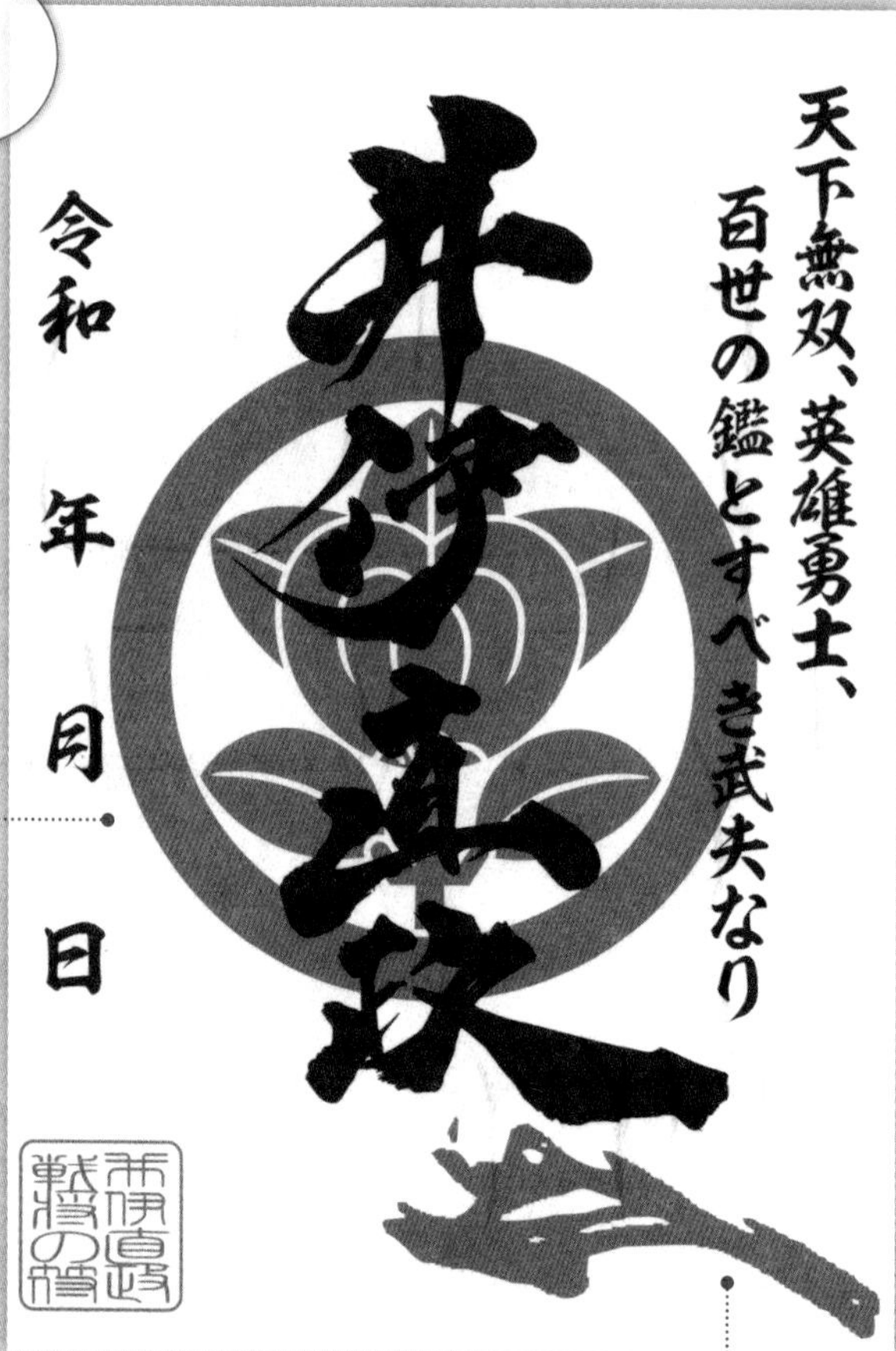
天下無双、英雄勇士、
百世の鑑とすべき武夫なり
井伊直政
令和　年　月　日

❶右側に「天下無双、英雄勇士、百世の鑑とすべき武夫なり」と書かれている。

❷家紋「丸に橘」が配されている。

❸右下には井伊直政の花押が配されている。

頒布場所DATA

販売場所	彦根城内鐘の丸売店
販売料金	300円（税込）

徳川軍の最強部隊を率いた

井伊直政は、徳川四天王・徳川十六神将・徳川三傑に数えられ、家臣の中で最も貢献したとされる武将である。

今川家の家臣井伊家に生まれた直政は、幼名を虎松という。幼いころに父の直親が謀殺されて領地の井伊谷を追われ、自らも命を狙われる存在だったため、2歳の頃から親類を転々としたり、寺院でかくまわれたりしながらつらい幼少期を過ごした。

天正3年（1575）に、徳川家康に仕えるようになり、井伊家復興を果たし、井伊谷を返還された。また、このときに、名前を井伊万千代と改めた。

家康の下で徐々に頭角を現わすと、家臣団の中でも存在感を強めていった。天正10年（1582）に元服すると、再び名前を改めて、直政となった。また、同年に起こった本能寺の変や翌年の甲州経略でもよく働き、褒美に武田遺臣をまとめて配下に置かれ、甲冑や兜を赤で統一した精鋭部隊「井伊の赤備え」を作るよう命じられた。

直政の率いる新生赤備え軍は、天正12年（1584）の小牧・長久手の戦いで初陣を果たした。長槍を持ちながら、次々に相手方を倒す様子から、直政は「赤鬼」と恐れられるようになった。

真田攻めや小田原攻めでも活躍すると、豊臣秀吉からも高く評価されて、従五位下侍従を授かることとなった。

天正18年（1590）には箕輪城に入り、箕輪12万石の城主となった。慶長3年（1598）に家康の命により高崎城を築城している。

慶長5年（1600）の関ヶ原の戦いでは、本多忠勝とともに軍監となり、戦場で活躍して東軍勝利に大きく貢献する。しかし、この戦で鉄砲玉に当たって負傷してしまう。

その後は、石田三成の本拠地だった近江国佐和山城の攻略や降伏した毛利輝元との講和交渉などにつとめ、佐和山城18万石を与えられて彦根藩城主となったが、慶長7年（1602）に、関ヶ原の戦いで受けた傷が元で、42歳という若さで彦根で亡くなった。

武将印

箕輪城ふれあい市にて販売されている武将印。「赤備え」「徳川四天王」などの言葉が書かれ、家紋「丸に橘」と花押が配されている。紙の色は4色ある。

頒布場所DATA

販売場所	箕輪城跡駐車場
販売料金	300円（税込）

武将DATA

生没年	永禄4年（1561）～慶長7年（1602）
出身地	遠江国井伊谷（静岡県浜松市）
幼名	虎松、万千代
通称	井伊の赤鬼
主な官位	従五位下侍従、従四位下
拠点（主な居城）	上野箕輪城（群馬県高崎市）、近江佐和山城（滋賀県彦根市）

直政が新城を計画中に死去したため、子の直継の代に完成した彦根城。現存12天守の一つで国宝に指定されている。

戦国時代一の築城名人

藤堂高虎

とうどう たかとら

武将印

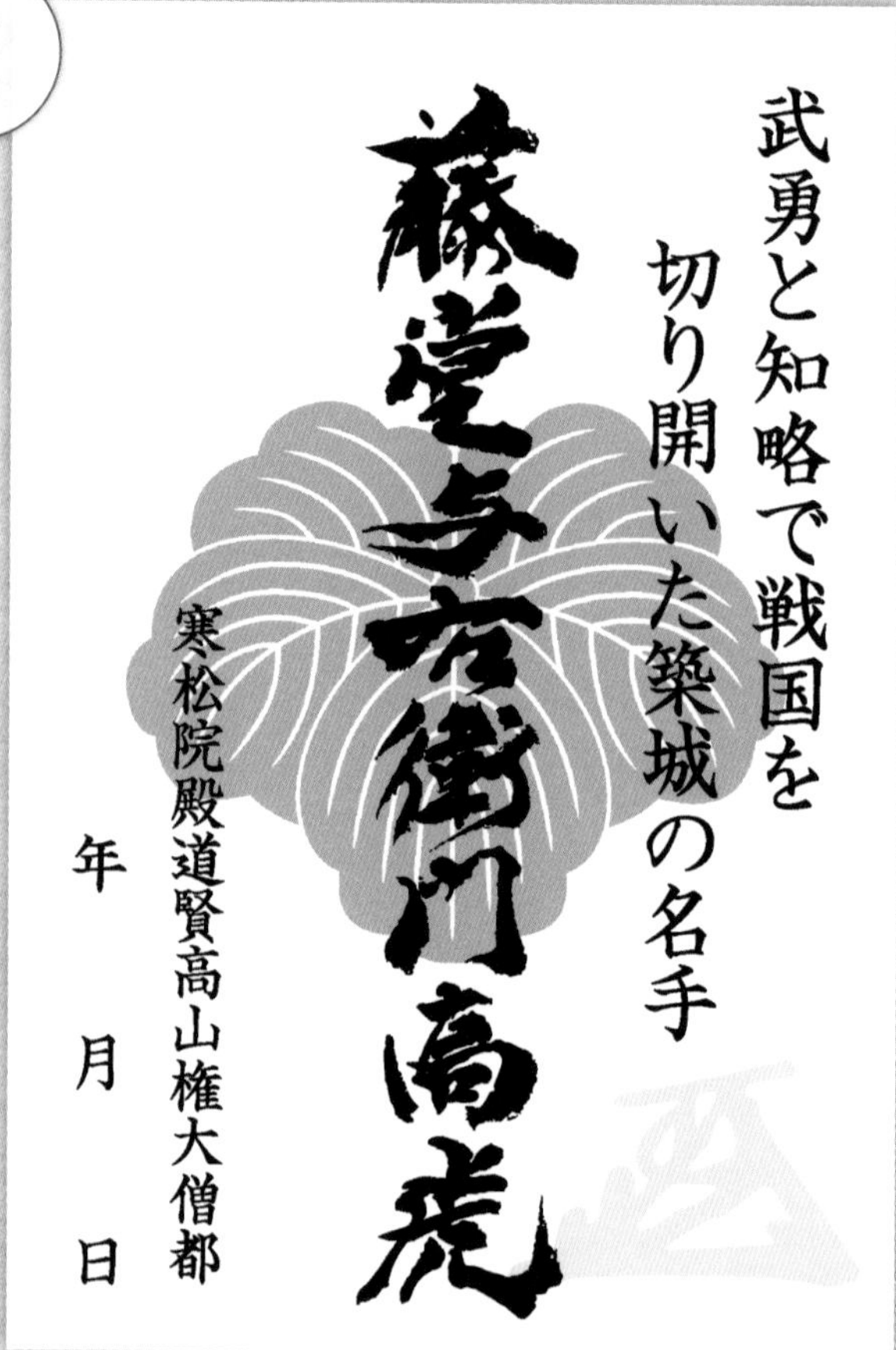

武勇と知略で戦国を
切り開いた築城の名手
藤堂与右衛門高虎
寒松院殿道賢高山権大僧都
年　月　日

❶藤堂高虎を表す文言が書かれている。

❷藤堂氏の家紋「藤堂蔦」が配されている。

❸左下には戒名が書かれ、右下には花押が押されている。

頒布場所DATA

販売場所	紀州九度山真田砦、和歌山城お天守茶屋、道の駅 熊野・板屋九郎兵衛の里
販売料金	200円〜（税込）

類まれな知力を駆使して藩と幕府を支え続けた名君

近江国犬上郡藤堂村（のち在士村・滋賀県犬上郡甲良町）の地侍・藤堂源助虎高の次男。母は、多賀良氏の女・とら。元亀元年（1570）、15歳の時、浅井氏に仕え、姉川の戦いで初陣し、その後主を幾度も変え、天正4年（1576）には、豊臣秀吉の弟秀長に仕えて、各地を転戦し軍功をあげた。文禄元年（1592）に紀伊国粉河に2万石を与えられ大名になると、猿岡城を改築して居城とした。その後、秀吉の下で2度の朝鮮出兵に参加して手柄をあげ、文禄4年（1595）に伊予国板島7万石をもらい、秀吉直属の大名となる。秀吉の死後は徳川家康と親しくし、慶長5年（1600）の関ヶ原の戦いでは小早川秀秋らの軍を破り、伊予国今治20万石の大名になった。

築城の名手であった高虎は、紀伊国北山郷の赤木城をはじめ、膳所城、丹波亀山城、江戸城、丹波篠山城など数多くの築城や修築を行った。そして高虎・53才の慶長13年（1608）、伊予今治から伊賀国・伊勢国に転封となって津城（つじょう）、伊賀上野城（いがうえのじょう）主となり、城の大修築を行うとともに城下町を整備した。

大坂冬の陣、夏の陣では先鋒として戦い、元和（げんな）2年（1616）に27万3千石余となった。さらに家康の死後は日光東照宮（にっこうとうしょうぐう）の造営にあたり、元和3年（1617）には32万3千石余の大名となり、全国の100分の1に当たる藩領を手に入れた。

高虎は、百姓逃散・一揆防止のため十人組を作ったり、伊賀者と称せられた忍者を採用したり、農兵隊を組織するなど、独自の藩政を行った。また、文学、茶の湯、能楽をたしなみ、子の高次（たかつぐ）には、太祖遺訓十九条を遺している。

戦国の世を駆け抜けて立身出世した高虎も、さすがに病には勝てず寛永（かんえい）7年（1630）10月5日、江戸の藤堂藩邸でその生涯を閉じると、江戸上野の寒松院（かんしょういん）（東京都台東区上野）に葬られた。

御城印

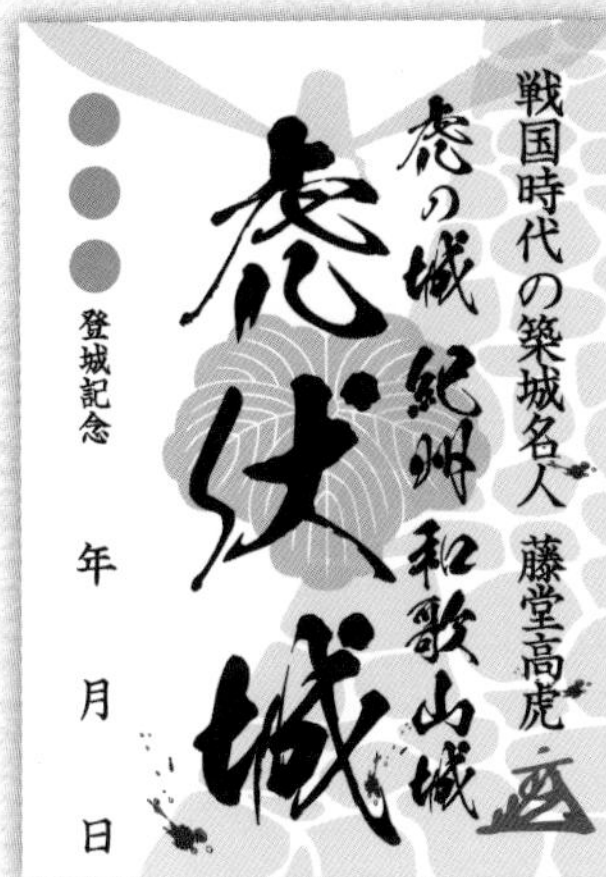

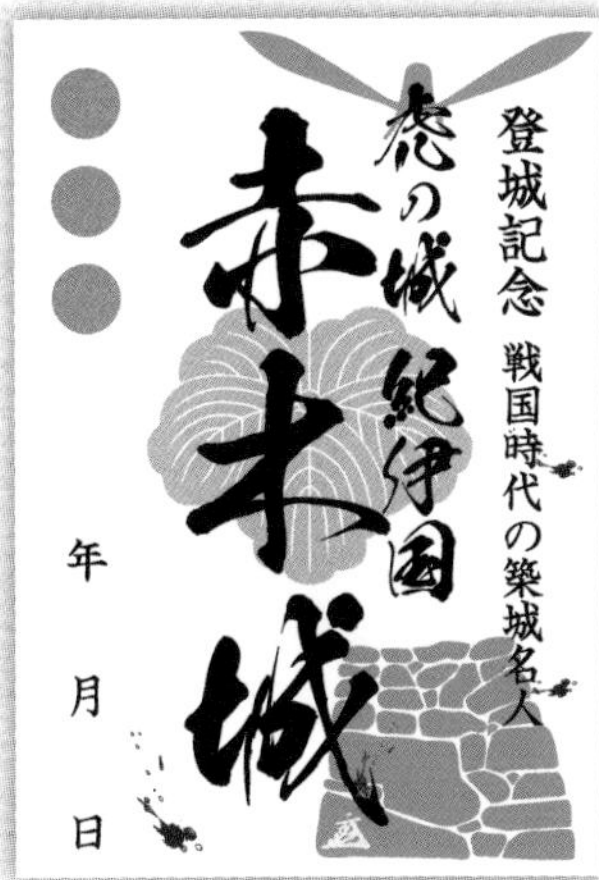

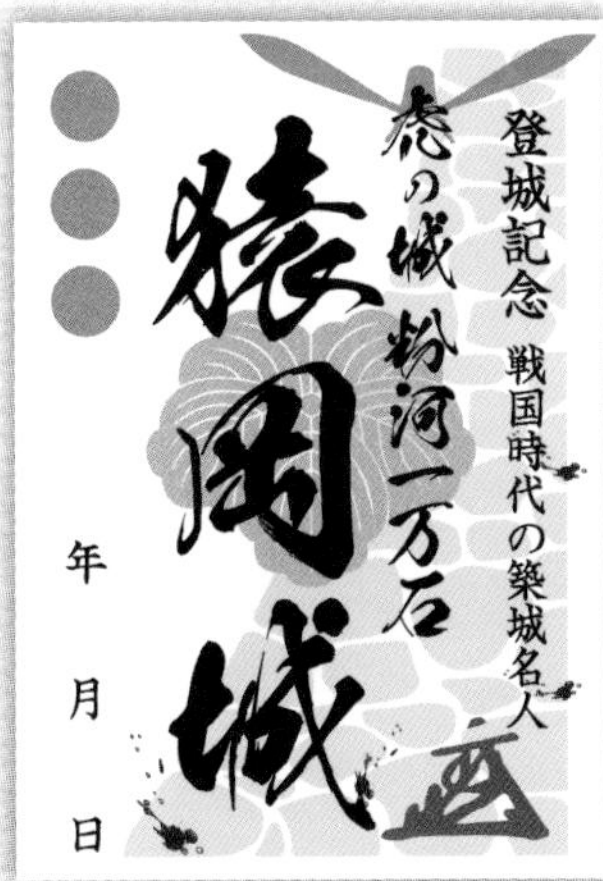

藤堂高虎が築城した虎伏城、猿岡城、赤木城の御城印。

頒布場所DATA

販売場所	虎伏城：和歌山城お天主茶屋／猿岡城：観光特産センターこかわ／赤木城：道の駅 熊野・板屋九郎兵衛の里
販売料金	虎伏城・猿岡城 300円（税込）／赤木城 330円

津城跡に建つ藤堂高虎像。

武将DATA

生没年	弘治2年（1556）～寛永7年（1630）
出身地	近江国犬上郡藤堂村（滋賀県犬上郡甲良町）
幼名	与吉
通称	与右衛門
主な官位	佐渡守、和泉守
拠点（主な居城）	津城、赤木城、猿岡城

丹羽氏次

丹羽氏を大名へ出世させた功労者

武将印

❶紙は赤色の和紙を手作業で水切りし成形したもの。

❷丹羽氏次は1550年生まれと考えられるため、生誕470年の記念として発行された。

❸丹羽家の家紋である「丹羽扇」を背面に配置している。

❹左下には丹羽氏次のキャラクターが描かれている。

❺丹羽氏次の花押を金の印で配置している。

頒布場所DATA

販売場所	岩崎城 歴史記念館受付
販売料金	200円（税込）

岩崎城を60年間居城とした丹羽氏一族の出世頭

丹羽氏次は戦国時代の武将で、氏勝の長男として生まれた。丹羽氏の遠祖は清和源氏足利家の一色分流とされる、由緒ある家柄で、氏次も父の後を継ぎ織田信長に仕えた。

父・氏勝は、信長の妹を妻に迎えて姻戚関係を持ち、近江の六角攻め、姉川の戦いなどに参加して戦功をあげたが、信長に不信を抱かれて追放される。氏次も父とともに戦に参加していたが、父が追放された後も織田家に仕え、元亀3年（1572）の三方ヶ原の戦い、天正3年（1575）の長篠・設楽原の戦いなどで多くの武功をあげた。

本能寺の変で信長が亡くなると、その次男・信雄に仕え、武功をあげるも、信雄と対立して勘気を被り、天正11年（1583）に徳川家康の家臣となった。

翌天正12年（1584）の小牧・長久手の戦いでは、家康に従って小牧に赴いて戦功をあげた。しかし、氏次の留守中、岩崎城を守っていた弟の氏重は、池田恒興らの猛攻を受けて討ち死にしてしまう（岩崎城の戦い）。

氏次は、その後、家康の取り成しにより、再び信雄に仕え、伊勢国内に6000貫を与えられる。さらに、豊臣秀吉の命により豊臣秀次に仕えるも、慶長5年（1600）の関ヶ原の戦いでは東軍に属し、尾張・三河を結ぶ重要拠点である岩崎城の守備固めを命じられた。その後、関ヶ原本戦でも活躍して、三河国伊保（愛知県豊田市）に一万石を賜り、その初代藩主となった。

丹羽一族の居城・岩崎城は、氏次が去ると廃城となったが、氏次の子・氏信は、大坂の陣に参加し、家康から信頼を得て美濃国岩村（岐阜県恵那市岩村町）で二万石の領主となった。

丹羽氏の居城であった岩崎城。廃城後、昭和62年に地元住民の寄付により城址公園として整備された。

御城印

岩崎城令和二年登城記念証。中心に丹羽家の家紋「丹羽扇」、右下に岩崎城のマスコットキャラクター「にわさきくん」がデザインされている。

頒布場所DATA

販売場所	岩崎城 歴史記念館受付
販売料金	200円（税込）

※令和2年12月27日まで

武将DATA

生没年	天文19年（1550）～ 慶長6年（1601）
出身地	尾張国山田郡 （のち愛知郡）岩崎
幼名	―
通称	源大郎、勘助
主な官位	―
拠点 （主な居城）	岩崎城

武将印

伊達政宗

だて まさむね

奥州をまとめた「独眼竜政宗」

❶伊達氏の家紋「仙台笹」が配されている。

❷その他「竪三つ引き両」の家紋や花押が配されている。

❸伊達男の語源となった政宗の特長ある五枚胴具足と弧月の前立てが映えるイラスト。

武将DATA

生没年	永禄10年（1567）～寛永13年（1636）
出身地	出羽国米沢
幼名	梵天丸
通称	藤次郎
主な官位	従五位下美作守、侍従、越前守、従四位下左近衛権少将、従四位下、
拠点（主な居城）	米沢城、岩出山城、仙台城

頒布場所DATA

販売場所	戦国魂 オンラインショップ
販売料金	330円（税込）

将軍家に信頼された武将

「独眼竜政宗」で知られる伊達政宗は、5歳の時にかかった病で右目の視力を失ったが、立派な青年へと育ち、天正12年（1584）に18歳で家督を継いだ。

翌年に父の輝宗が亡くなると、奥州の均衡は崩れて、蘆名、結城、二階堂らの名だたる武将たちとやりあうことになった。天正17年（1589）の摺上原の戦いで蘆名義広を破ったことをきっかけに、奥州の統一に成功した。

その頃、京都では本能寺の変で織田信長が亡くなり、豊臣秀吉が天下をとると、政宗もその配下となった。小田原攻めに遅参したことで秀吉を怒らせるが、驚くような謝罪をして放免されるなど、秀吉とは因縁の仲にあった。

一方の徳川家康とは、はじめこそお互いの腹を探りあっていたが、親類関係を結ぶなどして次第に信頼するようになり、家康の死後は息子の秀忠を支えた。寛永13年（1636）に政宗が亡くなると、将軍家は京都と江戸に異例の服喪令を出している。

天下無双、生涯無敗の徳川四天王

本多忠勝

ほんだ ただかつ

武将印

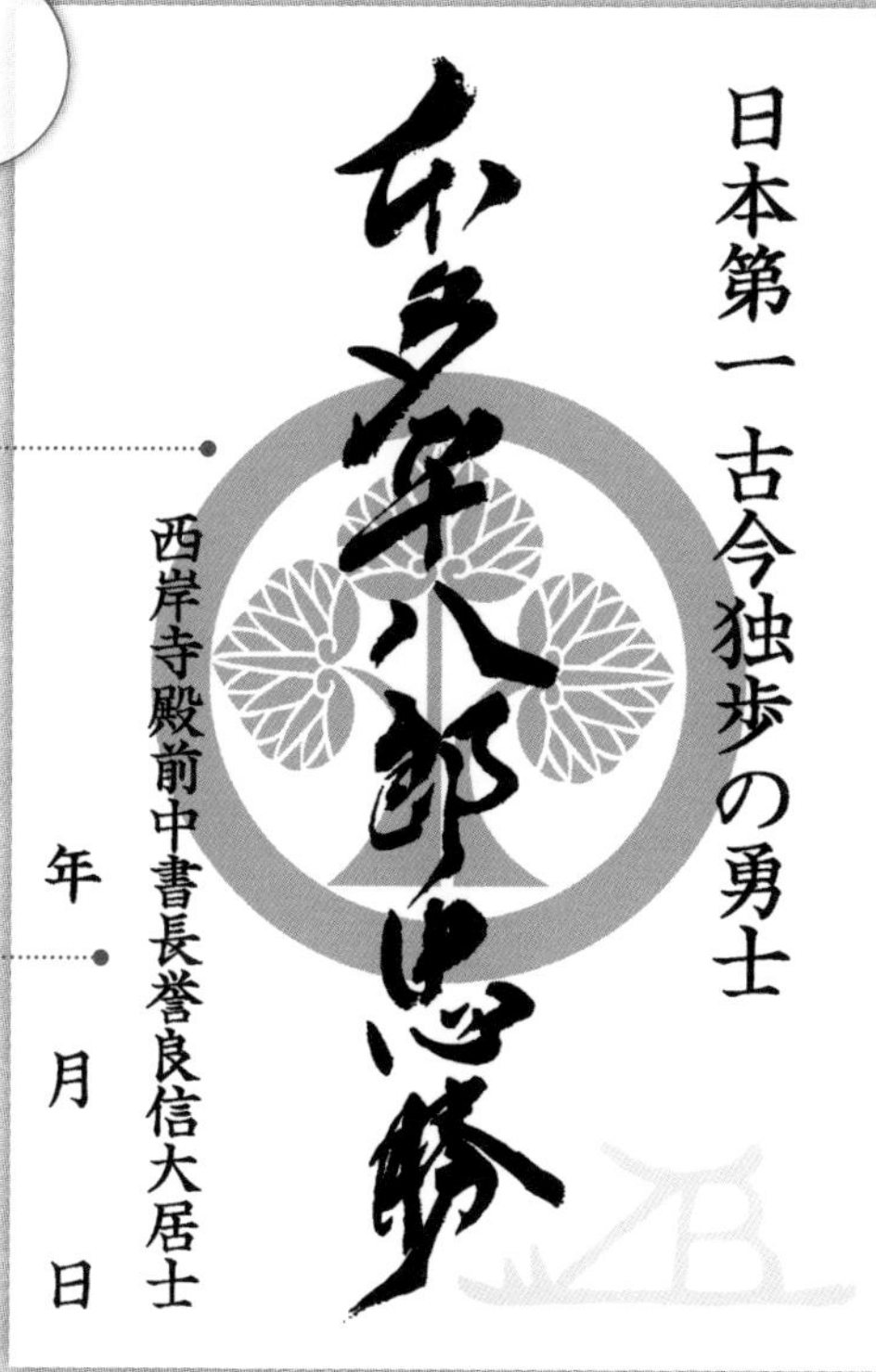

日本第一 古今独歩の勇士
本多平八郎忠勝
西岸寺殿前中書長誉良信大居士
年 月 日

❶中央には本多氏の家紋「立ち葵」が配されている。

❷左下には忠勝の戒名が書かれている。

頒布場所DATA

販売場所	紀州九度山真田砦
販売料金	200円（税込）

武将DATA

生没年	天文17年(1548)～慶長15年(1610)
出身地	三河国
幼名	鍋之助
通称	平八郎
主な官位	中務大輔
拠点(主な居城)	大多喜城、桑名城

徳川家臣最強の武将

幼時より徳川家康に仕えた有力譜代大名で、徳川四天王の一人。父は岡崎城主松平広忠の家臣、本多平八郎忠高で、母は植村新六郎氏義の娘。

永禄3年（1560）、尾張国大高城攻めの際に13歳で初陣を飾り、以降、元亀元年（1570）の姉川の戦い、天正3年（1575）の長篠・設楽原の戦いなどの大一番で抜群の戦功をあげる。天正10年の京坂遊歴の際、本能寺の変の情報を得て三河帰国を家康に進言したり、翌年の小牧・長久手の戦いの際、豊臣秀吉の数万の援軍と300の兵で対決しようとし、秀吉を感服させたという逸話は有名である。

天正18年、家康の関東への転封直後に上総国大多喜城主10万石に移封された。慶長5年（1600）の関ヶ原の戦いで豊臣諸大名の軍監として活躍し、その功績として翌年、伊勢国桑名城を与えられた。

家康の隠退後は政権の中枢から遠ざけられ、慶長15年（1610）、桑名にて享年63で没した。生涯57回の戦においてかすり傷ひとつ負わなかったという。

武将印

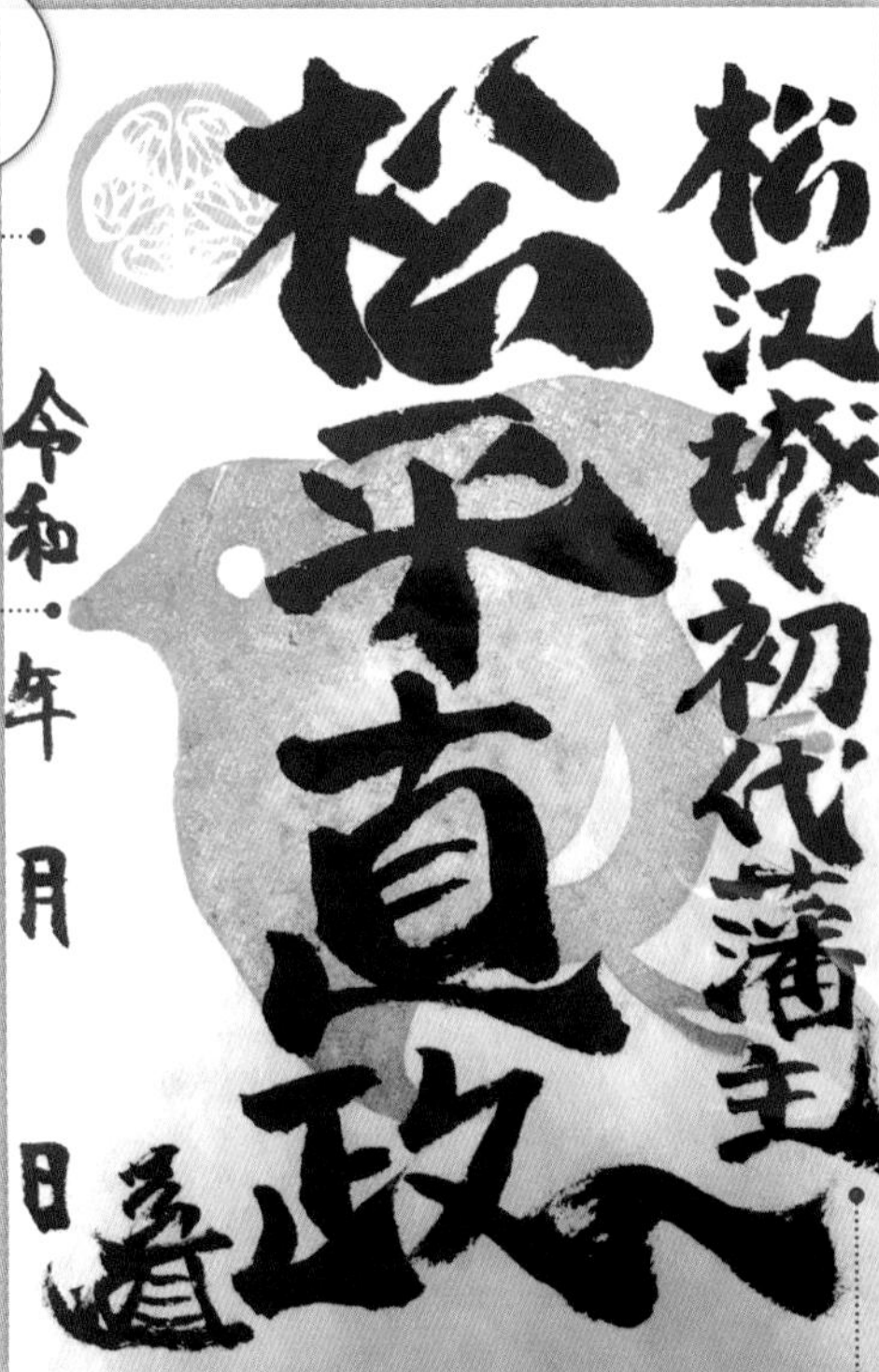

❷左上には松平家の家紋「葵紋」が押されている。

❸中央には千鳥柄の印が押されている。松江城の別名「千鳥城」にちなむ。

❹書は路上詩人こーた氏による描き下ろし。

❺台紙には和紙「出雲民芸紙」が使われている。

❶直政は京極家の跡を継いで出雲国に入り松江城の城主となり、松江藩初代藩主となった。

松平直政

まつだいら なおまさ

大坂夏の陣で武功を上げた松江藩初代藩主

武将DATA

生没年	慶長6（1601）～寛文6（1666）
出身地	近江国
幼名	河内麿
通称	―
主な官位	従五位下出羽守、従四位上
拠点（主な居城）	結城城、松江城

頒布場所DATA

販売場所	美観地区塩見縄手いっぷく処清松庵及び併設の自動販売機
販売料金	500円（税込）※店舗／550円（税込）お茶付き※自販機

家康と秀吉を祖父に持つ

結城秀康の三男で、近江国伊香郡中河内で生まれたと伝わる。父の秀康は徳川家康の二男で、のちに直政は秀吉の養子となったため、直政は2人の天下人の孫にあたる。秀吉に従い、下総国の結城城を継いで結城姓を名乗るが、関ヶ原の戦い後は松平姓に戻し、越前を治めた。

初陣は慶長19年（1614）、大坂冬の陣。周囲が攻めあぐねた真田丸に一人先駆け、その勇猛ぶりに櫓上の真田信繁（幸村）から軍扇を投げ与えられたという。大坂夏の陣では戦功を讃えられ、家康より打飼袋を賜わったと伝わっている。

この後、越前大野藩、信濃松本藩へ加増移封され、37歳で松江城に入城。藩祖として家老以下諸役人に国務の要領六ヵ条を示し、軍役を定め、職制を整備した。信仰も篤く、故京極氏の後を引き継いで日御碕神社を完成させ、子供たちに信仰心を教えるため、ともによく参拝したという。

寛文6（1666）年、江戸藩邸において66歳で死去。生母の霊碑を安置した月照寺に葬られた。

名君であり破天荒な猛将「鬼日向」

水野勝成（みずの かつなり）

武将印

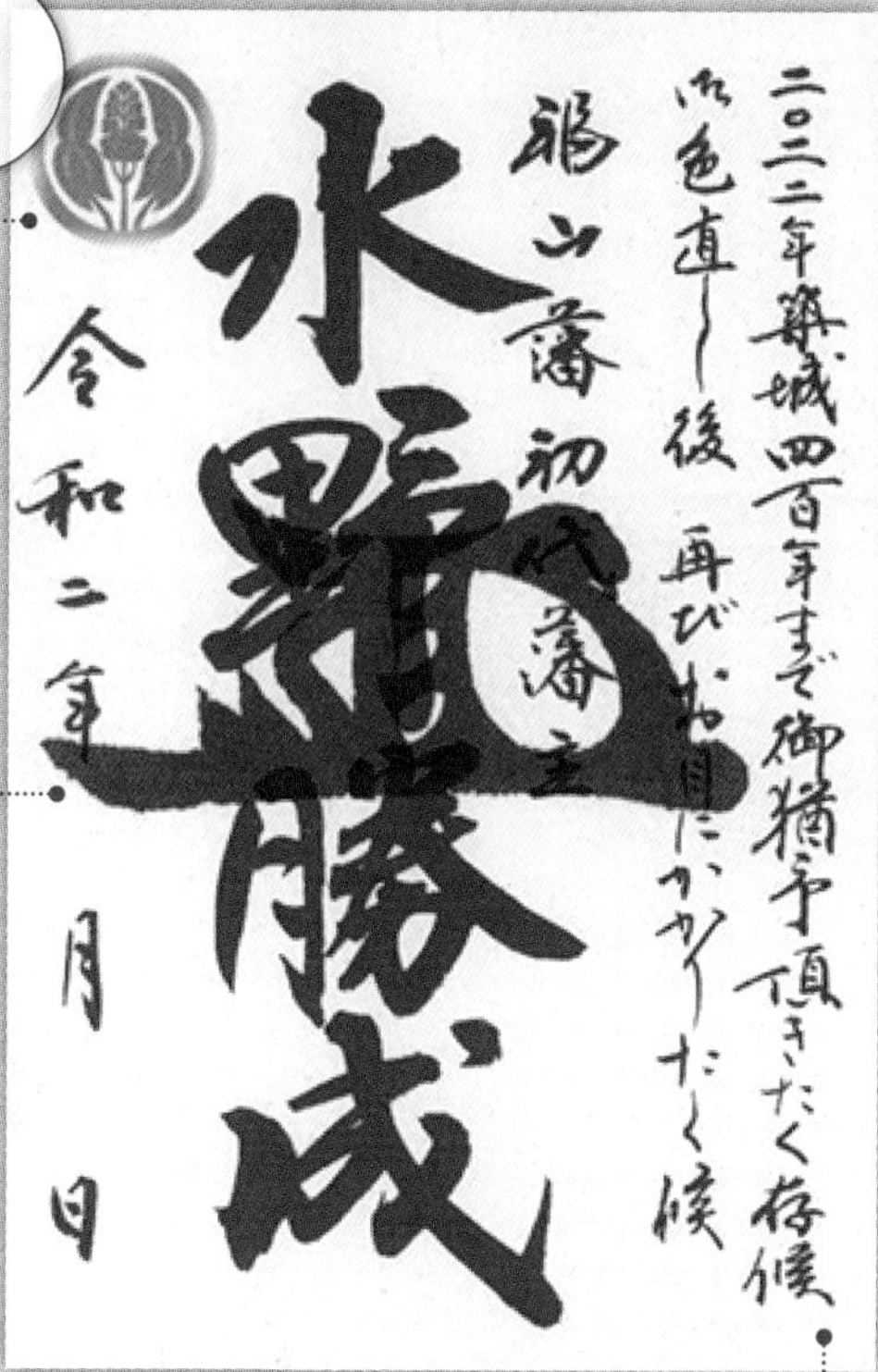

二〇二二年築城四百年まで御猶予頂きたく存候
お色直し後　再びお目にかかりたく候
福山藩初代藩主
水野勝成
令和二年　月　日

❶左上には水野氏の家紋「丸に二本沢瀉」が配されている。

❷中央には、水野勝成の花押が押されている。

❸発行元の福山城博物館は現在リニューアル及び耐震工事のため、2022年8月まで長期休館中。

武将DATA

生没年	永禄7年（1564）～慶安4年（1651）
出身地	三河国
幼名	国松・藤十郎
通称	六左衛門
主な官位	従五位下日向守、従四位下、贈従三位
拠点（主な居城）	刈谷城、郡山城、福山城

頒布場所DATA

販売場所	福山城博物館
販売料金	300円（税込）

流浪後、家康の下で出世

水野忠重の長男。忠重は、徳川家康の生母於大と姉弟であるため、勝成は家康の従兄弟にあたる。天正12年（1584）、小牧・長久手の戦いで父の勘気に触れ諸国を遊歴。豊臣秀吉に仕えるも、翌年父が秀吉の直臣となったため浪人となる。肥後熊本城主佐々成政、小西行長に仕えた後は諸国を流浪し、たびたび戦で活躍した。

その後家康の家臣となり、家康の配慮で父と和解するも、上杉景勝攻めに従軍中に父が死去し、刈屋3万石を継ぐ。関ヶ原の戦いでは大垣城を落とし、大坂冬の陣、夏の陣にも出陣。夏の陣では桜門に一番乗りし、97の首を取る活躍をしたといわれ「鬼日向」と称された。その報償で要衝・大和国郡山6万石に移され、元和5年（1619）には備後国10万石に移される。同年福山城の築城に着手し、城下も整えた。寛永15年（1638）の島原の乱では、子と孫の三代で鎮圧に赴く。

翌年、家督を長男・勝俊に譲った後も干拓、新田開発などに努め勝俊の治世を助け、慶安4年（1651）、88歳で亡くなった。

横田内膳

よこたないぜん

米子のまちの礎を築いた執政家老

武将印

❶左上には阿波の大族三好氏の家紋「三階菱」が配されている。内膳は阿波郡を本拠とした一族の家に生まれたとされ、三好康長の甥と伝わる。

❷中央には内膳の家紋「右三つ巴」。菩提寺である寺町の妙興寺に祀られている位牌や墓碑に刻まれている。

❸右下には花押が金箔押しされている。これは内膳が江府町下安井の役人、太郎左衛門へと発給した裁許状のものを採用している。

武将DATA

生没年	天文21年（1552）～慶長8年（1603）
出身地	阿波国
幼名	―
通称	横田内膳村詮
主な官位	米子藩執政家老
拠点（主な居城）	米子城（鳥取県米子市）

頒布場所DATA

販売場所	米子まちなか観光案内所
販売料金	300円（税込）

城下町を整備した功労者

伯耆国米子藩主であった中村忠一の家老。関ヶ原の戦いの直前に病死した、忠一の父・一氏の妹を妻にしていたことから、忠一の後見人となった。12歳の忠一に従って政治の実権を握り、米子城と城下18町と呼ばれる町並みを完成させた功労者である。

徳川家康から伯耆国を与えられた忠一は、駿府から米子へ国替えを命じられ、七割ほど完成した段階の米子城へ入った。横田内膳村詮は、各地域から呼び寄せた住民と寺院を計画的に配置し、城の外堀を商人に解放するなど短期間で城下町を整備、現在の米子のまちの礎を築いた。米子城の出丸は「内膳丸」としてその名を残している。

しかし、忠一側近のねたみを受け、慶長8年（1603）11月誅殺される。城内は騒然となり、横田一族は忠一に戦いを挑むも敗れ、自刃し滅亡した。このできごとは「横田騒動」、あるいは「米子城騒動」と呼ばれている。その後慶長14年（1609）に忠一が急死し、中村家は断絶された。

武将印

大坂の陣で戦功を立てた
加藤貞泰（かとう さだやす）

❶貞泰は慶長15年（1610）～元和3年（1617）まで米子藩主を務めた。

❷中央には加藤氏の家紋「蛇の目」が配されている。弦巻紋ともいい、弦巻は弓の弦を巻き付けるため腰のあたりに付ける武具。蛇の目といわれるのは、その形状が爬虫類のヘビの目に似ている事に由来する。

❸左下には貞泰の花押が金箔押しされている。

武将DATA

生没年	天正8年（1580）～元和9年（1623）
出身地	近江国磯野村
幼名	作十郎、光長
通称	―
主な官位	従五位、下左衛門尉、左近大夫
拠点（主な居城）	黒野城（岐阜県岐阜市）、米子城（鳥取県米子市）

頒布場所DATA

販売場所	米子まちなか観光案内所
販売料金	300円（税込）

黒野藩・米子藩・大洲藩の初代藩主を務めた

貞泰は父・加藤光泰（みつやす）が朝鮮出兵で死去し、15歳で甲斐国（山梨県）24万石を継いだ。しかし、父が生前に石田三成（いしだみつなり）と不和であったため、若年を理由に美濃国黒野（岐阜県）4万石に国替えさせられる。貞泰は黒野城（くろのじょう）を築き、城下町を整えるとともに治水事業を行い領内の生産性を高めた。

関ヶ原（せきがはら）の戦いの前哨戦では初め西軍に属していたが、かねてからの三成への遺恨により家康に味方する。弟・平内を家康の元に人質として送り、忠誠を誓った。関ヶ原の本戦では東軍の二番手として働き、西軍の島津義弘（しまづよしひろ）らと死闘を繰り返した後、近江国水口城（みなくちじょう）の攻略に成功した。

慶長（けいちょう）15年（1610）には2万石を加増され、伯耆国（ほうきのくに）米子（鳥取県）6万石に国替えとなり、左近大夫（さこんのたいふ）に任ぜられた。その後、大坂の陣（冬、夏）の功績により伊予国大洲（愛媛県大洲市）初代藩主として6万石を与えられた。元和（げんな）9年（1623）、江戸にて44歳で死去した。大洲藩の加藤一族は、明治維新まで250年続いた。

武将印

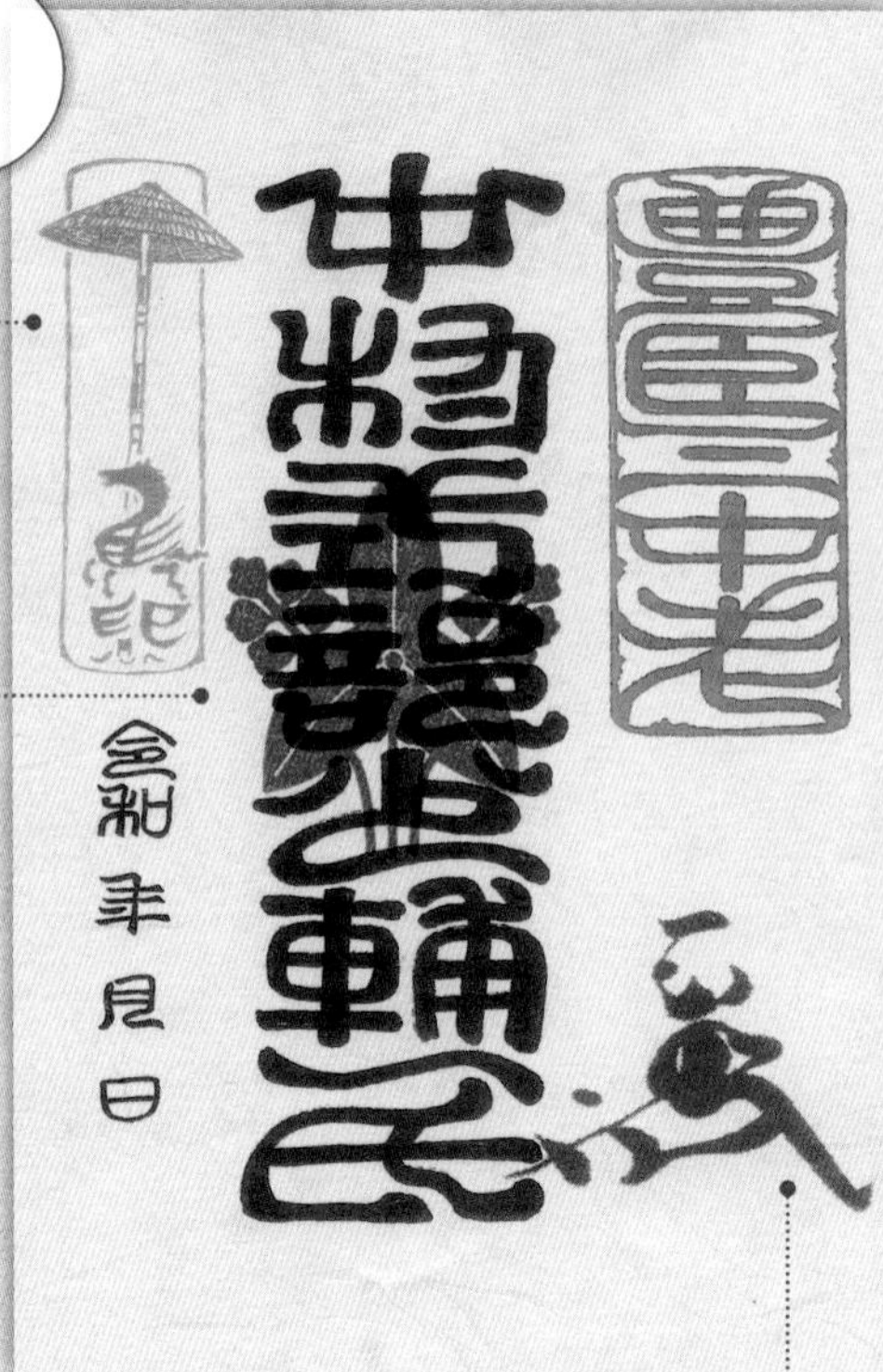

❶左上には菅笠の馬印が配されている。

❷中央には中村氏の家紋「立ち沢瀉」が配されている。

❸右下には花押が金箔押しされている。これは九能寺像に伝わるもの。

中村一氏（なかむら かずうじ）

豊臣政権下で活躍したのち東軍に属した

武将DATA

生没年	不明～慶長5年（1600）
出身地	不明
幼名	―
通称	孫平次
主な官位	従五位下式部少輔
拠点（主な居城）	岸和田城（大阪府岸和田市）、水口城（滋賀県甲賀市）、駿府城（静岡市）

頒布場所DATA

販売場所	米子まちなか観光案内所
販売料金	300円（税込）

豊臣秀吉の三中老の一人として活躍

のちに米子城主となる中村忠一の父である。天正元年（1573）、秀吉から近江長浜のうち200石を与えられたことに始まり、石山合戦や山崎の戦い、賤ヶ岳の戦いで武功を立て、和泉国岸和田城主に配置される。天正12年（1584）、徳川家康との合戦に向かった秀吉留守中の大坂を狙って、紀州の根来寺軍が襲来。一氏は少ない兵力ながら岸和田城を守りぬき、根来寺軍を退却させた。翌年、秀吉は根来寺を焼き討ち、一掃する。

天正13年（1585）、秀吉の関白就任に際して、従五位下式部少輔に叙任され、近江国水口城主となった。秀次付きの「年寄衆」の一員にもなる。天正18年（1590）の小田原の陣では、山中城攻めに従軍。この戦功により同年には駿府城主となった。関ヶ原の戦いでは、家老の横田内膳村詮の意見を聞き入れ東軍に加わることを決めたが、突如発病して死去してしまう。子・忠一も父の意思を継いで、東軍に属して従軍した。

武将印

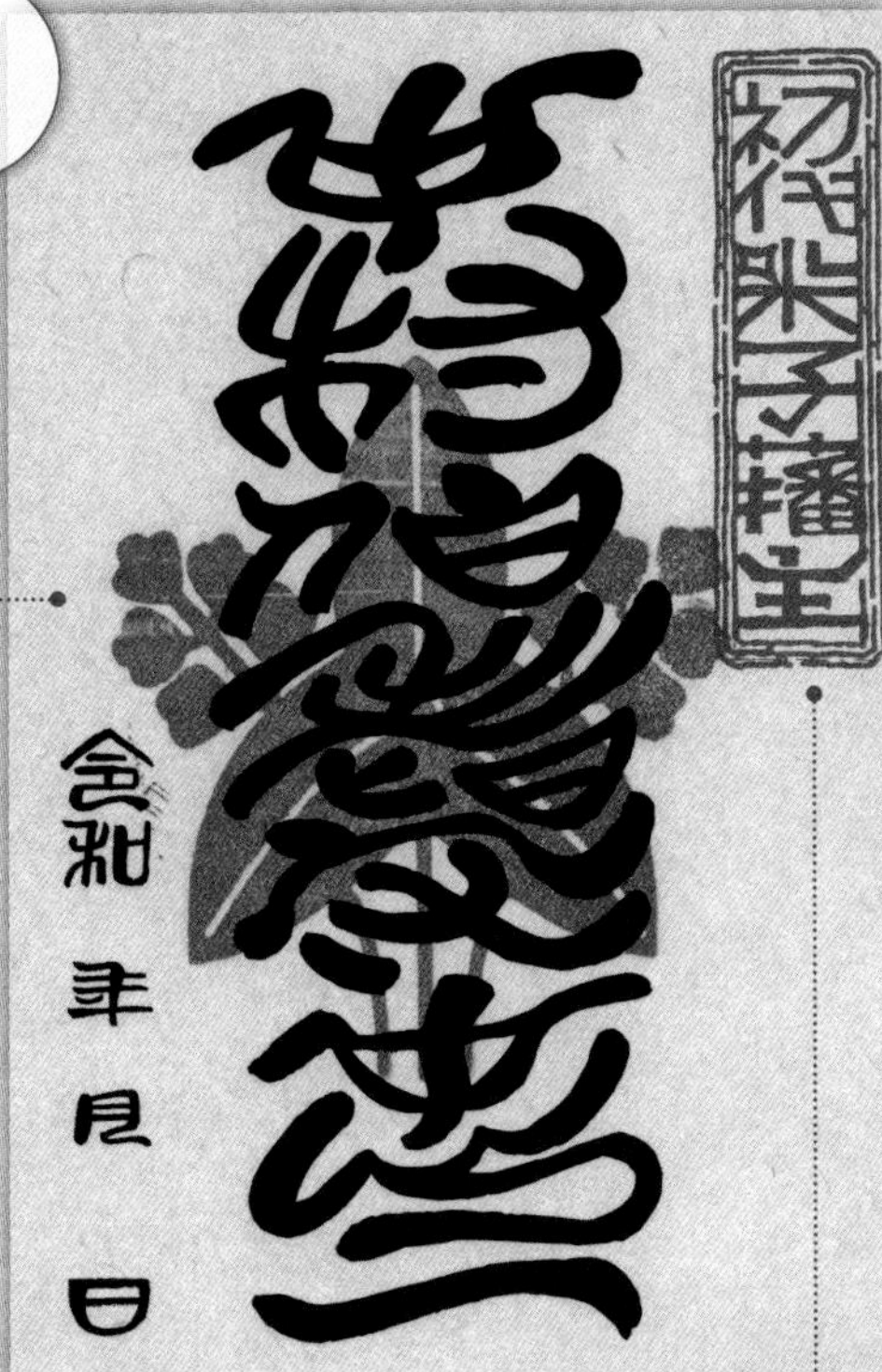

関ヶ原の戦い後、初代米子藩主に

中村忠一（なかむら ただかず）

❶忠一が関ヶ原の戦い後に伯耆国一国を与えられ、初代米子藩主（18万石）となったことにちなむ。

❷中央には中村氏の家紋「立ち沢瀉」が配されている。

武将DATA

生没年	天正18年（1590）～慶長14年（1609）
出身地	駿河国
幼名	―
通称	―
主な官位	従五位下侍従、伯耆守
拠点（主な居城）	米子城（鳥取県米子市）

頒布場所DATA

販売場所	米子まちなか観光案内所
販売料金	300円（税込）

11歳で米子藩初代藩主に就任

伯耆国米子藩初代藩主。豊臣秀吉三中老の一人であった、中村一氏の子。関ヶ原の戦い直前に逝去した父の意思を継いで、東軍に従軍。慶長5年（1600）、関ヶ原の戦いが終わると、家康は11歳で家督を相続した忠一に伯耆国18万石を与えた。さらに伯耆守に任じられ、初代米子藩主となった。駿河駿府から移ってきた一忠は、駿河にあった感応寺を米子城のある山の背後に移し、中村家の菩提寺とした。

忠一は幼少であったため、家老であり叔父（父・一氏の妹を妻とした）である横田内膳村詮を後見人とした。村詮は忠一に従って米子のまちづくりや伯耆一円の政策に腕を振るい、慶長7年（1602）に米子城を完成させた。しかし、若い忠一側近のねたみを受け、城内で誅殺される。横田一族は忠一に戦いを挑むも敗れ、一族は自刃、滅亡した。その後、慶長14年（1609）に忠一は20歳の若さで病死し、跡継ぎがなかったため所領は没収され、中村家は断絶となった。

姫印

戦国時代を彩る女性たちの印

武将だけでなく、戦国時代を彩る姫たちの印も数多く発行されている。ここでは「姫印」としてその一部を紹介する。

御朱印

お市の方
織田信長の妹で浅井長政に嫁いだお市の方。その肖像と織田家の「織田木瓜」、城山八幡宮の印が押されている。

頒布場所DATA

販売場所	城山八幡宮
販売料金	500円（税込）

武将印

大祝鶴姫
鶴姫伝説で知られる大祝鶴姫の印。大祝氏の「折敷に三の字」、「僊」の一字が配されている。

頒布場所DATA

販売場所	戦国魂オンラインショップ
販売料金	330円（税込）

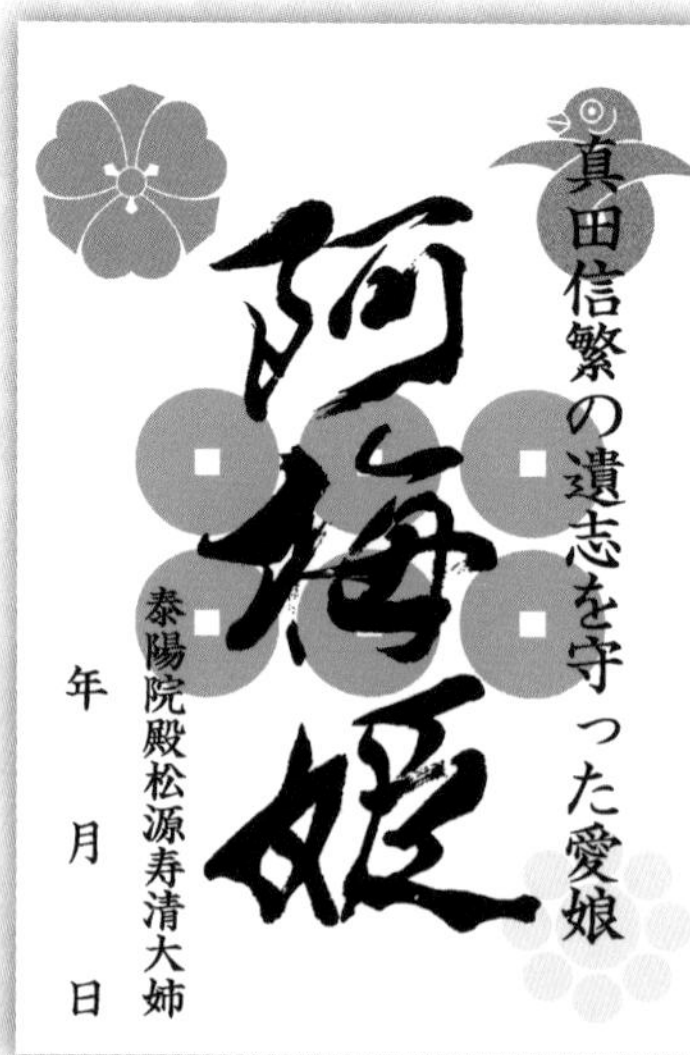

武将印

阿梅姫
真田信繁の娘で、片倉重長に救われた阿梅姫の印。真田家家紋「六文銭」「結び雁金」などが配されている。

頒布場所DATA

販売場所	紀州九度山真田砦
販売料金	200円（税込）

武将印

円珠姫

川田城主の川田四郎光清の一人娘で和歌を詠む才に優れていた円珠姫の印。

頒布場所DATA

販売場所	松之屋
販売料金	200円～（税込）

武将印

帰蝶

斎藤道三の娘で信長の妻である帰蝶の印。織田家の「織田木瓜」、「濃」の一字が配されている。

頒布場所DATA

販売場所	戦国魂オンラインショップ
販売料金	330円（税込）

武将印

小松姫

本多忠勝の長女で、真田信之の正室小松姫の印。真田氏の「六文銭」「洲浜」「結び雁金」が配されている。

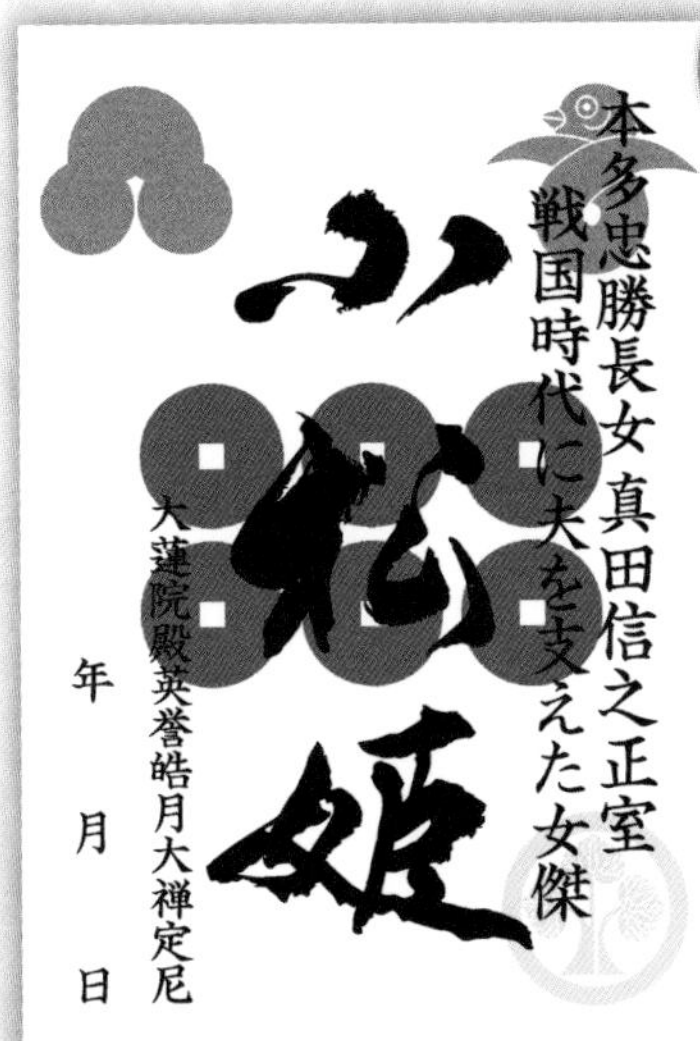

頒布場所DATA

販売場所	紀州九度山真田砦
販売料金	200円（税込）

武将印

小松姫

真田氏の「六文銭」と本多氏の「立ち葵」、信之の留守の城を守ったことから「戦国最強妻」の文言が入っている。

頒布場所DATA

販売場所	沼田市観光協会観光案内所
販売料金	300円（税込）

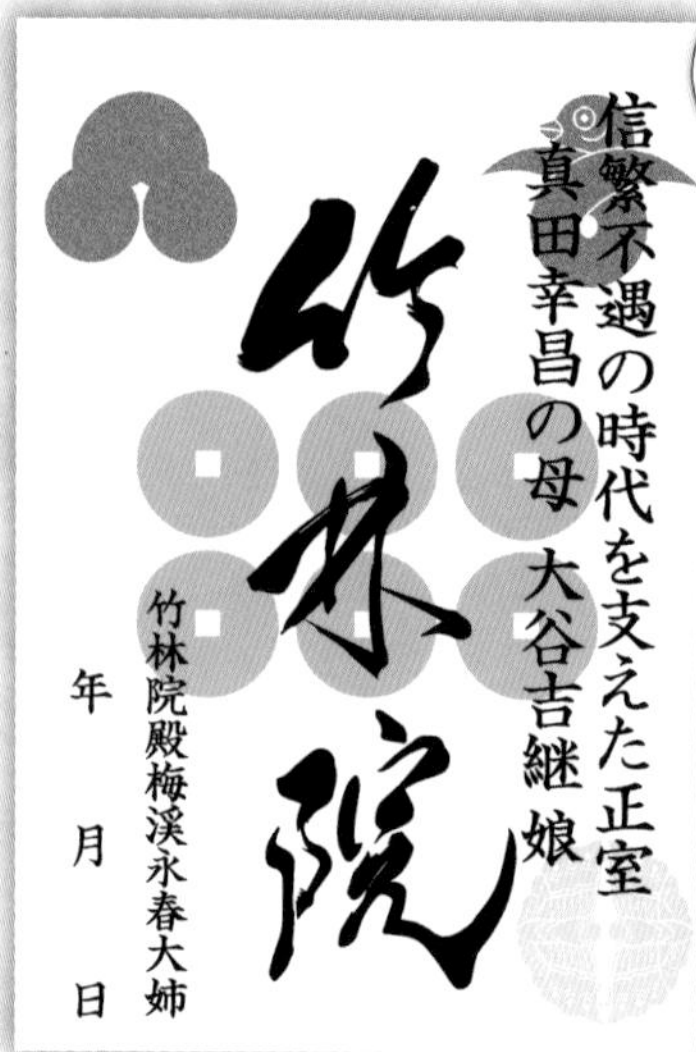

信繁不遇の時代を支えた正室
真田幸昌の母 大谷吉継娘
竹林院
竹林院殿梅渓永春大姉
年 月 日

武将印

竹林院
大谷吉継の娘で、信繁の正室である竹林院の印。真田氏の「六文銭」「洲浜」「結び雁金」が配されている。

頒布場所DATA

販売場所	紀州九度山真田砦
販売料金	200円（税込）

武将印

小松姫
「信之・小松姫プロジェクト」より派生・誕生した武将キャラクターのイラスト入り。

頒布場所DATA

販売場所	松之屋
販売料金	200円～（税込）

武将印

濃姫
信長と濃姫（帰蝶）の美濃国平定をイメージした印。信長と濃姫の印を合わせると夫婦印になる。

頒布場所DATA

販売場所	※現在は濃州明知砦通販のみ
販売料金	400円（税込）

武将印

熙子
明智光秀の正室で、細川ガラシャの母である熙子姫の印。明智氏の「桔梗紋」が配されている。

頒布場所DATA

販売場所	※現在は濃州明知砦通販のみ
販売料金	400円（税込）

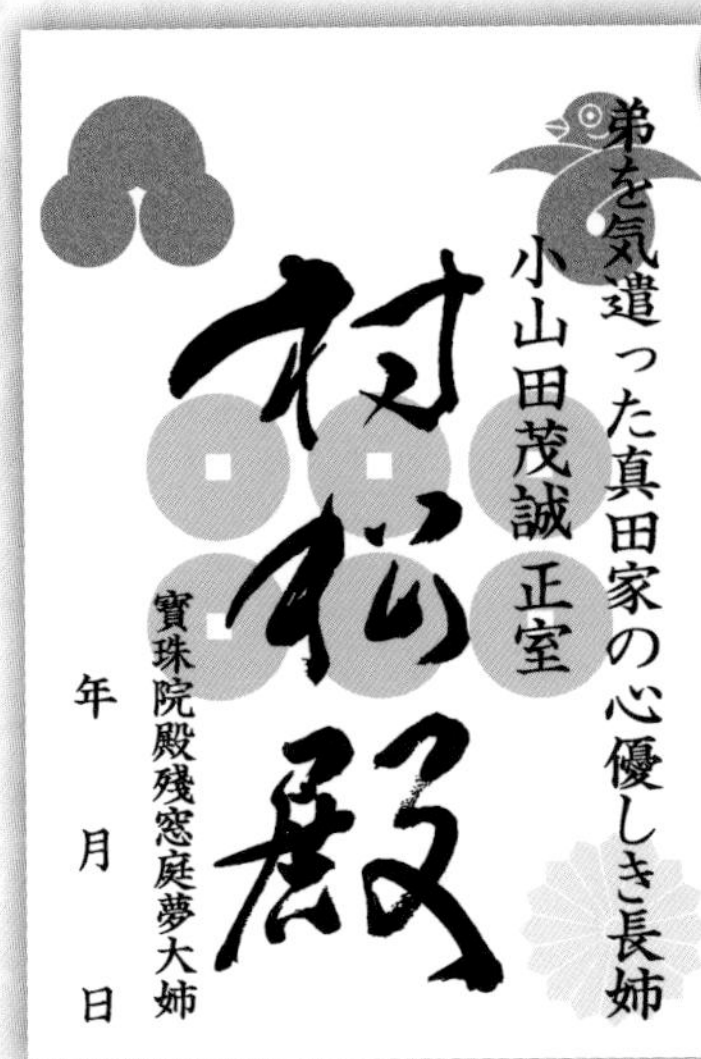

弟を気遣った真田家の心優しき長姉
小山田茂誠 正室
村松殿
實珠院殿残窓庭夢大姉
年 月 日

武将印

村松殿

真田昌幸の娘で小山田茂誠の正室である村松殿の印。真田氏の「六文銭」「洲浜」「結び雁金」が配されている。

頒布場所DATA

販売場所	紀州九度山真田砦
販売料金	200円（税込）

武将印

細川ガラシャ

細川忠興の正室である細川ガラシャの印。細川氏の「九曜紋」、ガラシャを表す一字「聖」の字が書かれている。

頒布場所DATA

販売場所	※現在は濃州明知砦通販のみ
販売料金	400円（税込）

武将印

山手殿

昌幸の正室で信之、信繁の母。出自は諸説あるが真田家の文献には「京之御前様」という記載が見られる。

頒布場所DATA

販売場所	松之屋
販売料金	200円～（税込）

小松姫の侍女たちの印。かがり花は小松姫の侍女として名を残している一人。お初は本多忠勝重臣、大日方真諦の娘。明敏で文筆に長けていたことから、忠勝の娘である小松姫の侍女となった。おちょぼは、真田の名将である矢沢頼綱と海野輝幸を両祖父に持つ。

武将印

頒布場所DATA

販売場所	松之屋
販売料金	200円～（税込）

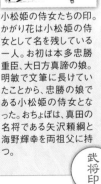

❶尼子の本城「月山富田城」の補給路を断つため、第一の支城である「尼子十旗第一の支城・白鹿城」を激戦の末攻め落とした戦いにちなむ。

❷荒隈城は白鹿城の戦い時の毛利軍本陣、真山城は次男吉川元春の陣城、和久羅城は中海の制海権を握るための水城。

❸中央には毛利家の家紋「一文字三星紋」が配されている。

策謀の人と伝わる知略家の戦国大名

毛利元就（もうり もとなり）

頒布場所DATA

販売場所	美観地区塩見縄手いっぷく処清松庵及び併設の自動販売機
販売料金	500円（税込）※店舗／550円（税込）お茶付き※自販機

弱小国人から中国地方の覇者に

安芸国の国人（在地領主）・毛利弘元の次男。母は福原広俊の娘。安芸国吉田の郡山城で生まれる。

明応9年（1500）、家督を長男・毛利興元に譲って隠遁した父とともに多治比猿掛城へ移る。5歳で母、10歳で父と死別、侍女に育てられる。15歳で元服して名を元就と改めた。

永正13年（1516）、兄・興元が死に、子の幸松丸が家督を相続すると、元就は庶家の多治比元就として補佐したが、大永3年（1523）に幸松丸が死去すると、郡山城に迎えられ宗家を相続した。

当時の毛利家は、三十余家あった国人領主連合の一家に過ぎず、出雲の尼子氏と周防の大内氏の二大勢力に挟まれて難儀していた。武田氏征伐の折には大内氏から尼子氏に鞍替えし、家督相続後は、尼子の策謀をきらって大内氏に再び戻った。

天文9年（1540）には尼子晴久に郡山城を包囲されるが大内氏の援軍も得て撃退する。

大内義隆が陶隆房に討たれるという大内

吉田郡山城にある毛利元就墓所入り口。毎年7月16日には墓前祭が行われている。

武将印

西国の雄毛利家の礎を築き、謀神と呼ばれた元就をイメージして表した「謀」の一文字と、家紋「一文字三ツ星」が配されている。

頒布場所DATA

販売場所	戦国魂 オンラインショップ
販売料金	330円（税込）

武将DATA

生没年	明応6年（1497）～ 元亀2年（1571）
出身地	安芸国（広島県）吉田
幼名	松寿丸、少輔次郎
通称	―
主な官位	治部少輔、右馬頭、 陸奥守
拠点（主な居城）	多治比猿掛城、 吉田郡山城

家のクーデターが発すると、元就は、これに乗じて弘治3年（1557）、陶氏に続いて大内義長も討ち周防・長門を手中に収める。

さらに、永禄6年（1563）、尼子氏の居城・月山富田城を攻め、苦労の末に降伏させた。その後、安芸・備後・周防・長門に石見の太守となり、さらには伊予をも制した。

毛利元就といえば、「三本の矢」のエピソードが有名だが、これは創作のようだ。しかし、三子へあてた弘治3年11月25日付の書状（三子教訓状）が実在しており、三人の息子が協力して元就および毛利家を支えたのは事実である。長男・隆元は毛利本家を継ぎ、次男・元春は吉川家に、三男・隆景は小早川家に養子入りし、「毛利両川体制」と称された。

毛利元就は策謀の人として伝えられ、汚い手も数多く使ったとされるが、大きな建物を造る際の「人柱」の代わりに「百万一心」と彫った石を埋めさせ、民の命を救ったとの逸話もある。

瀧宮神社が発行する城主隆景の御朱印

小早川隆景

こばやかわ　たかかげ

頒布場所DATA

販売場所	瀧宮神社授与所
販売料金	700円（税込）

御朱印

❶背景の印は小早川隆景の家紋「左三つ巴」。

❷瀧宮神社小早川隆景公特別御朱印として、三原限定で発行している。

❸中央には小早川隆景の肖像画が描かれている。

毛利の勢力を躍進させた立役者
〝浮城〟三原城を築いた元就の三男

戦国時代末期に活躍した小早川隆景は、毛利元就の三男として生まれ、12歳で竹原小早川氏の養子となる。その後、本家の沼田（広島県三原市）小早川家を相続し、小早川家を一つにまとめた。

天文20年（1551）、高山城に入り、翌年には沼田川を挟んだ向かいの新高山城、永禄10年（1567）には、瀬戸内海で活動するために三原城の築城を始めた。沼田川の河口にあった大島と小島という二つの島を繋ぎ合わせた、三原要害と呼ばれる砦が城の原型である。隆景はこの三原要害を整備拡張して、櫓が32、城門が14もある巨大な城を作った。三原城は海に浮かんでいるように見えることから「浮城」とも呼ばれた。

現在も残る天主台の場所に大島が、そこから南東に位置する船入櫓あとの場所に小島があったと言われている。大島神社（三原市本町）は、元々、大島にあった神社を移したものである。また、小島にあった稲荷社と荒神社を、城の鬼門にあたる瀧宮神

「厄除けの社」と知られる瀧宮神社の本殿。

社境内に移祀し、艮（北東）の守護神とした。

父・毛利元就には11人の子どもがいたが、彼を助けるに足る働きをしたのは、長男の毛利隆元、次男の吉川元春、三男の小早川隆景だったと言われている。また、隆元が早くに病死したため、元就が最も頼りにしたのは元春と隆景であった。各地の合戦で活躍し、元就や甥の輝元（広島城主）を助け、中国地方をはじめ四国、九州まで勢力を延ばした。毛利の躍進を支える大きな存在であったことから、二人合わせて〝毛利の両川〟と呼ばれていた。

天正4年（1576）、水軍を以て本願寺などの反織田勢力を支援。その後、豊臣秀吉の備中高松城攻めに対陣したが、本能寺の変により隆景は秀吉と和睦交渉を行う。以後両者は提携するに至った。秀吉の小田原攻めの成功は隆景の献策によると言われている。三原城にて65歳で没し、小早川家の菩提寺である米山寺（三原市沼田東町）に葬られた。

隆景が築いた三原城の本丸跡地。天主台跡のほかに中門跡、石垣跡、刎跡、船入櫓跡、船入櫓岩礁などが現存している。

武将DATA

生没年	天文2年（1533）～慶長2年（1597）
出身地	安芸国
幼名	徳寿丸、又四郎
主な官位	中務大輔、左衛門佐、従五位下侍従、従四位下、従三位権中納言
主な官位	ー
拠点（主な居城）	沼田高山城、新高山城、三原城（広島県三原市）

吉川広家

きっかわひろいえ

毛利家繁栄のために奔走した家臣

❶左上には吉川氏の家紋「丸に三つ引両」が配されている。

❷中央には「婆々羅の馬印」。朝鮮出兵のおり、明・朝鮮軍から加藤清正を鬼神の如き働きにより救った。清正はその猛将ぶりを称え、礼を述べるとともに自分の馬簾の馬印を使うことを許したという。広家は清正の銀の9本馬簾を、赤の13本馬簾にして使用した。

❸豊臣秀吉が優れた武将を「日本七槍」として称賛したが、広家もその1人。

❹右下には広家の花押が金箔押しされている。

頒布場所DATA

販売場所	米子まちなか観光案内所
販売料金	300円（税込）

家康にお家存続を直談判

広家は、毛利元就の孫で、中国地方の覇者・毛利家の家臣・吉川家の三男に生まれた。毛利家と豊臣家との講和条件で人質となり、秀吉に従った。やがて兄が病死したために家督を継ぐと、秀吉の養女（宇喜多秀家の姉）と結婚。毛利家領の伯耆国や出雲国一帯の大名となった。

文禄元年（1592）から始まった朝鮮出兵では善戦し名を馳せ、このときに福島正則や加藤清正らとの仲を深めたといわれている。

秀吉が亡くなり、徳川家康と石田三成との間に溝ができると、毛利家は、東軍と西軍どちらにつくのか迷っていた。そこで、豊臣家との連絡係をしていた安国寺恵瓊に助言を求めると、西軍につくよう促されて、毛利輝元が西軍の総大将に推薦されてしまった。

広家は、それを何とか阻止しようと、福島正則や黒田長政を通じて家康と内通。「輝元は担ぎ上げられて総大将に据えられただけなので、領地は取り上げない」という内容の約束を交わしたとされる。

御城印

米子城は、天正19年（1591）に秀吉から西伯耆、東出雲、隠岐等12万石を拝領し月山富田城に入城した吉川広家により築城が開始され、岩国に転封となるまでに城下町の7割と三重四階の山陰初となる近世城郭を整備したといわれている。

頒布場所DATA

販売場所	米子まちなか観光案内所
販売料金	300円（税込）

慶長5年（1600）の関ヶ原の戦いでは、総大将として大坂城に入った輝元に変わり、広家は毛利軍を率いて戦に参加。そして、三成が進軍の合図を何度出しても、広家は毛利軍を動かさず、早々に徳川軍の勝利となった。

広家は家康との約束を守ったが、家康は輝元の行動に難癖をつけて、輝元から没収した領地を広家へ送ると言い渡した。それを知った広家は、家康に毛利家存続を直談判した。広家の活躍によって、領土は周防・長門だけになってしまったが、毛利家は滅亡を回避した。

その後、毛利家から岩国領3万石を分け与えられると、広家は城郭や城下町の経営に力を入れ始めた。そして、広家の活躍をよく思っていない一族の勝手な行動に嫌気がさし、元和2年（1616）に家督を息子の広正に譲った。

しかし、隠居したものの、岩国領の実権は以前として広家にあり、翌年の元和3年（1617）には、これまでの法令を取りまとめて息子たちに与えるなど、岩国の繁栄に力を尽くした。

武将DATA

生没年	永禄4年（1561）～寛永2年（1625）
出身地	安芸（広島県安芸郡）
幼名	才寿丸、経言
通称	次郎五郎、又次郎、民部少輔、蔵人
主な官位	従四位下民部少輔、侍従
拠点（主な居城）	月山富田城（島根県安来市）、岩国領（山口県岩国市）

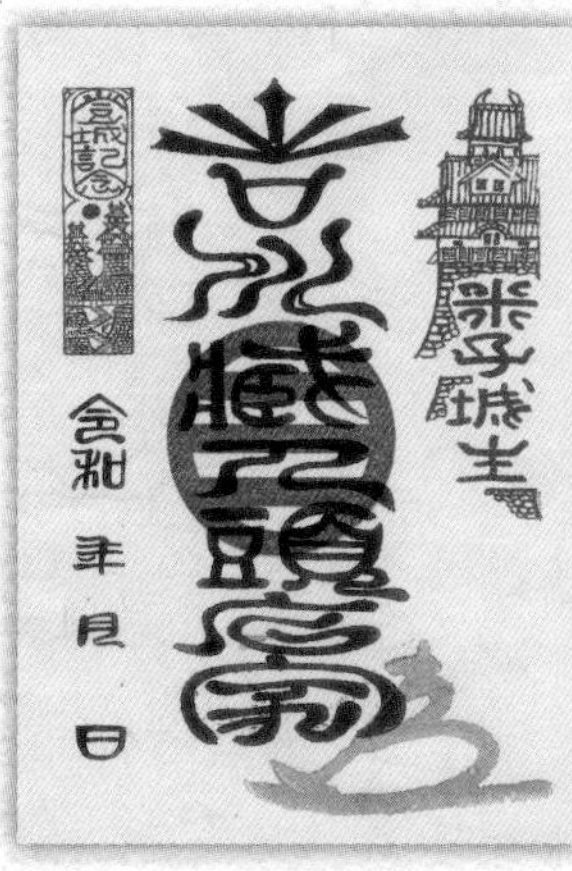

武将印

米子城登城記念の武将印。広家は天正19年、秀吉より西伯耆・東出雲隠岐等を拝領し月山富田城に入ったが、その年から戦国末期には山陰初となる近世城郭となる米子城を築城した。

頒布場所DATA

販売場所	米子まちなか観光案内所
販売料金	300円（税込）

豊臣家に貢献した元就の八男
末次元康
すえつぐもとやす

武将印

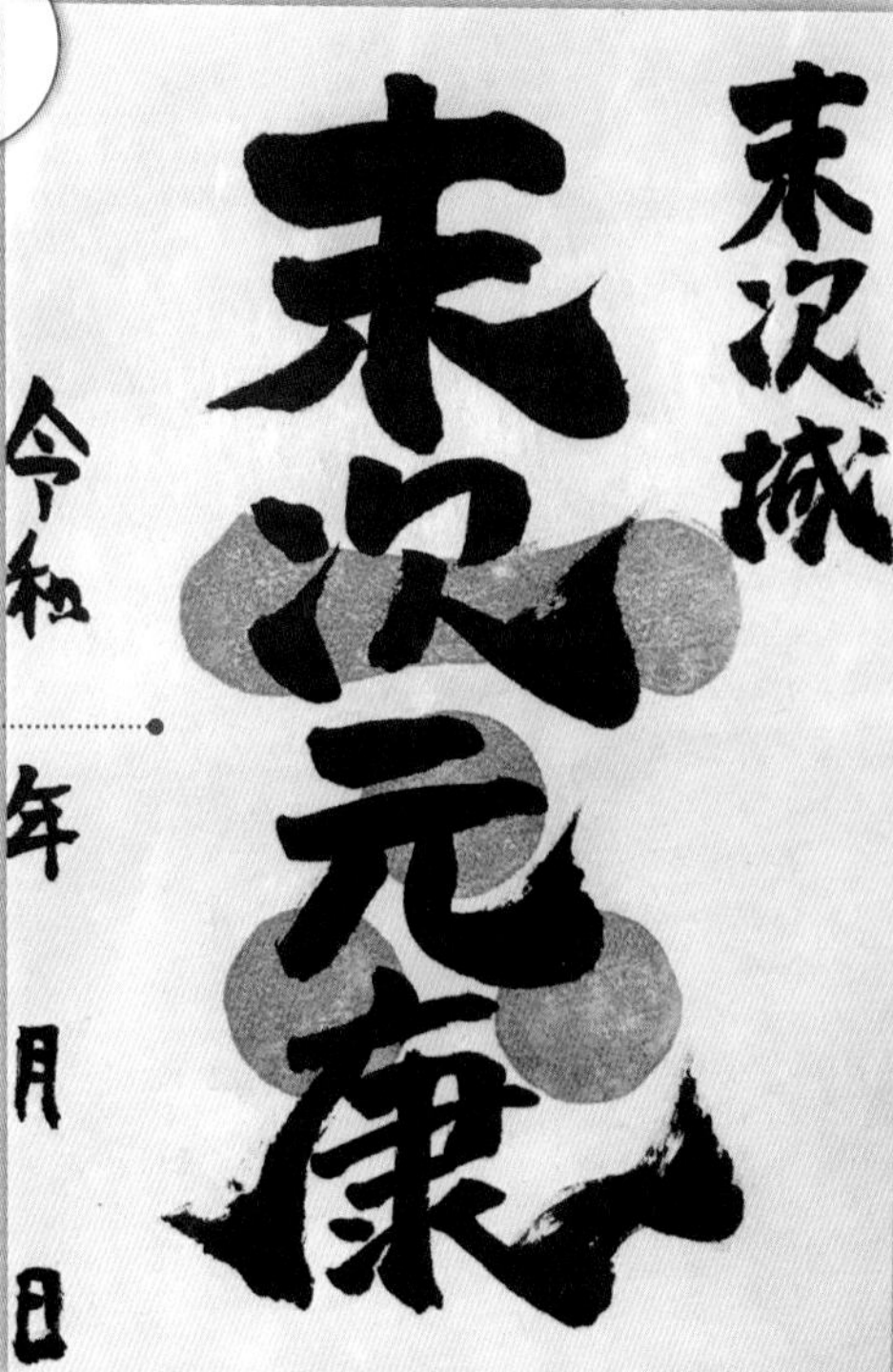

❶後に松江城が築かれる地は、尼子氏と毛利氏の戦いの折には「末次城」という山城であった。毛利の時代には、元就八男の元康が治めた。

❷中央には毛利家の家紋「一文字に三つ星」が配されている。

❸書は路上詩人こーた氏による描き下ろし。

❹台紙には和紙「出雲民芸紙」が使われている。

武将DATA

生没年	永禄3年（1560）～慶長6年（1601）
出身地	安芸国（広島県安芸郡）
幼名	少輔七郎
通称	元康
主な官位	兵部大輔、大蔵大輔、従五位下
拠点（主な居城）	出雲末次城（島根県松江市）、月山富田城（島根県松江市）、神辺城（広島県福山市）

頒布場所DATA

販売場所	美観地区塩見縄手いっぷく処清松庵及び併設の自動販売機
販売料金	500円（税込）※店舗／550円（税込）お茶付き※自販機

関ヶ原の前哨戦で勝利

末次元康は、毛利元就の八男として生まれた。出雲末次城の城主だったため、末次姓を名乗っている。

天正13年（1585）に兄の毛利元秋が亡くなると、代わりに家督を継いで、月山富田城の城主となった。

しかし、天正19年（1591）に、豊臣秀吉の命令で吉川広家に月山富田城を譲ることとなり、元康は神辺城へ移った。

文禄元年（1592）にはじまった文禄・慶長の役には、毛利輝元の名代として朝鮮に出陣。敵兵を1000人あまり討ちとり、勝利に貢献したことで、秀吉から感謝状を送られた。さらに、文禄4年（1595）には、従五位下・大蔵大輔に任命され、豊臣姓を与えられている。

慶長5年（1600）の関ヶ原の戦いでは、前哨戦となる大津城の戦いに出陣して、敵将の京極高次を降伏させた。

西軍が敗戦して毛利氏が減封されると、元康は長門の15000石を与えられ、翌年の慶長6年（1601）に摂津の大坂で病死した。

村上武吉

むらかみ たけよし

瀬戸内海をまとめる村上水軍当主

武将印

❶毛利方の水軍として、木津川口の戦いで織田信長と戦った。

❷中央には村上氏の家紋「丸に上の字」が配されている。

❸武吉の戒名「大仙寺覚甫元正」。

武将DATA

生没年	天文2年（1533）～慶長9年（1604）
出身地	能島
幼名	—
通称	武慶、少輔太郎
主な官位	大和守、従五位
拠点（主な居城）	能島、竹原（広島県竹原市）、大津郡（山口県長門市）、八代島（山口県大島郡）

頒布場所DATA

販売場所	紀州九度山真田砦
販売料金	200円（税込）

毛利・豊臣の下で活躍

ルイス・フロイスに「日本最大の海賊」と称された村上海賊の大将。南北朝時代から続く海賊衆で、能島、来島、因島の三島に分かれて勢力を広げていた。

その中で、村上武吉は宗家の能島に生まれ、従兄弟の義益との家督争いを経て、能島当主となった。

天文20年（１５５１）の陶晴賢のクーデターで毛利元就と親しくなり、弘治元年（１５５５）の厳島の戦いで毛利家に味方したとされる。その後は、毛利家に従うようになり、周防、長門の平定に協力して、瀬戸内海一の水軍勢力に成り上がった。

天下取りを進める織田信長と毛利家が敵対すると、天正４年（１５７６）の第一次木津川口の戦いで勝利を収めたが、２年後の第二次木津川口の戦いでは、九鬼水軍に惨敗した。

その後、豊臣秀吉からの調略を受けて豊臣配下に入り、文禄・慶長の役、関ヶ原の戦いに参戦。竹原、大津郡と所領を転々とした後、慶長９年（１６０４）に八代島で死去した。

山陰山陽一帯十一州の太守

尼子経久

あまご　つねひさ

武将印

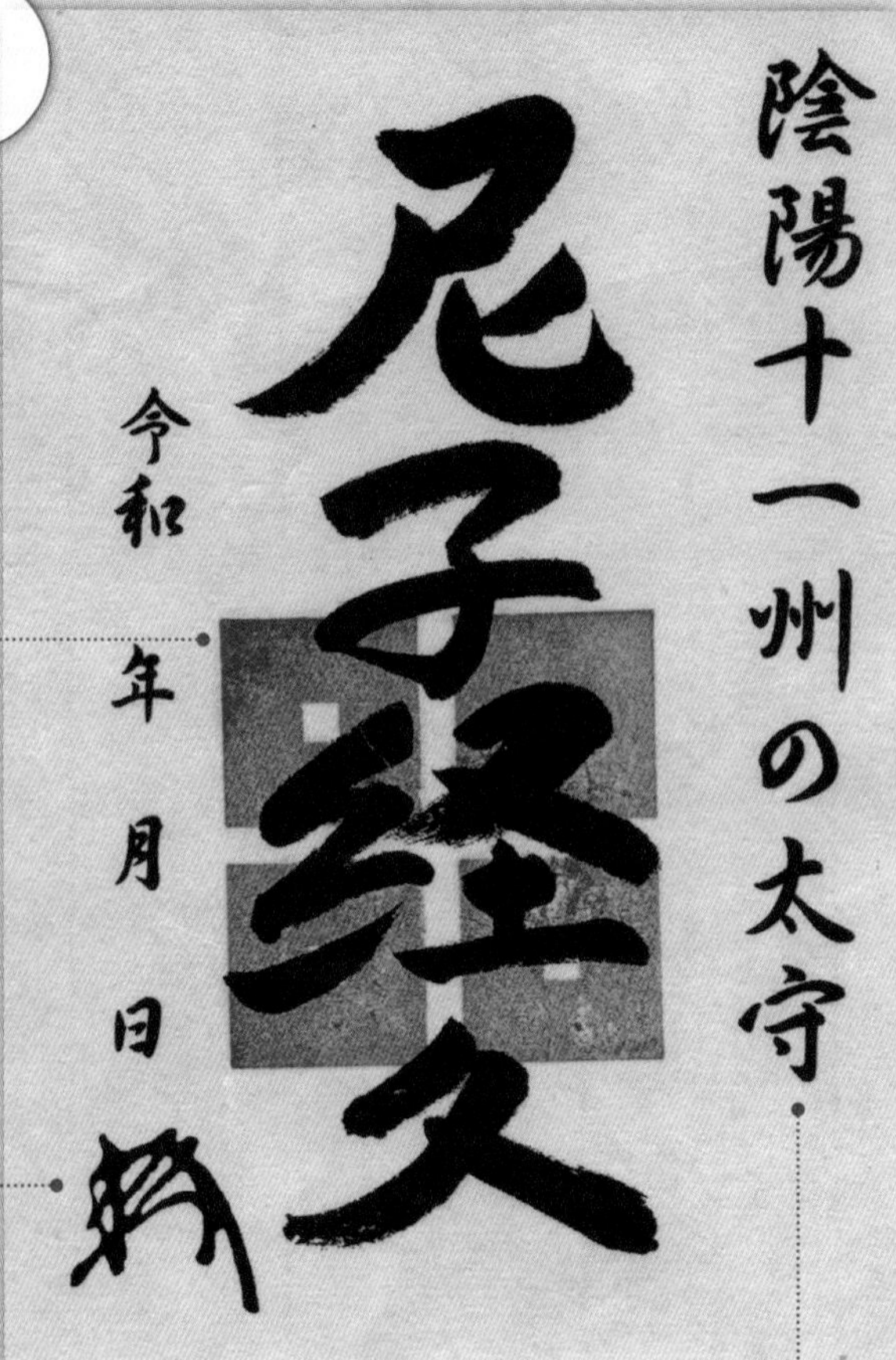

❶経久は守護代から戦国大名に駆け上がり、山陰・山陽十一州の太守となった。

❷用紙は地元広瀬町の手漉き和紙（広瀬和紙）を使用。

❸中央に尼子氏の「平四ツ目結紋」の印を押印している。

❹左下には花押が配されている。

頒布場所DATA

販売場所	安来市立歴史資料館
販売料金	300円（税込）

毛利氏に破れ衰退する

文明6年（１４７４）、17歳のとき上洛。5年後に帰国し、守護京極政経の偏諱を賜り、経久と名乗る。父・清貞に代わって出雲守護代となる。元は京極氏側の立場であったが、父・清貞が失敗に終わった京極氏からの独立を図るべく、戦国大名として対抗する力をつけていく。

経久に危機感を持った京極氏により月山富田城を追われるものの、奪取に成功し、さらに中国地方の近隣諸国を次々と幕下に加え、その体制は確実に強化されていった。しかしそのなかで、永正15年（１５１８）経久の嫡男・政久は討ち死にする。

大永元年（１５２１）には、安芸、備後、備中など、山陰山陽一帯11カ国をその手に握り、経久は巨大な勢力を築いていった。その後は尼子氏約１８０年間もの栄華が続くも、古い支配体質のため家臣団を把握できず、やがては宿敵である毛利氏に敗れ、衰退の一途をたどることになる。

月山富田城は、標高１８４ｍの月山の地形を利用した複郭式の山城である。富田城が本来の呼称で、月山城と称するのは雅名。

三日月公園（島根県安来市）に立つ尼子経久公銅像。

幾重にも連なる断崖絶壁の砦が築かれ、飯梨川が外堀の役目を果たすため、山そのものが天然の要害となっている。

大内義隆が攻め、毛利元就も攻めたが、力攻めでは落とすことができず、元就との戦いでも結局は兵糧攻めの末に尼子氏が降伏したと伝わっている。その規模と、防衛上・軍政統治上の優れた立地条件により、中国地方における中世城郭の代表的な城跡として重要視されている。

天文6年（1537）には、尼子の基礎を築いた経久も、孫・晴久に家督を譲った。天文10年（1541）、晴久が吉田郡山城遠征を強行し、毛利元就に敗れた年、84歳で死去。経久の片腕として尼子氏繁栄に尽力した弟・尼子義勝も、毛利との合戦で戦死している。経久の墓は洞光寺に父・清貞と並んで立っている。

武将DATA

生没年	長禄2年（1458）～天文10年（1541）
出身地	出雲国
幼名	又四郎
通称	―
主な官位	民部少輔、伊予守
拠点（主な居城）	安来市広瀬町、月山富田城

尼子氏最盛期を築いた武将

尼子晴久

あまご はるひさ

武将印

❶晴久が山陰山陽八州の守護職に補任されていることを表す一文が書かれている。

❷用紙は地元広瀬町の手漉き和紙（広瀬和紙）を使用。

❸中央に尼子氏の「平四ツ目結紋」の印を押印している。

❹左下には尼子晴久の花押が押されている。

頒布場所DATA

販売場所	安来市立歴史資料館
販売料金	300円（税込）

中国地方一の大名になるも失速

尼子経久（つねひさ）の嫡孫である晴久は、5歳にして父政久（まさひさ）と死別したため、天文（てんぶん）6年（1537）、祖父経久の隠居に伴い家督を相続する。

尼子一門の総帥となった詮久（あきひさ）（晴久の元服後の初名）は、しきりに山陽方面に出兵するようになる。天文9年（1540）、毛利元就（もうりもとなり）の居城吉田郡山城（よしだこおりやまじょう）に遠征して大敗。祖父経久の片腕として尼子氏繁栄に尽力した弟・尼子下野守義勝（しもつけのかみよしかつ）は、この毛利との合戦で戦死した。その後は内政に力を入れ、領国の統治を安定させるようになった。

天文10年（1541）、将軍足利義晴（あしかがよしはる）の偏諱（へんき）を賜り、晴久と改める。天文21年（1552）に出雲、隠岐、因幡、伯耆、備前、備中、美作、備後八ヶ国の守護に補され、従五位下修理大夫（じゅごいのげしゅりのだいぶ）に任ぜられた。また、幕府の相伴衆でもあった。

伯父国久（くにひさ）とその一門「新宮党」は豪勇で武略に長け、外征などで活躍したため次第に奢った態度を取るようになり、当主晴久との間に確執が生じた。その横暴な振る舞いを苦々しく思いながらも功績に目をつぶってきた晴久であったが、そこに目を付けた毛利元就に付け込まれ、対立するよう謀られる。天文23年（1554）、晴久は新宮党を全滅させた。最強の軍団を晴久自らの手で滅ぼしたことで尼子軍のさらなる弱体化を招き、衰退に拍車をかけることになった。

晩年は毛利氏と石見にて戦い、防戦中の永禄3年（1560）、月山富田城で没した。墓は富田城の南麓、塩谷の奥にある。

晴久頓死により、嫡男・義久が跡をつぐが、新宮党亡き後、戦闘能力の激減した尼子氏は、山中鹿介を中心とする尼子十勇士の活躍も及ばず、ついに毛利の軍門に降ることになる。4年籠城したのち和睦の申し入れを受け降伏、長年難攻不落を誇った富田城も永禄9年（1566）、ついに落城した。

戦国時代の初め頃には中国地方の覇者であった尼子氏は、こうして事実上滅亡することとなった。義久は幽閉された後、晩年は僧となって余生を送った。

尼子氏が盛衰の地となった月山富田城。月山の北側平地部には山中御殿と呼ばれる総石垣の曲輪があり、近世期には城主の居館があったと考えられている。

武将DATA

生没年	永正11年（1514）～永禄3年（1560）
出身地	出雲国
幼名	三郎四郎、詮久
通称	―
主な官位	民部少輔、修理大夫
拠点（主な居城）	安来市広瀬町、月山富田城

武将印

尼子再興に尽くした悲運の武将

山中鹿介

やまなか しかのすけ

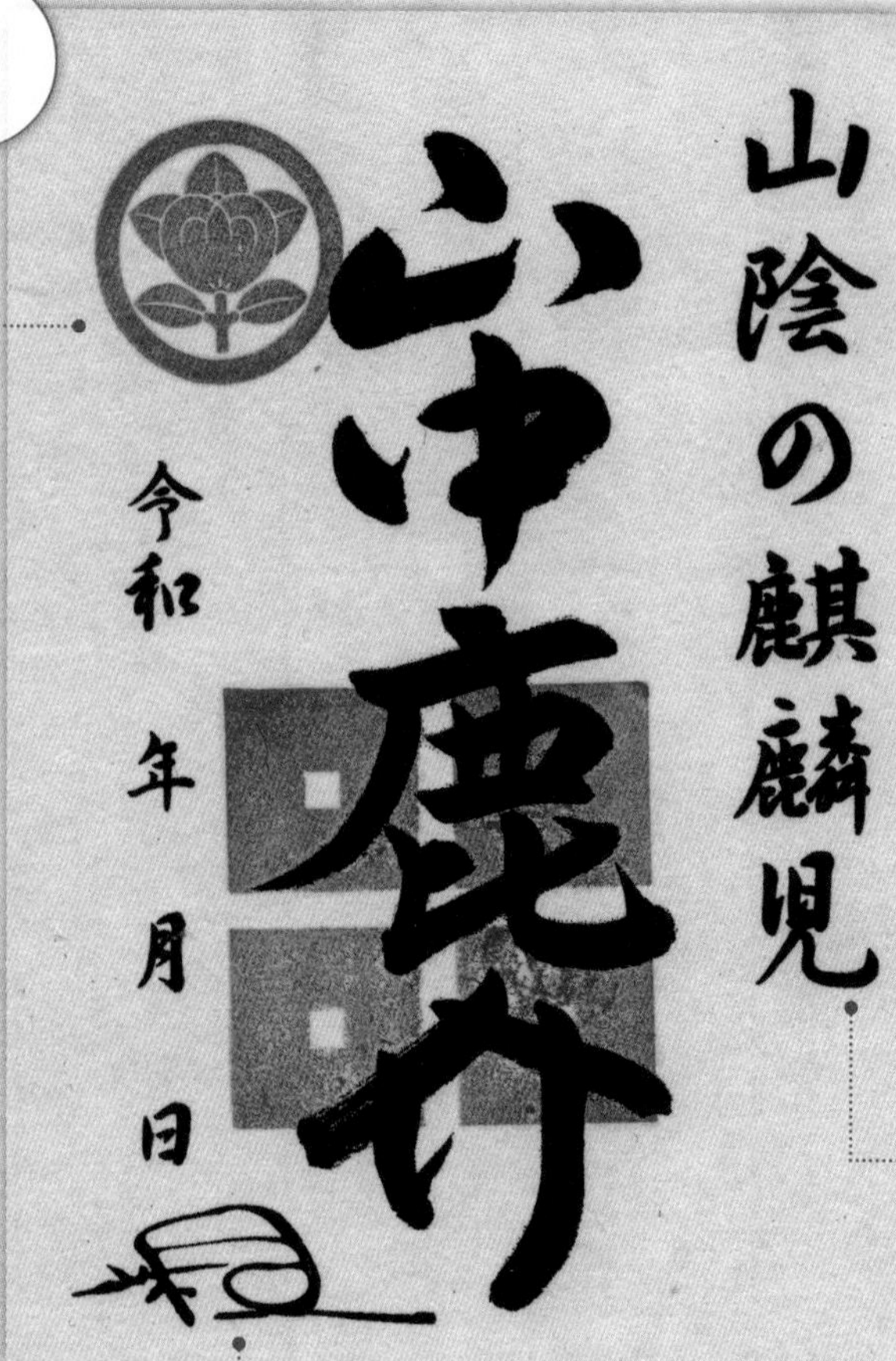

❶尼子氏の再興を願い戦った鹿介は、山陰の麒麟児と言われた。

❷用紙は地元広瀬町の手漉き和紙（広瀬和紙）を使用。

❸左上に山中氏の「橘紋」の印、中央に尼子氏の「平四ツ目結紋」の印を押印。

❹左下には山中鹿介の花押が押されている。

頒布場所DATA

販売場所	安来市立歴史資料館
販売料金	300円（税込）

尼子家再興のため奔走し三日月に祈った逸話で有名

山中鹿介は、出雲富田庄（島根県安来市）の出生という説があるが、諸説ある。尼子氏の家臣で本名は幸盛という。

永禄6年（1563）、本格的に尼子討伐に乗り出した毛利元就は、3万の大軍を率いて尼子氏の領内に攻め込んできた。毛利軍は尼子の拠城・月山富田城を囲み総攻撃を開始するが、断崖絶壁が多く難攻不落の堅城で知られる富田城は落城する気配もなく、一旦領国に撤退する。そして永禄9年（1566）、再び毛利元就は富田城を包囲。尼子軍は次第に食料が尽き始め、城内の士気も低下、逃亡する者が続出した。この合戦の中、いわゆる尼子十勇士の中心的存在であった山中鹿介は敵方の大将品川大膳を討ち取るなど善戦するが、ついに尼子義久は元就からの降伏の申し出を受けることとなる。

浪人となった山中鹿介らは、諸国を放浪しながら主家再建を図った。「新宮党」滅亡の際にただ一人落ちのび、京都の僧になっていた尼子勝久を尼子再興軍の総大将として擁立。尼子家再興の宿願を果たすべく領国奪回に奮戦する。

真山城（松江市）を中心に毛利軍と戦ったが捕えられ、隙をみて脱出し織田信長に助けを請う。その後、因幡国に進出し、およそ4年の間、武田高信を撃破、山名豊国を鳥取城に入れるなどの活躍をしたがまた上洛する。

天正6年（1578）、秀吉に従って播州上月城（兵庫県佐用町）に勝久と籠っていたが、毛利氏の猛攻を受け落城。勝久は自害、鹿介は捕えられ、護送中に備中甲部川にて殺害された。享年34とされるが異説もある。墓碑は高梁市落合町阿部のほか諸所にある。

こうして尼子氏繁栄百八十年の幕は閉じた。主家再興と出雲奪還に奔走した鹿介は、天下無双の勇士として後世人気を博した。自ら苦難を求め、「願わくば我に七難八苦を与えたまえ」と三日月に祈ったと言われている。

三日月に祈念した伝承を元にした、月山富田城の太鼓壇に立つ「山中鹿介幸盛祈月像」。

武将DATA

生没年	天文14年（1545）〜 天正6年（1578）
出身地	―
幼名	甚次郎
通称	鹿介
主な官位	―
拠点（主な居城）	安来市広瀬町、 月山富田城

武将印

家紋「橘紋」に、三日月に祈念した伝承に由来した三日月、武将を表す一字として「忠」が書かれている。

頒布場所DATA

販売場所	戦国魂オンラインショップ
販売料金	330円（税込）

御城印

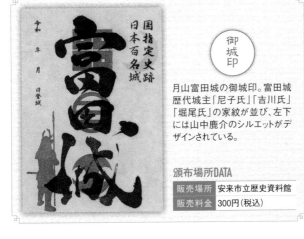

月山富田城の御城印。富田城歴代城主「尼子氏」「吉川氏」「堀尾氏」の家紋が並び、左下には山中鹿介のシルエットがデザインされている。

頒布場所DATA

販売場所	安来市立歴史資料館
販売料金	300円（税込）

武将印

❶中央に大友氏の家紋「杏葉」が配されている。

❷大友宗麟のイメージを「神」の一文字で表している。

❸左下には花押が配されている。

九州六ヶ国を支配したキリシタン大名

大友宗麟（おおとも そうりん）

武将DATA

生没年	享禄3年（1530）～天正15年（1587）
出身地	豊後国
幼名	塩法師丸、五郎、新太郎
通称	大友義鎮
主な官位	左衛門督、従四位下
拠点（主な居城）	臼杵城（大分県臼杵市）

頒布場所DATA

販売場所	戦国魂 オンラインショップ
販売料金	330円（税込）

キリスト教を保護し洗礼を受けた

室町時代後期に、大友氏第20代当主・大友義鑑（よしあき）の子として生まれた。元服後の名は義鎮（よししげ）。異母弟にあたる大友塩市丸（しおいちまる）を後継者に立てていた父が暗殺されると宗麟が家督を継ぎ、第21代当主となる。しかし、その後も塩市丸派の家臣が宗麟の暗殺を計画するなど、家内は不安定な状況が続く。

そのような中でも勢力を拡大し、宗麟は北九州一円を実質的に支配するようになる。幕府の信任を得て九州探題に就任した。この直後に休庵宗麟（きゅうあんそうりん）という法号を得て出家。しかし今山の戦いで敗れ、肥前国の征服に失敗。その後長男の大友義統（よしむね）に家督を譲って隠居すると、洗礼を受けドン・フランシスコと名乗った。

同年に島津義久（しまづよしひさ）が日向国に侵攻してきたのを受け、宗麟も出陣するも大敗。その後も領地内の反乱や、島津氏の九州全体への勢力拡大で衰退の一途をたどり、大友氏滅亡寸前まで追い詰められた。後に島津氏は豊臣秀吉による九州攻めで降伏するが、宗麟は58歳で病死した。

大友家の風神と呼ばれた武将

高橋紹運（たかはしじょううん）

武将印

❶中央に高橋氏の家紋「杏葉」が配されている。

❷島津の大軍を引き付け玉砕して時を稼いだその姿から「戦神」「乱世の華」の言葉が記されている。

❸高崎紹運のイメージを「風」の一文字で表している。

武将DATA

生没年	不詳～天正14年（1586）
出身地	筑前国
幼名	千寿丸
通称	三河入道紹運
主な官位	三河守
拠点（主な居城）	岩屋城、宝満城（福岡県太宰府市）

頒布場所DATA

販売場所	戦国魂 オンラインショップ
販売料金	330円（税込）

大友宗麟の命で高橋家を再興

大友氏の重臣として知られる吉弘鑑理の子で、はじめは鎮種、30代半ばで入道し、紹運と号する。高橋家には、大友一族の一万田弾正忠の弟が入って高橋鑑種と名乗っていたが、大友家に謀反を起こしたため、大友宗麟が追放。紹運を高橋家に入れて、岩屋城・宝満城を守る筑前高橋家を再興することとした。

天正14年（1586）、筑後を制圧した島津氏が大軍を率いて岩屋城・宝満城のある大宰府に迫り、紹運に降伏を勧めた。当初は降伏条件の調整を行って引き延ばしたが、結局籠城して降伏を拒んだ。島津勢は一ヶ月以上城を包囲し、最終的には本国の残留部隊まで呼び寄せ落城させた。

紹運は自害し、享年39であった。隣接する宝満城もすぐに降参した。しかし、この戦闘のため島津主力軍も大打撃を受け、以後積極的な軍事活動を行えなくなる。紹運の息子・立花宗茂の守る、筑前北部の再大拠点である立花城を攻め落とすことはできず、豊臣秀吉の九州来攻を容易なものとした。

武将印

上杉謙信

うえすぎけんしん

正義感あふれる義に厚い武将

生を必するものは死し
死を必するもの生く
上杉謙信
令和　年　月　日

❶川中島の戦いの前に兵を鼓舞するために言ったとされる上杉謙信の名言。

❷中央には上杉氏の家紋「上杉笹（竹に雀）」が配されている。

❸右下には花押が配されている。

頒布場所DATA

販売場所	真・戦国丸
販売料金	300円（税込）

武田信玄の永遠のライバル

「毘沙門天の生まれ変わり」や「越後の龍」と呼ばれる上杉謙信は、越後の守護代長尾為景の末っ子として生まれた。初名は「景虎」だが「政虎」「輝虎」と主君や将軍から拝領した一字を用いて幾度か名を変えている。「謙信」は後に称した法号である。

もともとは、長男の晴景が家督を継いでいたが、晴景は体が弱く、度重なる家臣たちの反乱に負けて、寺に預けられていた謙信が呼び戻された。そして、見事に反乱を鎮圧したことで、兄に代わって上杉家の当主となった。

謙信は信心深く、毘沙門天を熱心に信仰していた。その神の加護を受けるために、生涯独身を誓い、それをまっとうした。そのため、謙信には子がおらず、このことが死後に争いの火だねともなった。

また、大変仲間思いの正義感溢れる人物でもあり、人生で経験した戦のほとんどが、誰かに助けを求められてのものだった。

謙信が関東の政治を司る関東管領につくことになったのも、上杉憲政が北条氏康に追われて助けを求めてきたことがきっかけ。

御城印

春日山城の御城印。上杉軍総攻撃を命じる時にのみ本陣に立てられたといわれる「懸り乱れ龍の旗」から、中央に「龍」の一字が配されている。

頒布場所DATA

販売場所	上越市埋蔵文化財センター
販売料金	300円（税込）

このときに、憲政を保護して北条家を攻めたことで上杉姓を与えられて、関東管領を継ぐことになった。

謙信の人の良さは、生涯のライバルとなる武田信玄（たけだしんげん）とのエピソードでも垣間見られる。武田信玄が今川氏（いまがわ）・北条氏（ほうじょう）と組んでいた同盟にヒビが入ると、両者の企みで塩の輸送を止められる事態に陥った。それを知った謙信は、「戦いとは刀でするものだ。農民たちを苦しめてはならない」といい、信玄に塩を送ったという逸話が残っている。これが「敵に塩を送る」の語源といわれる。

また、信玄が亡くなると謙信は涙を流して悲しみ、「今のうちに甲斐を攻めるべきだ」という家臣の声には耳を傾けなかった。そんな人徳の厚い謙信は、無類の酒好きだった。戦中も馬に乗りながら酒が飲めるようにと、特注の盃を作らせるほどで、酒で口をうるおしてから出陣するという逸話も残っている。それが祟って、関東進出を決めた直後に病死。死因は、酒の飲みすぎからくる脳溢血だったのではないかといわれている。

春日山城の中腹に立つ謙信公像。

上杉謙信の居城として知られる春日山城（新潟県上越市）。自然の地形を利用した堅固な城塞で、日本五大山城の一つに数えられる。

武将DATA

生没年	享禄3年（1530）～天正6年（1578）
出身地	越後国
幼名	虎千代
通称	長尾景虎
主な官位	関東管領
拠点（主な居城）	春日山城

武将印

❶「業政」は地元では昔から使われている。正確には山内上杉の家臣だが、菩提寺の長純寺などの解説にならい「執権」と書かれている。業正の通り名「上州之黄斑」（黄斑は虎の意味）。

❷書は地元の書家石田渓雲氏、イラストは川島健太郎氏によるもの。

❸中央には長野氏の家紋「桧扇」が配されている。

武田信玄に警戒された知将

長野業正

ながの なりまさ

頒布場所DATA

販売場所	箕輪城跡駐車場
販売料金	300円（税込）

西上野最大の軍団を組織

武田信玄のライバルといえば上杉謙信だが、もう一人一目置かれる知将がいた。それが長野業正だ。軍記物語などでは「智仁勇兼備の名将」とたたえられ、武田信玄の侵略を6度も払いのけている。

天文15年（1546）の河越合戦で、仕えていた関東管領・上杉憲政が北条氏に敗れると、憲政は汚名返上のために、度重なる戦で弱っている武田軍を攻めようと考えた。そこで業正は、武田を攻めることには賛同できないと諫言したが、憲政はその言葉を無視して武田軍を攻めて大敗してしまった。

この話を聞いた信玄は、業正の才能を認めて、直接攻撃することはなかったと伝わる。

このほかに、業正の大きな功績としては、「箕輪衆」という一大勢力を結束したことがあげられる。これは、上杉憲政が北条氏との戦いで退却した際に、北条・武田連合軍と対抗するために、上杉家復興を夢見る武士たちを集めて作った軍団で、業正の居城であった箕輪城にちなんで「箕輪衆」と名付けられた。

娘たちを嫁がせることで親類関係となり、箕輪衆を西上野一の軍団にした。永禄（えいろく）3年（1560）に、上杉憲政と上杉謙信が関東に出陣した際には、業正も箕輪衆を引き連れて参戦した。

上杉家の復興も近いと思われたが、武田信玄との戦いが本格化する一歩手前の永禄4年（1561）に、63歳で病死した。

長野業正は亡くなる前に息子の業盛（なりもり）に、「自分は命を惜しまずに、上杉家の再起を願って仕えてきた。もし、私が亡くなっても、塔婆を建てたり、仏事を行ったりしてはならない。また、絶対に相手方に漏らしてはならない。最後まで戦って死ぬことが親孝行だと思ってほしい」と伝えたという。

業盛は遺言通り、業正の死を知り、絶好の好機を逃さんとばかりに襲ってきた武田軍の侵略に必死に抵抗して、最終的には自害して忠義をまっとうした。

御城印

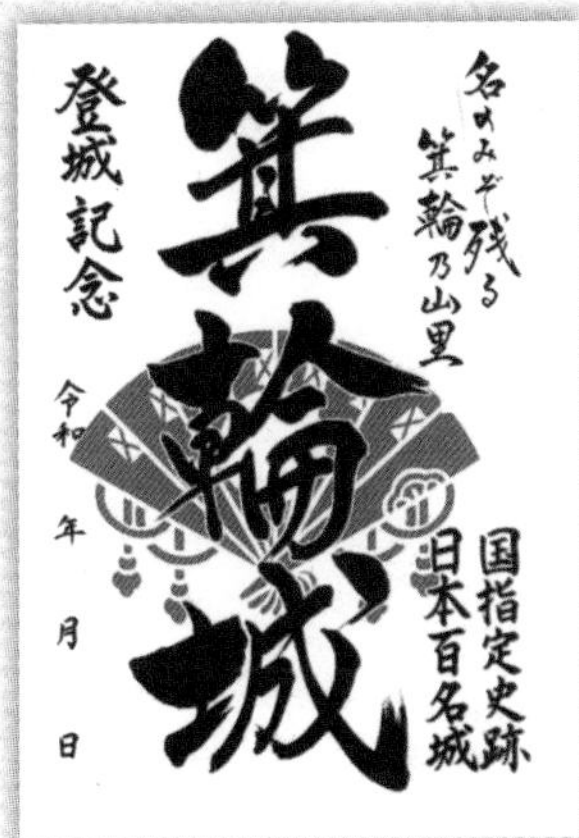

長野業正の武将印とともに、箕輪城ふれあい市にて販売されている箕輪城の御城印。

頒布場所DATA

販売場所	箕輪城跡駐車場
販売料金	300円（税込）

平成28年に復元された箕輪城跡の郭馬出西虎口門。2階建ての櫓門（やぐらもん）で幅5.73m、奥行き3.48m、高さ6.48m。平成14年の発掘調査によって推定された。

武将DATA

生没年	明応8年（1499）～永禄4年（1561）
出身地	上野国
幼名	―
通称	一盛斎
主な官位	信濃守
拠点（主な居城）	箕輪城（群馬県高崎市）

武将印

宇佐美定満

うさみ さだみつ

重臣として仕えた上杉四天王の一人

❶宇佐美氏の家紋「三つ瓶子」が配されている。

❷宇佐美定満を一字で表した「軍」の字が描かれている。

頒布場所DATA

販売場所	戦国魂 オンラインショップ
販売料金	330円（税込）

謙信の軍師・宇佐美定行のモデル

宇佐美定満は、越後の上杉家に仕える一族の出身で、長らくの間、長尾為景と敵対していた。

享禄4年（1531）に、為景と弟の定憲の間で越後享禄・天文の乱が起こると、定満は定憲派として参戦。翌年の戦いでは、為景を脅かすほどの戦いぶりを見せるが、結果的には為景軍の勝利となり、この戦いには幕が下りた。

それと同時に為景は隠居に入り、定満は為景の嫡男の晴景に仕えることとなるが、元より体の弱かった晴景が隠居に入ると、天文17年（1548）に家督を継いだ景虎（上杉謙信）に仕えるようになった。そして、景虎と対立していた長尾政景の監視役を務めた。

天文20年（1551）には、景虎に反抗していた政景との戦いで武功を挙げるなどの功績を残している。

永禄7年（1564）には、高齢となっていた定満に、景虎が政景の謀殺を示唆したという説もある。後にいう「野尻池事件」だ。

新潟県柏崎市の鵜川にある琵琶島城址。

武将DATA

生没年	不詳〜永禄7年（1564）
出身地	越後国
幼名	―
通称	琵琶島殿
主な官位	信濃守
拠点（主な居城）	越後琵琶島城（新潟県柏崎市）

定満が政景を野尻池に誘い出して、船遊びの最中に船が転覆して、二人とも溺死したと伝わっている。

これをきっかけに宇佐美家は没落することになった。一族の中から御家再興を願い出る者もいたが政景の息子の上杉景勝が、それを許さなかったという。

定満は後世になってから、上杉謙信の軍師の宇佐美定行の名で広まることとなる。

宇佐美定行とは、上杉家にまつわる軍記物で、上杉謙信の参謀として活躍した人物だ。

しかし、その実態はなく、定満の孫に当たる定祐が、徳川頼宣に仕えて紀州藩にいた際に、定満をモデルにした「宇佐美駿河守定行」という架空の武将を創りだしたと伝わっている。

宇佐美家の居城だった越後琵琶島城には、後に何人かの武将が入城したが、慶長3年（1598）上杉景勝の会津転封に伴って廃城となった。

現在、跡地には高校が建ち、校庭の隅には琵琶島城跡地を伝える記念碑がひっそりと建っている。

前田利益

まえだ とします

気ままに生きた戦国一のかぶき者

武将印

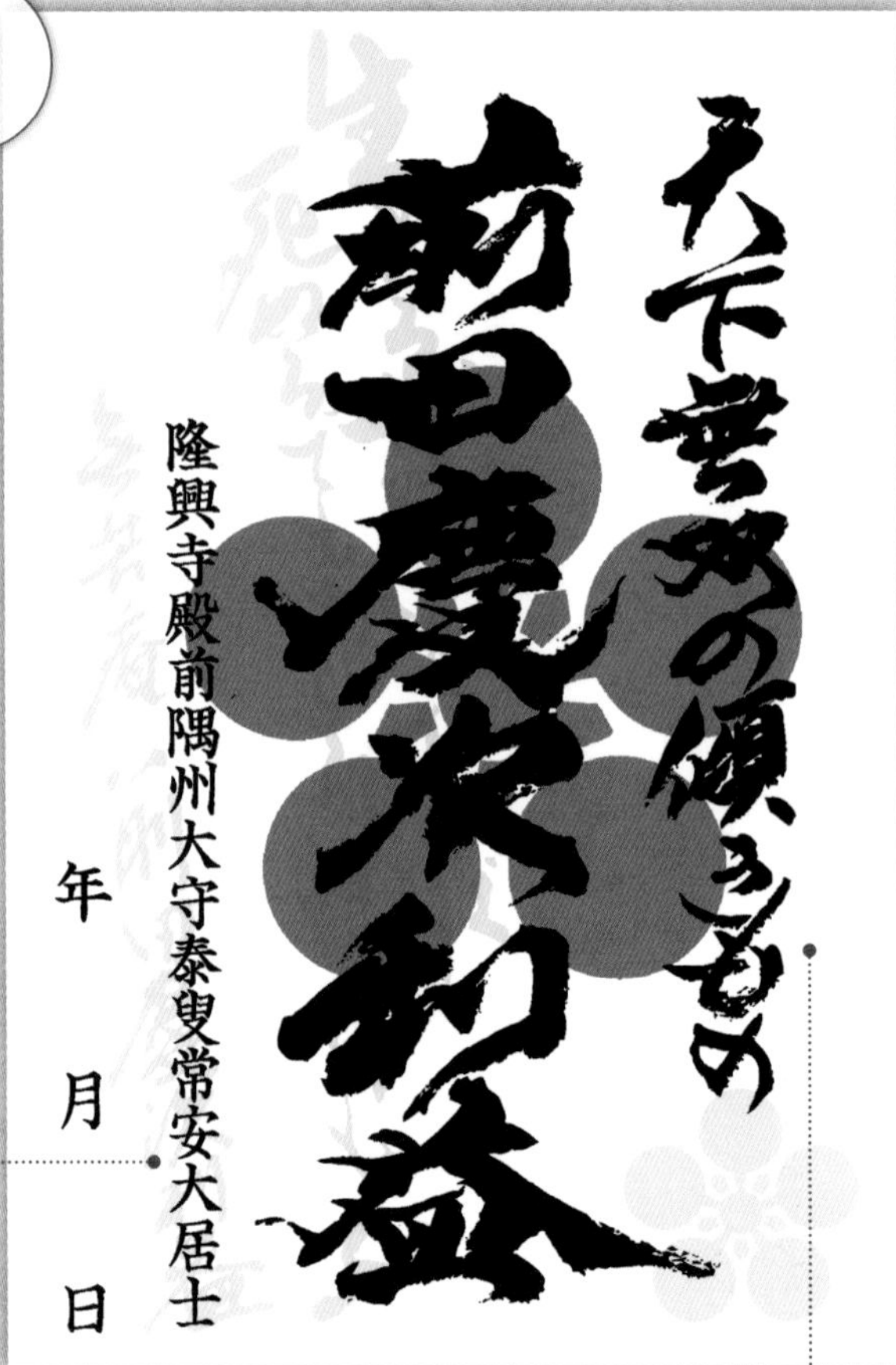

天下無双の傾きもの
前田慶次利益
隆興寺殿前隅州大守泰叟常安大居士
年 月 日

❶利益を一言で表す「天下無双の傾きもの」と書かれている。

❷中央には前田氏の家紋「加賀梅鉢」が配されている。

❸前田利益の戒名が書かれている。

頒布場所DATA

販売場所	紀州九度山真田砦
販売料金	200円（税込）

放浪後、上杉家臣に

戦国一のかぶき者として知られる前田利益は、前田利家の兄の養子として育った。本来なら、家督を養父の利久が継ぐはずだったが、主君の織田信長と気の合う利家が継ぐことになったため、利益親子は複雑な立場に置かれた。「米沢人国記」によると、国を追い出された利益は、京都で暮らしたとされる。

京都の暮らしの中で、利益は公家などと交流を持ち、武芸や歌に茶の湯といった芸に親しんだ。茶道は千利休七哲である伊勢松坂城主の古田織部に教わり、皆伝を受けたほどだった。

天正10年（１５８２）に本能寺の変が起きると、利家は能登を与えられ、利益親子も利家に従ったが、利家と利益はそりが合わなかったため、天正15年（１５８７）に利久が亡くなると、利益は利家に反発するようになった。

天正18年（１５９０）の小田原攻めでは、利家が北陸道軍総督に任命されたために、利益も従って出陣したが、同年に前田家を離れて、再び京都に身を置いた。

武将印

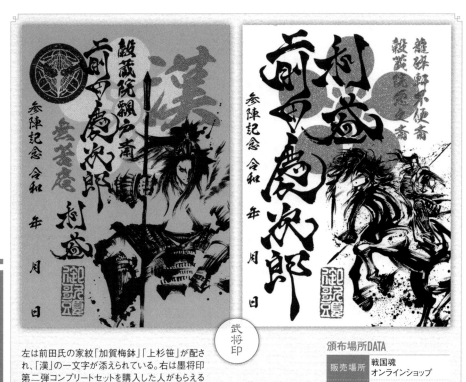

左は前田氏の家紋「加賀梅鉢」「上杉笹」が配され、「漢」の一文字が添えられている。右は墨将印第二弾コンプリートセットを購入した人がもらえる非売品。

頒布場所DATA

販売場所	戦国魂 オンラインショップ
販売料金	330円（税込）

武将DATA

生没年	天文2年（1533）～ 慶長17年（1612） （慶長10年死没説もあり）
出身地	尾張国 （愛知県名古屋市）
幼名	宗兵衛
通称	慶次
主な官位	―
拠点 （主な居城）	尾張、加賀、米沢

貴族や文人と交流する毎日を過ごす中で直江兼続と知り合い、上杉景勝に近づいた。そこで見た景勝の男らしさや生き様に惚れ、上杉家に仕えることとなった。

豊臣秀吉が亡くなると、徳川家康から謀反の疑いをかけられた景勝との間が一触即発状態となり、兼続の送った直江状がきっかけで家康が会津征伐を開始。その後、石田三成が打倒家康を掲げて出兵したため、そのまま関ヶ原の戦いへと流れ込んだ。

利益は、この戦いで西軍につき長谷堂城の戦いに身を投じた。激闘を続ける中で、西軍敗戦の知らせを聞くと、上杉軍も撤退することとなり、利益は殿をつとめて迫ってくる敵をなぎ倒していった。その結果、上杉軍からケガ人は一人も出なかったといわれる。

敗戦後、上杉家は領土を没収されて、会津120万石から米沢30万石となった。利益は、米沢の堂森山付近に庵をかまえて、慶長17年（1612）に亡くなったという。

武将印

足利義輝

あしかが よしてる

数々の和平を取り持つ知勇に優れた将軍

❶中央には足利氏の家紋「丸に二つ引両」が配されている。

❷左右には花押と義輝を表す「征」の一字が配されている。

❸剣豪将軍といわれた義輝を表している。

頒布場所DATA

販売場所	戦国魂 オンラインショップ
販売料金	330円（税込）

「天下を治むべき器用あり」

室町幕府第13代将軍。在職期間は天文15年（1546）～永禄8年（1565）。父は12代将軍足利義晴。元服すると将軍職につき、父義晴の補佐を受けた。

当時、細川晴元・六角定頼が義晴父子を擁立していたが、一時細川氏綱・畠山政国・遊佐長教らと結んだ。そのため、晴元に京都を追われるも、翌年和睦する。天文18年（1549）には晴元が三好長慶に敗れたため、ともに近江に逃れて坂本常在寺に滞在した。義晴の没後は堅田へ、その後朽木に移り、天文21年（1552）にようやく京都に還り、氏綱・長慶らに擁立された。しかし翌年、細川晴元に属して再び朽木に逃れ、以来5年間をそこで過ごした。

永禄元年（1558）には六角義賢による仲介で長慶と和し、京都に帰還。近衛稙家の娘を娶り、2年後には新邸に移った。こうして地位を安定させた後は、諸国の大名と親交を深め、権威の回復に努めた。

永禄2年（1559）には織田信長、長尾景虎（上杉謙信）の謁見を許し、景虎には鉄砲を贈って優遇した。一方、豊後の大友義鎮を筑前・豊前守護に、毛利隆元を安芸守護に、さらに父元就とともに相伴衆に任命。三好長慶・義興父子と松永久秀らには桐紋を与えて懐柔し、また長尾景虎と武田晴信（信玄）との講和や伊東義祐・島津貴久・大友義鎮の三和、毛利元就・大友義鎮の講和、上杉輝虎（謙信）・北条氏政・武田晴信の三和をも勧め、政治的手腕を遺憾なく発揮した。『集古文書』では「当御所様一段御器用御座候」、『穴太記』では「天下を治むべき器用あり」などと記された、秀でた人物であった。

しかし永禄8年（1565）、三好長慶の没後に実権を奪った松永久秀らに急襲され、自害した。傍に抜刀を刺し立てて置いて、取替えて斬り合い、近臣とともに奮戦したと伝えられる。享年30。生母慶寿院も同日自害。末弟の鹿苑寺周暠は殺され、弟の奈良一乗院覚慶（足利義昭）は近江に逃れた。

『絹本著色足利義輝像』
（国立歴史民俗博物館所蔵）。

武将DATA

生没年	天文5年（1536）～ 永禄8年（1565）
出身地	京都南禅寺
幼名	菊幢丸
通称	―
主な官位	従五位下、正五位下・左馬頭、従四位下・征夷大将軍など
拠点 （主な居城）	二条城

桶狭間で散った「海道一の弓取り」

今川義元

御朱印

❶霊源院で出家した今川義元公生誕500年記念の限定御朱印。今川義元のイラストが描かれている。

❷今川義元の家紋「赤鳥」と「足利二つ引両」

❸霊源院の印も押されている。

❹今川義元公生誕500年を記念して作庭された「鶴鳴九皐」の名も書かれている。

頒布場所DATA

販売場所	霊源院本堂受付
販売料金	400円(税込)

領国運営に優れた手腕を発揮

今川氏の最盛期を築いた大大名。父は駿河を支配していた名家、今川家7代目の氏親、母は中御門宣胤の娘である寿桂尼。4人の兄がいたため家を継ぐ可能性は低く、幼時より出家して承芳と称し、僧侶太原雪斎から教育を受けた。しかし天文5年（1536）、家督を相続した兄・氏輝が病死したため、異母兄・玄広恵探と継承権を争って討ち負かし（花蔵の乱）、家督をついで義元と名乗った。

翌年、敵対関係にあった武田信虎の娘（信玄の姉）をめとり武田氏と同盟を結ぶ。そのため、従来同盟関係にあった北条氏との関係が悪化。北条氏綱に攻め入られるも、関東の上杉憲政と提携し挟撃して破った。後に、家督を継いだ信玄や北条氏とも手を組み、「甲相駿三国同盟」を成立させている。

同時に雪斎の助力を受けつつ、周辺国に軍を送り、西へと領地を拡大。その中で、当時尾張で勢いをつけていた織田信秀と幾度も争った。その際、織田家で人質生活を送っていた三河の松平竹千代（徳川家康）

と、戦でとらえた信秀の子とを交換し、松平家を従わせた。

駿河や遠江、三河も手中にして、順調に領地を広げたが、弘治元年（1555）に雪斎が病死すると、その勢いが衰え始める。永禄3年（1560）、信秀亡き後の尾張に2万5000の軍勢を率いて侵攻。尾張の桶狭間近くで休息中に、織田信長の奇襲にあって討死した（桶狭間の戦い）。

義元は京文化に精通し、領国運営においても優れた手腕を発揮。時代の変化に対応するべく、父・氏親が制定した「今川仮名目録」に二一ヵ条を追加し、法整備を進めた。また、商品流通経済にも目をつけ、伝馬制による商品流通の円滑化や金山の開発をはかり、商人頭を任命して商業を効率的に管理した。

義元の死後は子の氏真が家督を継ぐも、多くの家臣たちが離れていった。領地を治めるため、氏真は母の助けを借りようとするも、その母の実家である武田家から攻撃を受け、戦国大名としての今川家は滅亡した。

臨済宗大本山建仁寺塔頭 霊源院にある枯山水庭園「鶴鳴九皐」（かくめいきゅうこう）。今川義元公生誕500年を記念して作庭された。作庭は、足立美術館の庭園を作庭し「昭和の小堀遠州」と称された中根金作を祖父に持つ造園家の中根行宏氏、中根直紀氏。

武将DATA

生没年	永正16年（1519）～ 永禄3年（1560）
出身地	駿河国
幼名	方菊丸
通称	―
主な官位	治部大輔
拠点 （主な居城）	駿府城

武将印

忠義を通して信長と敵対する
浅井長政（あざい ながまさ）

けふもまた尋ね入りなむ
山里の花に一夜の宿はなくとも
浅井長政
令和 年 月 日

❶長政が詠んだ辞世の句が書かれている。

❷中央には浅井氏の家紋「三つ盛亀甲」が配されている。

❸右下には長政の花押が配されている。

頒布場所DATA

販売場所	真・戦国丸
販売料金	300円(税込)

信長の越前攻めで同盟を破棄

織田信長の妹のお市の方の夫としても知られる浅井長政は、六角氏の支配下にあった北近江に生まれ育った。この支配関係から抜け出すために、永禄3年（1560）に、長政は反旗を翻した。初陣の野良田の戦いで六角氏を討つと、浅井家の家督を継いだ。長政のうわさは織田信長にも届き、妹のお市との結婚と引き換えに織田家と同盟を組むことを提案。政略結婚ではあったが、夫婦仲は良好で、長政とお市との間には茶々、初、江と3人の姉妹が生まれた。信長にも大変可愛がられて、家同士の関係も悪くはなかった。

しかし、元亀元年（1570）に、信長が同盟を組んだ際に交わした「朝倉家を攻めない」という約束を破ってしまう。朝倉家とは、織田家と同盟を組むよりも前からの付き合いだが、織田家は妻の実家。敵対する両家の間に挟まれて究極の選択を迫られた長政は、朝倉家を選び、織田家と戦うことを決意した。

金ヶ崎の戦いでは、朝倉家に攻め入る信長の背後をついて一度は撤退させるが、姉川の戦いでは形勢逆転して、浅井・朝倉軍は、織田・徳川軍に敗北。その後も、三好三人衆や大坂本願寺などと組んで、浅井家と織田家との戦いは続いたが、織田家を破ることはできなかった。

小谷城跡の黒金御門跡（滋賀県長浜市）。

元亀2年（1571）に、頼りにしていた比叡山が焼き討ちにあい、最後の頼みの綱は武田信玄だけとなった。しかし、信玄が急死したことで武田軍は甲斐に退却してしまい、信長は大軍を率いて長政を討つことにした。

天正元年（1573）に、長政は居城の小谷城を信長軍に囲まれてしまう。そこで、長政は妻と娘を城から出して信長の元へ送ると、自身は父の久政と城で自害した。

残った三姉妹の長女の茶々はのちに豊臣秀吉の側室に、次女の初は京極高次の正室に、三女の江は徳川秀忠の正室となり、浅井家の血は将軍家へとつながることとなる。

武将DATA

生没年	天文14年（1545）～ 天正元年（1573）
出身地	北近江
幼名	猿夜叉丸
通称	新九郎備前守
主な官位	贈従二位中納言
拠点 （主な居城）	小谷城

姉川古戦場に建つ「姉川戦死者之碑」（滋賀県長浜市）。

沼田景義

ぬまた かげよし

摩利支天の再来と恐れられた勇将

武将印

❶景義が「摩利支天の再来」と恐れられていたことにちなみ、中央には三面六臂で猪に乗った摩利支天の図像が描かれている。

❷２０１８年12月に「武将印」と名付けて全国で初めて店舗販売が行われた武将印。

❸景義は真田昌幸の命で、金子泰清らに謀殺された。これにより沼田氏は断絶した。

❹右下には沼田氏の家紋「三つ巴」が配されている。

頒布場所DATA

販売場所	松之屋
販売料金	200円～（税込）

真田昌幸の策で命を落とす

沼田景義は、上野国の沼田に生まれ「摩利支天の再来」と称された、沼田家最後の武将である。

元は父の沼田顕泰が城主として沼田を守っていたが、永禄元年（１５５８）に内乱が起こり、父とともに越後に亡命。沼田城は北条氏に奪われて北条方の沼田康元が城主となった。

しかし、永禄3年（１５６０）に、越後の長尾景虎（後の上杉謙信）が上野に出兵すると、その勢いで北条勢力が弱まったため、同年に景義は沼田衆をまとめる立場に復権した。

天正6年（１５７８）に上杉謙信が急死して後ろ盾をなくすと、次は由良氏の援助を受けて、沼田城奪還を目指して出兵した。

一方、沼田領を治めていた真田昌幸は、沼田氏旧臣で景義の伯父にあたる金子泰清に景義謀殺の命令を出した。その結果、天正9年（１５８１）、沼田城に誘い出された景義は、伯父の手によって命を落とし、沼田家は根絶。沼田城は、依然として北条氏と真田氏との間で取り合いが続いたが、豊臣秀吉の裁定により、北条氏領となる。その後、北条氏が滅亡すると、沼田城は真田の支配するところとなり、真田信幸（信之）が城主となった。

東国の有名武将が沼田城を奪い合った理由は、その立地にあった。北陸から関東へ続く要衝の地だったため、関東統一を目指した武田、北条、真田がこぞって欲しがったのだ。

現在、沼田城跡には、本丸、捨曲輪、二の丸、三の丸跡の一部が沼田公園として残っている。また、本丸跡には西櫓台と石垣、本丸堀の一部もあり、城の名残がある。公園内には、真田家にまつわる見どころが点在しており、真田と妻の小松姫の石像などもあるが、中には沼田家にまつわるスポットもある。それは、「平八石」といわれる岩で、捨曲輪の少し先にある。ここは、切り落とされた景義の首をさらした場所といわれ、今も残っている。

武将印

「摩利支天の再来」「沼田氏最後の主将」の文言と、沼田氏の家紋「三つ巴」、sinobu氏によるオリジナル武将キャラクターのイラストが描かれている。

頒布場所DATA

販売場所	松之屋
販売料金	200円～（税込）

武将DATA

生没年	?～天正9年（1581）
出身地	上野国
幼名	―
通称	平八郎
主な官位	―
拠点（主な居城）	沼田城（群馬県沼田市）

昌幸が景義の首を実検の後に載せたといわれる平八石。晒された首は、亡骸を葬った小沢城跡まで、飛んで行ったともいわれている。

戦乱を巧みに乗り切った武将

細川忠興

ほそかわ ただおき

武将印

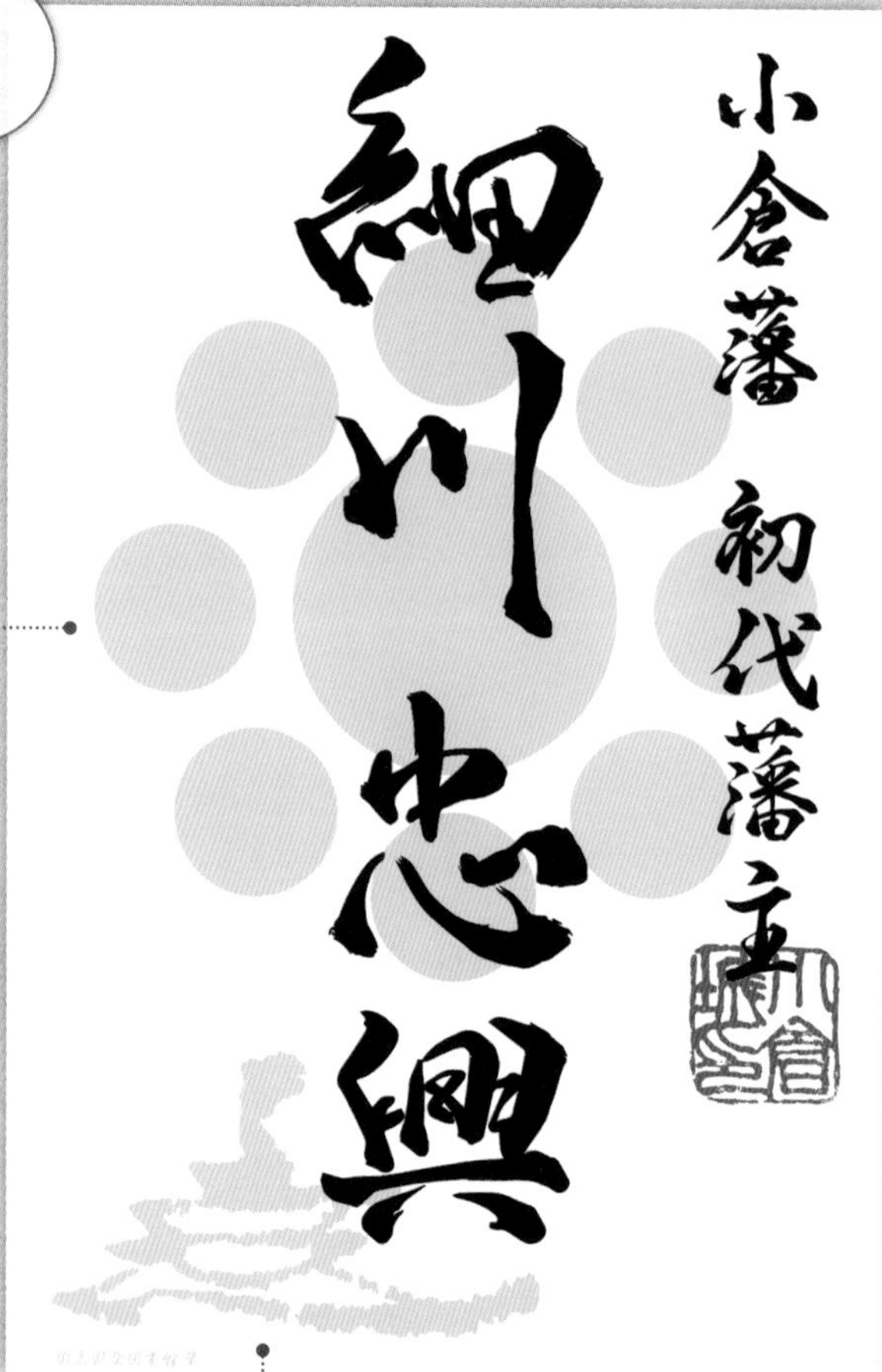

❶台紙には和紙を使用している。

❷中央には細川家の家紋「九曜紋」が押されている。

❸細川忠興公の花押が押されている。

頒布場所DATA

販売場所	小倉城通信販売、しろテラス
販売料金	500円（税込） 通販の場合は+500円

戦国の三英傑に仕えた

細川忠興は、織田信長、豊臣秀吉、徳川家康の三大武将に仕えた戦国武将で、豊前国中津・小倉藩・初代藩主の初代城主をつとめた。文武二道に秀でた細川藤孝を父に持ち、自身も利休七哲の一人に数えられる文化人として知られる。

幼いころから信長に気に入られており、長男「信忠」の諱字を授かり、天正6年（1578）には、明智光秀の末娘の玉と結婚した。

天正10年（1582）に岳父の光秀が「本能寺の変」を起こすと、藤孝・忠興親子は援軍の申し出を拒否。藤孝は田辺城に隠居すると同時に当主を忠興に譲り、忠興は玉を丹後国味土野に蟄居させて反光秀派であることを示した。

秀吉の元では、九州平定や朝鮮出兵に従軍して、左近衛少将、従三位参議に昇格。秀吉が亡くなると、石田三成と対立して東軍についた。この時に、大坂城に残していた妻の玉が西軍に捕えられ、人質となる代わりに自害してしまった。

関ヶ原の戦いが終わると、功績をたたえ

登城記念版
御城印
小倉城天守閣へ登城すると購入できる。小倉城公式の印が押されている。

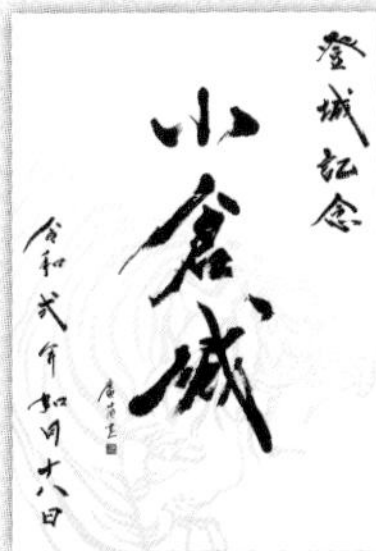

特別版御城印
「登城記念」版
小倉城天守閣へ登城すると購入できる。小倉城のシンボルである「迎え虎」をフィーチャー。世界的に有名な書家で小倉城公認アンバサダーでもある杉田廣貴氏が揮豪。

「プレミアム御城印」
杉田廣貴氏揮毫。黒の高級紙と金インクを使用している。

御城印

頒布場所DATA

販売場所	登城記念版はしろテラス限定。それ以外は通信でも販売。
販売料金	左から300円（税込） 400円（税込） 500円（税込） 通販の場合は+500円

られて豊前一国と豊後国国東郡および速見郡の合計約40万石が与えられた。また、中津城から小倉城に移り、小倉城の初代藩主となった。

慶長20年（元和元、1615）の大坂夏の陣にも参加したが、持病により寛永9年（1632）に隠居して、正保2年（1645）に83歳で亡くなった。

細川忠興といえば、妻の玉とのエピソードを無視することはできない。稀代の美男美女夫婦とたたえられた若夫婦は、互いに我の強い変わり者同士だったが、忠興の玉への愛は深かった。本能寺の変で、玉が謀反人の娘となった際にも、忠興は離縁を申し出ず、2人の男児を授かっている。

やがて人目を忍んだ生活に疲れた玉がキリスト教にのめりこむと、忠興はそれを反対したが、玉はそれを振り切り、キリスト教の洗礼を受けてガラシャという洗礼名も受けた。

大坂夏の陣で玉が自害すると、小倉で盛大な教会葬を開いて玉を見送り、忠興もそれに参列。以降、忠興は正妻を持たなかった。

小倉城は慶長7年（1602年）から7年の歳月をかけて完成された。石垣は野面積みで、天守閣は「唐造りの天守」と呼ばれている。

武将DATA

生没年	永禄6年（1563）～正保2年（1645）
出身地	京都
幼名	熊千代
通称	与一郎
主な官位	越中守、従四位下侍従、左近衛少将、従三位参議
拠点（主な居城）	中津城（大分県中津市）、小倉城（福岡県北九州市）

ゆざわ御城印プロジェクト

秋田県湯沢市小野で飲食店を営む藤森広大氏が制作・販売している御城印のプロジェクト。御城印だけでなく、現在はゆかりの武将印も販売されている。湯沢市内の飲食店などで購入でき、御城印の売り上げの一部は各地域づくりの団体へ寄付される。

頒布場所DATA

販売場所	やきとり居酒屋もみじ （郵送受付はmkkrf1220@docomo.ne.jp）
販売料金	300円（税込）

八口内貞冬
境目の城と呼ばれていた八口内城城主。中央には八口内氏の家紋。左下にはゆざわ御城印プロジェクト（PJ）之印。

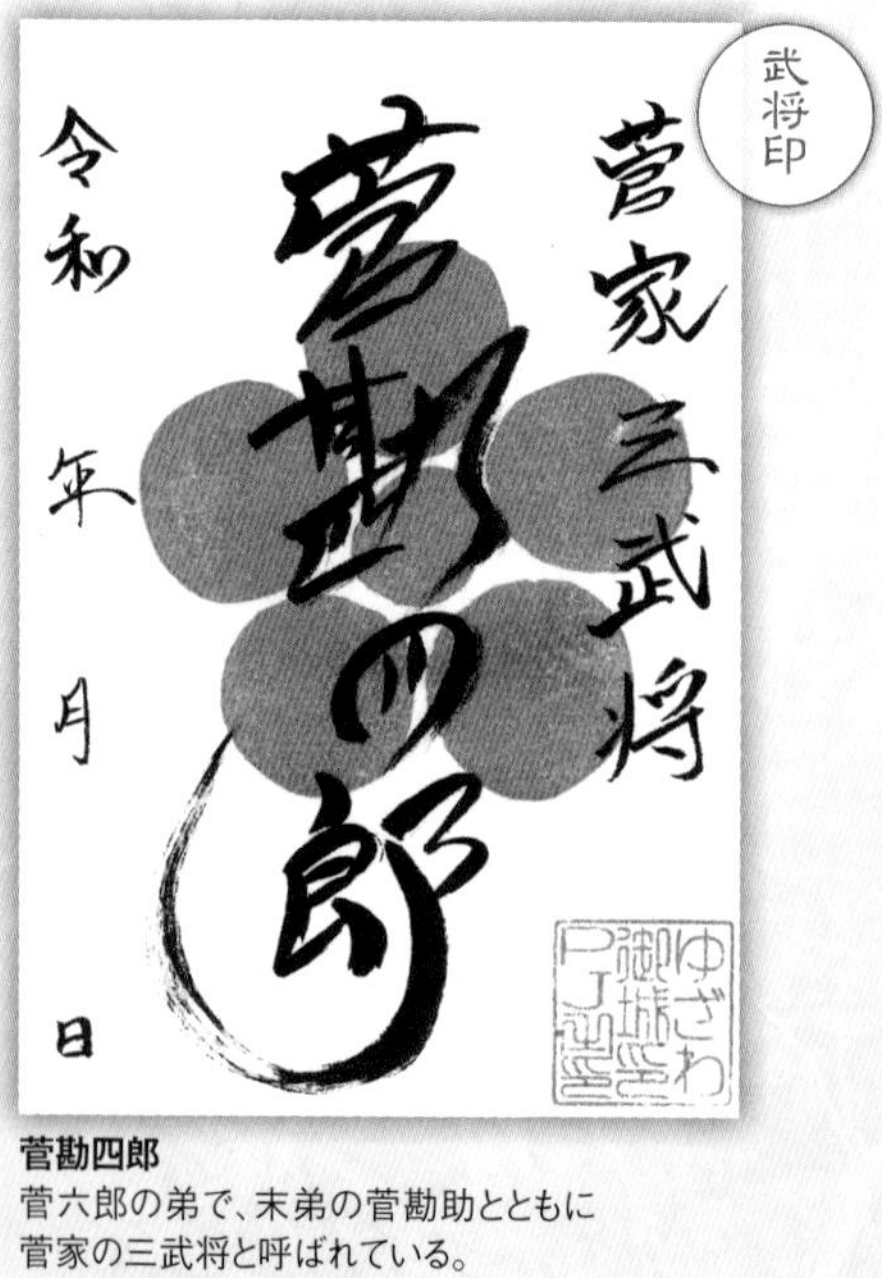

菅勘四郎
菅六郎の弟で、末弟の菅勘助とともに菅家の三武将と呼ばれている。

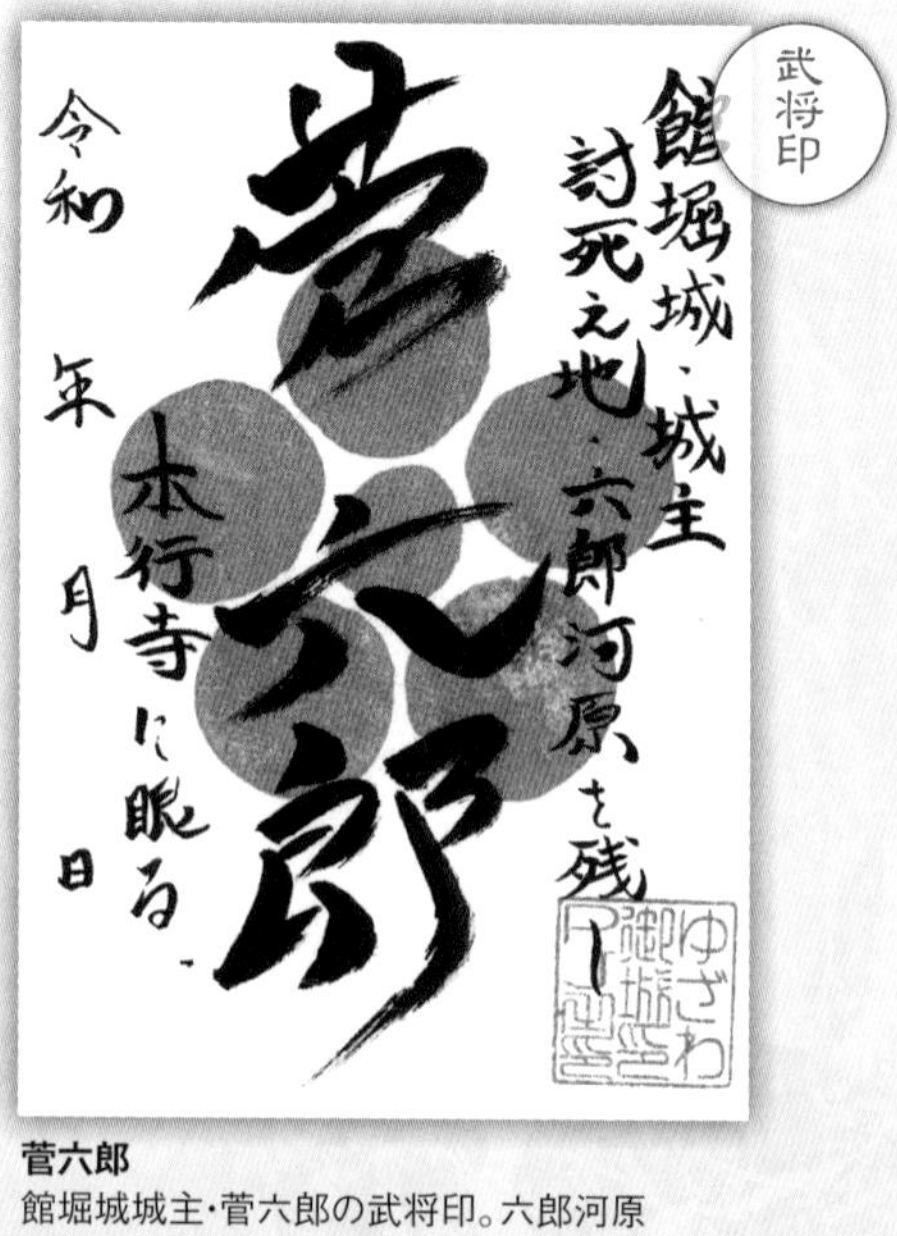

菅六郎
館堀城城主・菅六郎の武将印。六郎河原は現在も残る地名。本行寺という横堀地区にあるお寺にお墓がある。

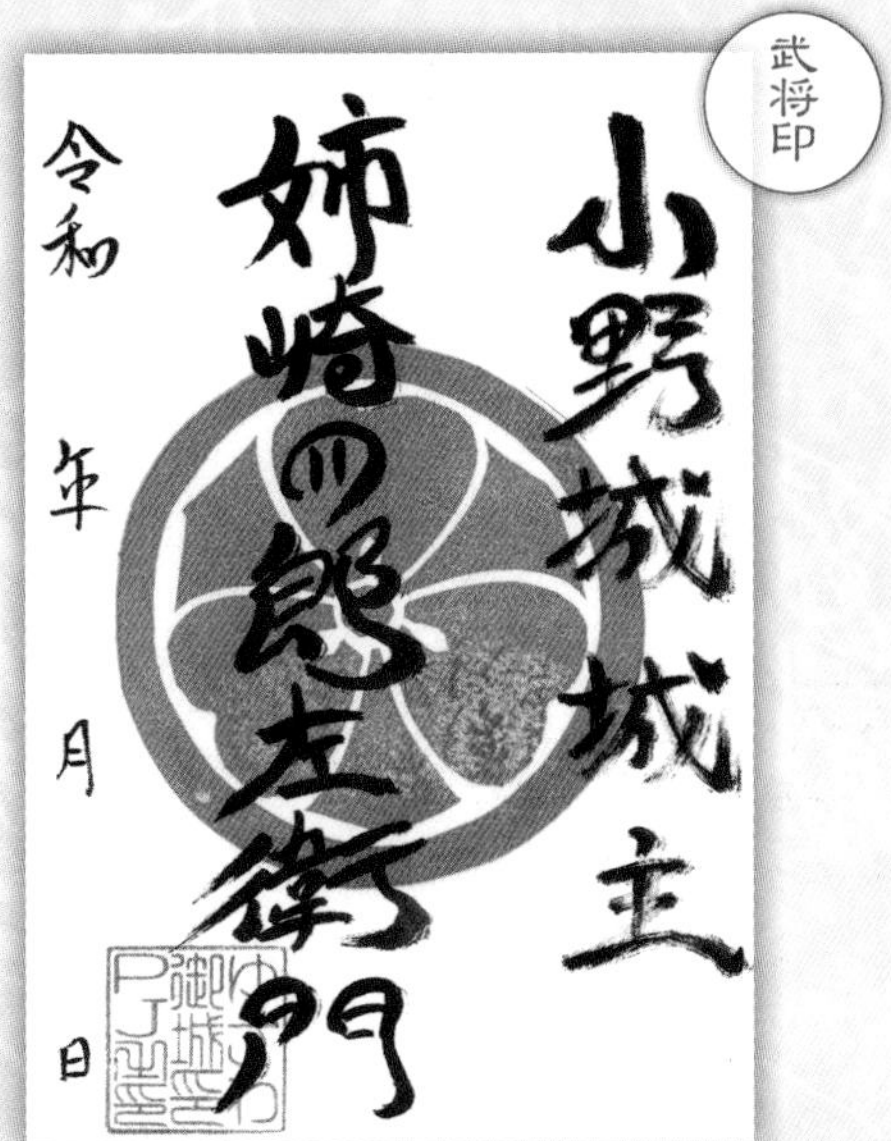

姉崎四郎左衛門
小野城城主といわれている武将。中央には姉崎家の家紋が配されている。

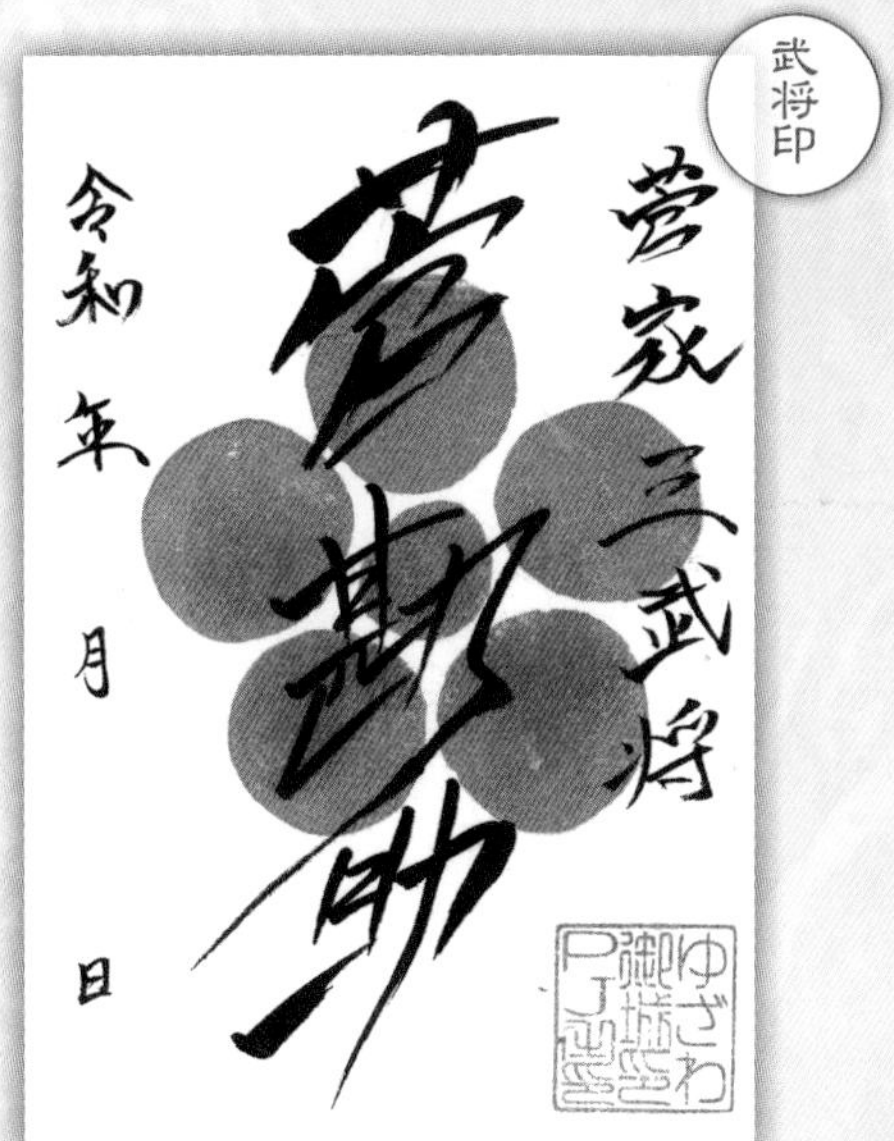

菅勘助
菅勘四郎と同じく、菅家の三武将と呼ばれている末弟の菅勘助。

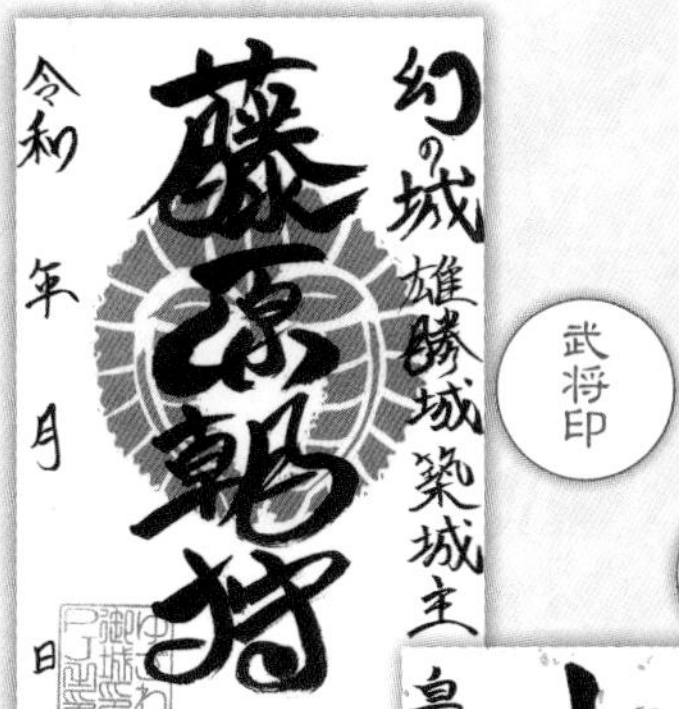

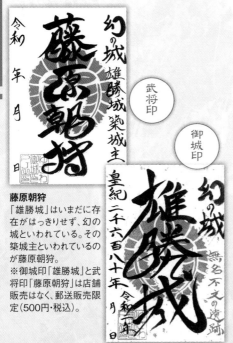

藤原朝狩
「雄勝城」はいまだに存在がはっきりせず、幻の城といわれている。その築城主といわれているのが藤原朝狩。
※御城印「雄勝城」と武将印「藤原朝狩」は店舗販売はなく、郵送販売限定（500円・税込）。

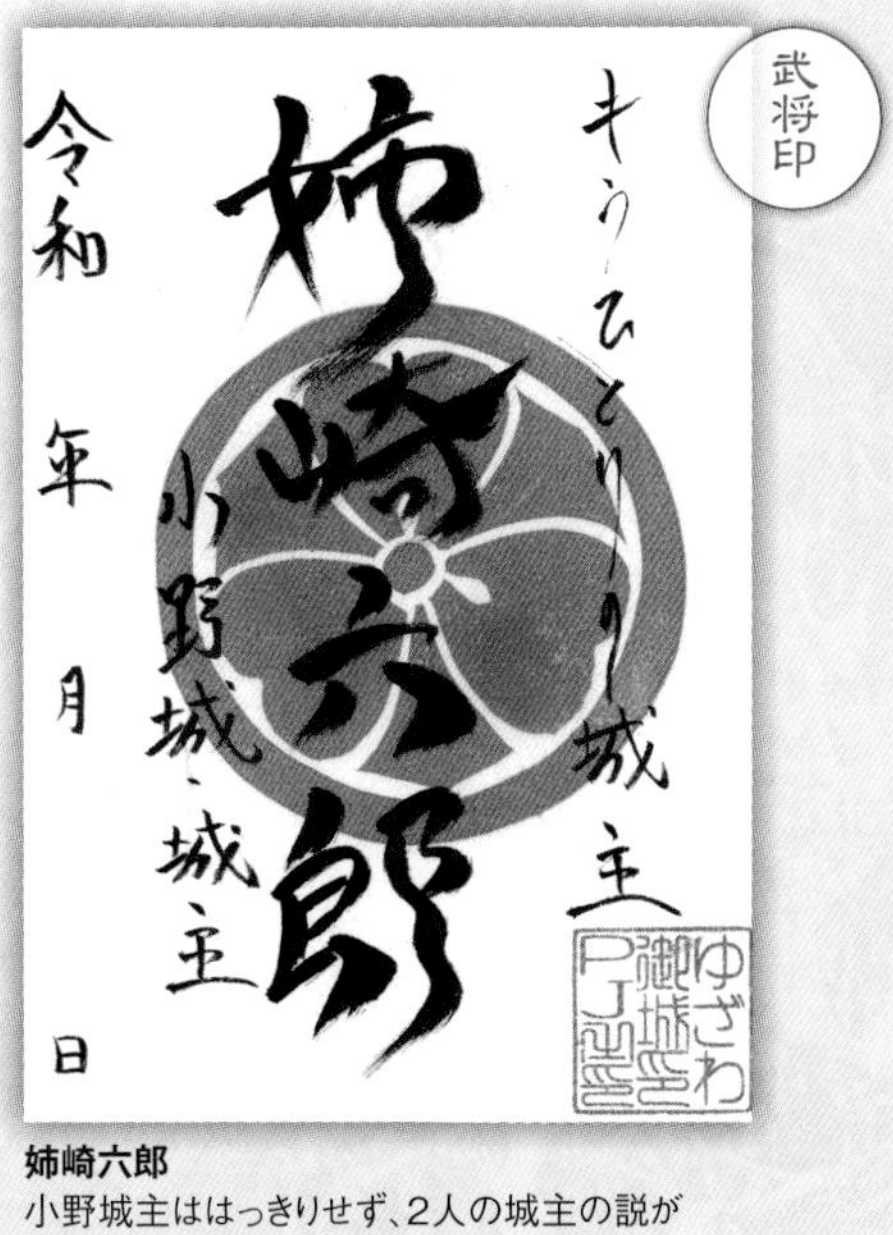

姉崎六郎
小野城主ははっきりせず、2人の城主の説があるので、もうひとりの城主と書かれている。

謎に包まれた最強の鉄砲の使い手

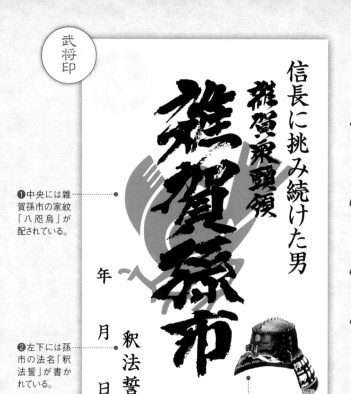

雑賀孫市（さいかまごいち）

武将印

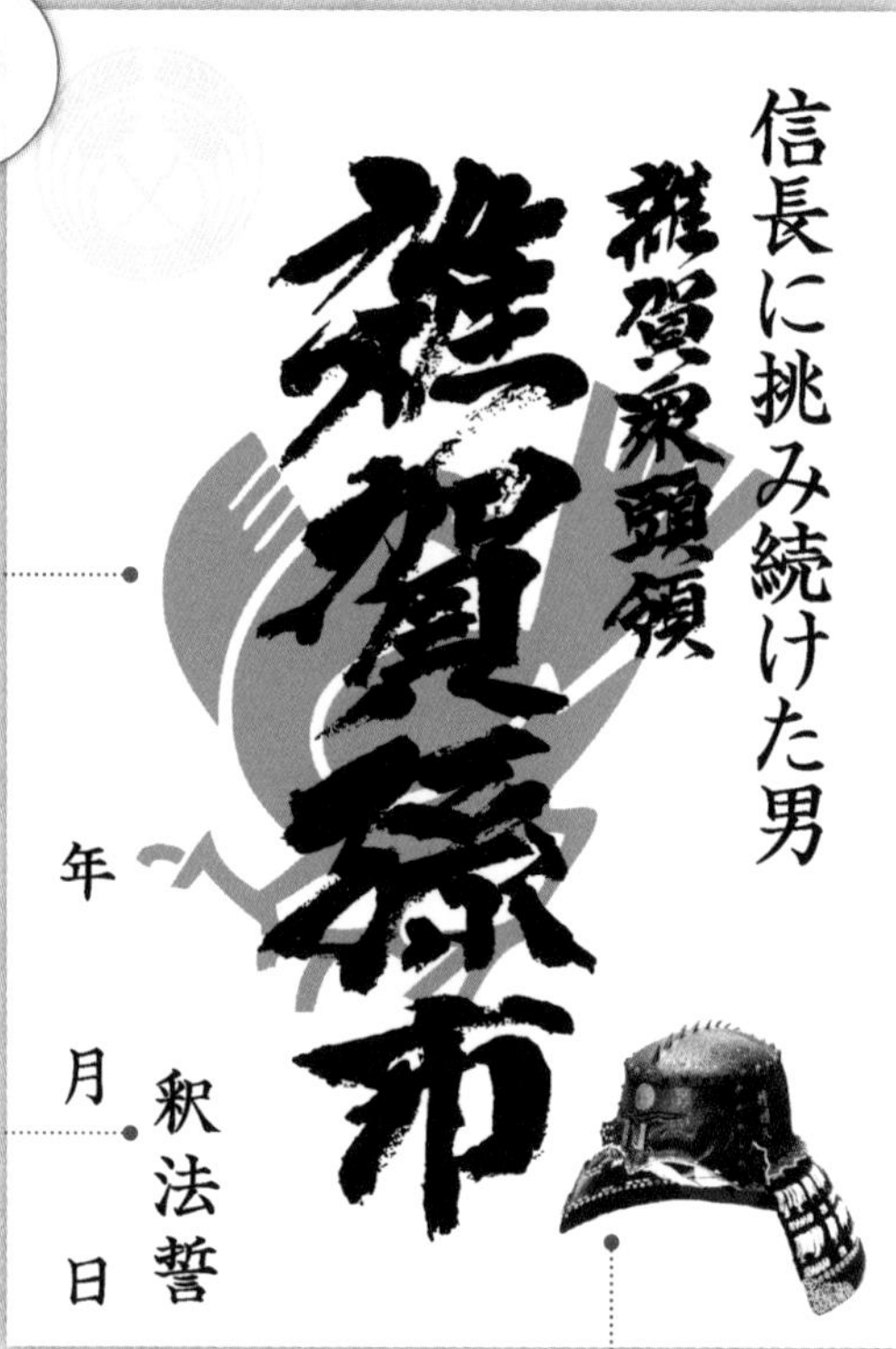

❶中央には雑賀孫市の家紋「八咫烏」が配されている。

❷左下には孫市の法名「釈法誓」が書かれている。

❸右下の兜は雑賀衆が着用したという「雑賀鉢」。

武将DATA

生没年	不詳
出身地	雑賀（和歌山県和歌山市）
幼名	—
通称	孫市
主な官位	—
拠点（主な居城）	雑賀（和歌山県和歌山市）

頒布場所DATA

販売場所	紀州九度山真田砦
販売料金	200円（税込）

信長をてこずらせた雑賀衆の頭領

無名の武士ながら、何度も織田信長に戦いを挑んだ鉄砲集団「雑賀衆」頭領の雑賀孫市。本名は鈴木孫一といわれているが、孫市や雑賀衆については謎が多く、「雑賀孫市」という名前は、雑賀衆の頭領が代々受け継ぐ名前とされている。

孫市は鉄砲の名手で、元亀元年（1570）に起こった石山合戦では、信長と対立。天正4年（1576）の天王寺の海戦、第一次木津川口の戦いなどで、自慢の鉄砲隊の戦力と戦略をもって信長を退けた。信長は、このときに打倒雑賀衆を決意し、翌年に、10万の兵を集めて雑賀攻めを開始した。

信長を苦しめた孫市は、天正17年（1589）に亡くなったとされているが、「雑賀孫市」の名前を継いだ者は、雑賀を追われた後に、豊臣秀吉に仕えたといわれている。

慶長5年（1600）の関ヶ原の戦いでは、西軍として参戦して、徳川家康の右腕の鳥居元忠を討ったという説もある。

美濃国最後の国主

土岐頼芸（ときよりのり）

武将印

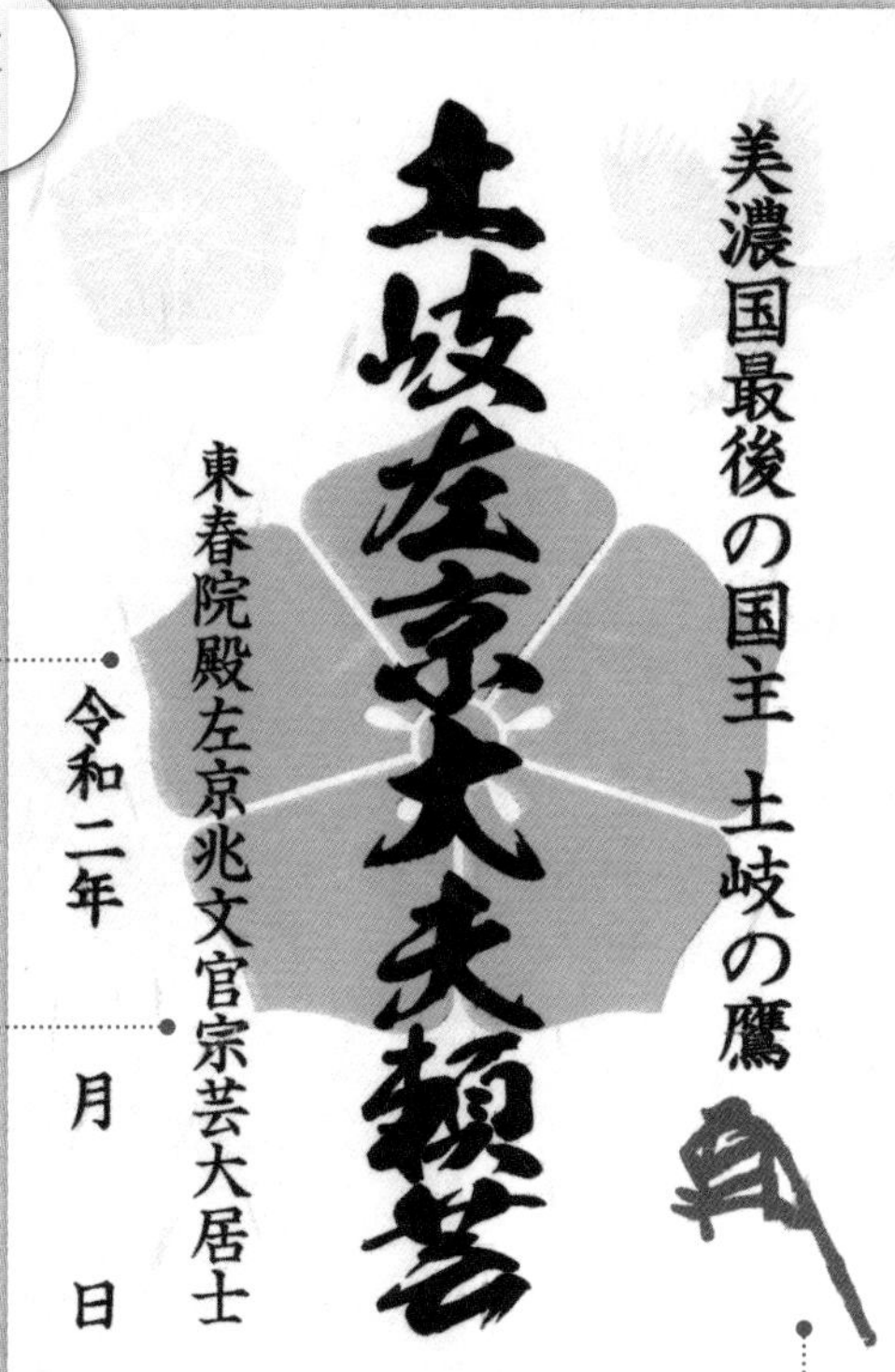

❶頼芸は斎藤道三に追放され美濃国最後の国主となった。頼芸が描いたといわれる「鷹図」は土岐の鷹と称されている。

❷中央には土岐氏の家紋「桔梗紋」が配されている。

❸頼芸の戒名「東春院殿左京兆文官宗芸大居士」。

❹右下には頼芸の花押が配されている。

武将DATA

生没年	文亀元年（1501）～天正10年（1582）
出身地	美濃国
幼名	―
通称	―
主な官位	左京大夫、美濃守
拠点（主な居城）	福光城、枝広館、大桑城

頒布場所DATA

販売場所	※現在は濃州明知砦通販のみ
販売料金	400円（税込）

斎藤道三により勢力を弱められた

美濃国守護・土岐政房の子。はじめ美濃国方県郡鷺山城で不遇をかこっていた。しかし、大永5年（1525）、頼芸派の長井長弘、長井新左衛門尉らがクーデターを起こし、頼芸の兄である守護・頼武を追い落とした。

土岐家の家督を継承した頼芸は、長井氏らの拠点近くにある枝広館へ居を移される。その後、長井氏が相次いで死去すると、新左衛門尉の子・斎藤道三が台頭した。

本拠を大桑城へ移した後は、道三に操られて次第に勢力を弱めつつも、尾張の織田信秀を頼って道三と争った。しかし天文12年（1543）、ついに城を攻め落とされて美濃を追われ、守護12代、約200年にわたって美濃を支配した土岐氏は没落した。

天正10年（1582）、旧臣の稲葉一鉄が頼芸を大野郡岐礼に迎え、東春院庵を設けて住まわせたが、まもなく病を得て病死した。鷹の絵に堪能な文化人としても知られている。また、道三の子・義龍の実父は頼芸であるという伝説がある。

武将印

北条氏綱

ほうじょう うじつな

北条氏の基盤を固めた二代目当主

❶北条氏の家紋「三つ鱗」が配されている。

❷氏綱を表す一字「虎」と花押が描かれている。

❸伊勢新九郎宗瑞の子で北条を名乗り虎朱印をはじめて使った。それにちなみ、右下には虎朱印が押されている。

武将DATA

生没年	長享元年（1487）〜天文10年（1541）
出身地	相模国
幼名	―
通称	新九郎
主な官位	従五位下、左京大夫
拠点（主な居城）	小田原城（神奈川県小田原市）

頒布場所DATA

販売場所	戦国魂 オンラインショップ
販売料金	330円（税込）

虎朱印の使用を開始した

伊豆国と相模国を平定した、北条氏の初代・伊勢宗瑞（北条早雲）の長男。二代目氏綱は、早雲死去の前年に当たる永正15年（1518）に32歳で家督を継いだ。父の死後、伊勢から北条へと改姓した。その直後から小田原・鎌倉方面で検地（土地の調査・測量）を実施し、相模国経営の基盤作りを開始。また、北条氏の権威の象徴として後まで用いられることになる虎朱印の使用を開始し、本拠地を韮山（静岡県伊豆の国市）から小田原城に移す。

領国を武蔵（東京都・埼玉県）、駿河（静岡県中部）、下総（千葉県の一部）まで拡大し、関東支配の礎を築いた。甲斐国都留郡（山梨県）にも度々侵攻している。寺社の保護や復興にも力を入れ、天文元年（1532）には鶴岡八幡宮の造営に着手、北条氏の偉大さを内外に誇示した。天文10年（1541）、病に倒れ、家訓の五カ条を息子・氏康に残し55歳で死去した。早雲寺（神奈川県箱根町）にて葬られ、現在は北条五代の墓が並んでいる。

三好政権を樹立した「日本の副王」
三好長慶
みよし ながよし

武将印

❶かつて織田信長よりも天下に近かった武将として「日本の副王」と評された。

❷中央には三好氏の家紋「三階菱に釘抜花押」が配されている。

❸長慶を表す一字として「将」が書かれている。

頒布場所DATA

販売場所	戦国魂 オンラインショップ
販売料金	330円（税込）

武将DATA

生没年	大永2年（1522）～永禄7年（1564）
出身地	阿波国
幼名	千熊丸
通称	―
主な官位	伊賀守、筑前守、従五位下、従四位下、修理大夫
拠点（主な居城）	飯盛山城（大阪府大東市・四条畷市）

主君と将軍を追放し京都の実権を握る

細川晴元（ほそかわはるもと）の重臣、三好元長（もとなが）の嫡男。幼少期は堺で過ごしていたが、父・元長の自害に伴い阿波（徳島県）へ帰国、わずか10歳で家督を継いだ。

再び畿内（京都周辺）に戻ると、仕えていた細川家を凌ぐ存在へと勢力を拡大していく。かねてより領地争いをしていた三好政長（まさなが）と戦う許しを得られなかったため、長慶は主君である晴元に反発。謀反を起こし、晴元に協力した将軍の足利義輝（あしかがよしてる）ともども京都から追放した。その後、長慶が中央政権を牛耳るようになり、三好政権を確立。畿内から四国までの広大な地域を支配するようになった。織田信長（おだのぶなが）以前の最初の「天下人」ともいわれている。やがて将軍・義輝と和解するが、晩年は弟たちや子・義興（よしおき）の急死などで憔悴し、飯盛山城（いいもりやまじょう）（大阪府大東市・四条畷市）で没した。連歌や茶の湯にも通じ、戦国屈指の教養人でもあった。

その後は長慶の甥・義継（よしつぐ）が三好家を継ぎ、実権を握っていた家臣の松永久秀（まつながひさひで）や信長と争うが、織田軍に攻められ自刃した。

その他の印・集印帳

戦国武将以外にも、架空の人物の印や、武将の名前が書かれた御城印なども発行されている。それら特殊な印と、武将印を収納することができる武将印帳（御朱印帳）の一部を紹介する。

武将印

三河の菊丸
ドラマで松平元康（徳川家康）や明智光秀、お駒を助ける忍びとして登場する三河の忍び菊丸の印。

頒布場所DATA

販売場所	※現在は濃州明知砦通販のみ
販売料金	400円（税込）

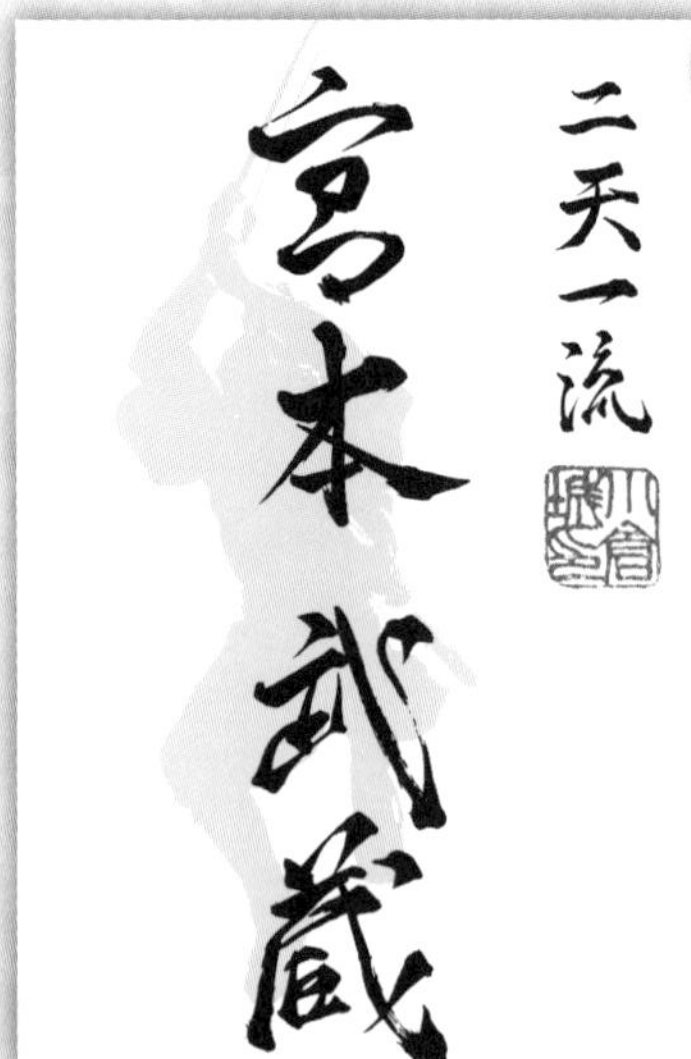

武将印

宮本武蔵
宮本武蔵の躍動感あふれるシルエットが中央に描かれている、小倉城発行の印。

頒布場所DATA

販売場所	小倉城通信販売、しろテラス
販売料金	500円（税込）通販の場合は＋500円

武将印

宮本武蔵
戦国魂の「墨将印」第二弾のコンプリートセットを買うともらえる非売品。「剣」の一字と墨絵が描かれている。

頒布場所DATA

販売場所	戦国魂オンラインショップ
販売料金	330円（税込）

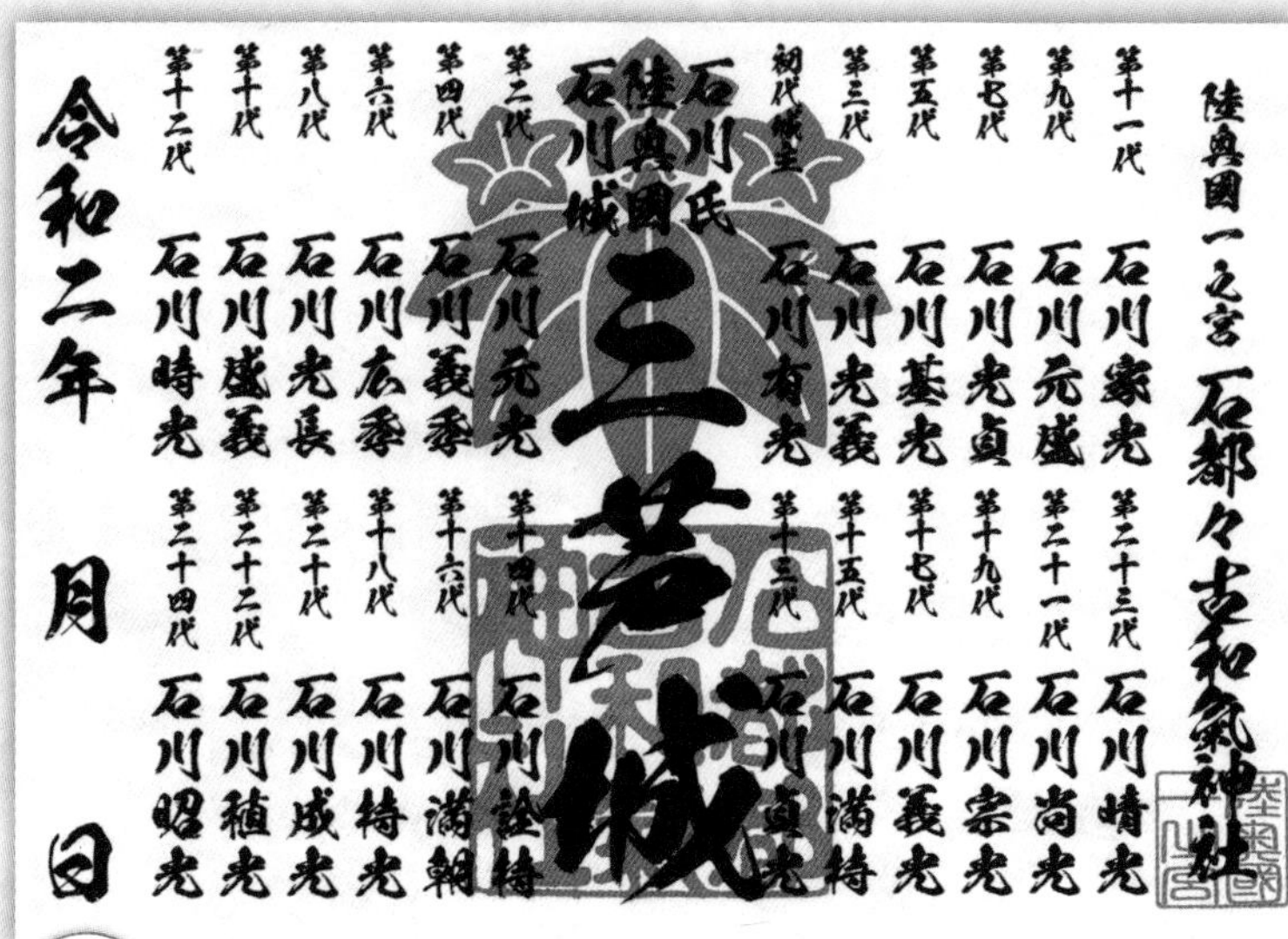

御朱印

三芦城(大)

石川氏の本姓、源氏の家紋「笹竜胆」とともに歴代城主名が見開きで記載されている石都々古和気神社の御朱印。

頒布場所DATA

販売場所	石都々古和気神社社務所
販売料金	600円(税込)

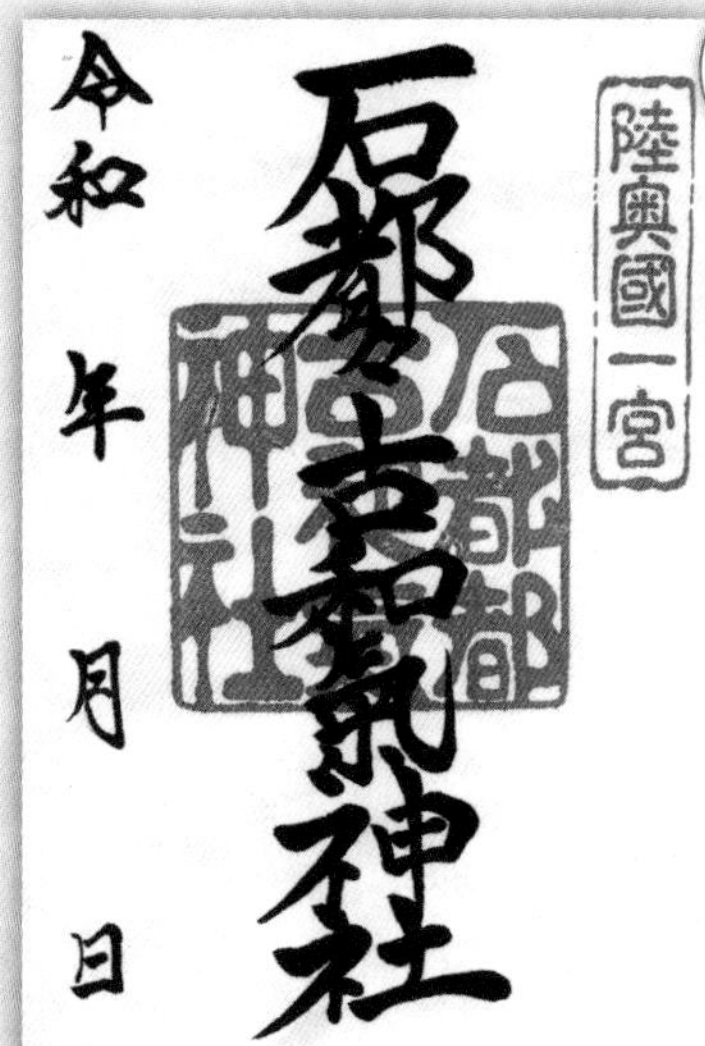

御朱印

石都々古和気神社の直書きの御朱印。陸奥国一宮と社印が押されている。

頒布場所DATA

販売場所	石都々古和気神社社務所
販売料金	300円(税込)

御朱印

三芦城(小)

石都々古和気神社がある八幡山は、石川有光が築いた三芦城があった。その御朱印には石川家の家紋の一つ、「対い鶴」が押されている。

頒布場所DATA

販売場所	石都々古和気神社社務所
販売料金	300円(税込)

織田信秀公
土田御前
秀孝公
信行公
お市の方
信包公
おいぬの方
居城
尾張國愛知郡
末森城
末森城印
令和
年
月
日
末森城址鎮座
交通安全
厄除開運
縁結び
城山八幡宮
城山八幡宮

御朱印

末森古城絵図御朱印

末森城は本丸・二ノ丸を中心に二重堀を巡らし総構えとした複雑な遺構が残る平山城。その城郭図と、築城した織田信秀公らの名前と肖像画を配した二つ折りの御城御朱印。

頒布場所DATA

販売場所	城山八幡宮
販売料金	500円(税込)

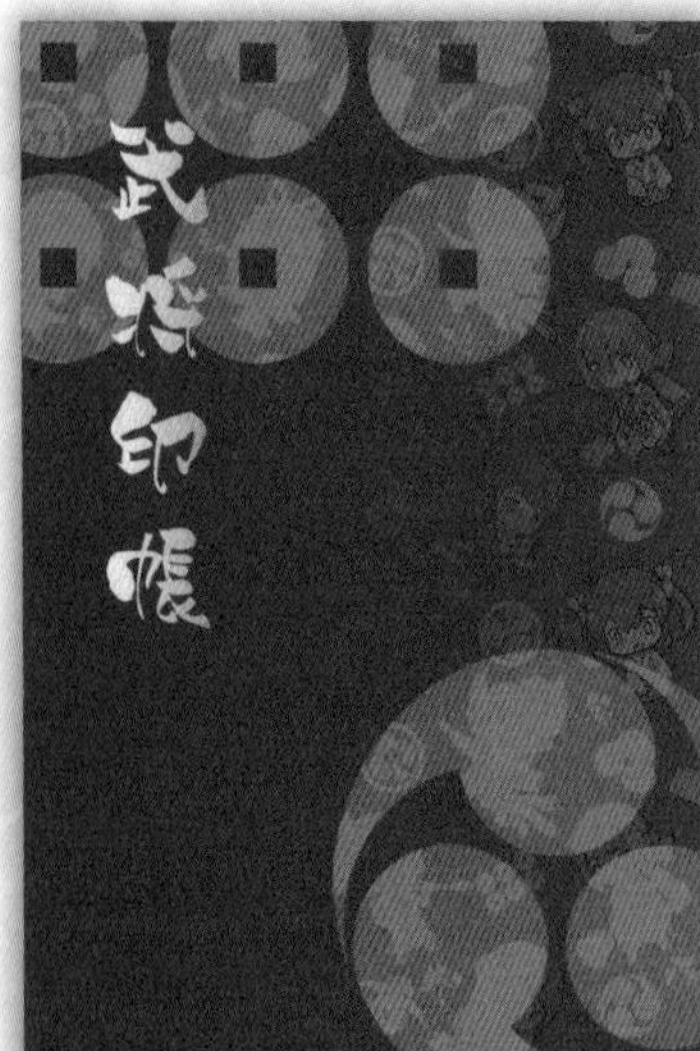

松之屋オリジナル武将印帳

真田氏の家紋「六文銭」やオリジナル武将キャラクターイラストがデザインされた武将印帳。40ページ(表面PPポケット付き、和紙素材)
※保護カバー付き(材質:塩化ビニール)。

頒布場所DATA

販売場所	松之屋
販売料金	2980円～(税込)

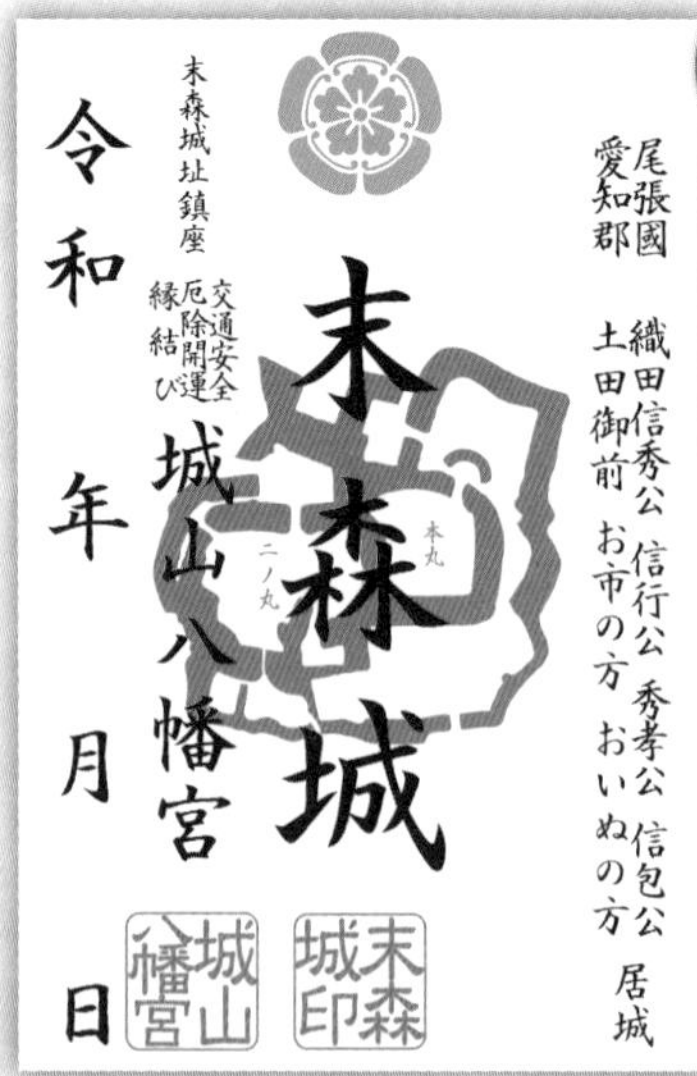

尾張國
愛知郡
織田信秀公
信行公
秀孝公
信包公
土田御前
お市の方
おいぬの方
居城
末森城
本丸
二ノ丸
末森城址鎮座
交通安全
厄除開運
縁結び
城山八幡宮
令和
年
月
日
城山八幡宮
末森城印

御朱印

末森城縄張図之印

古城絵図から複雑な空堀図を抜き出した御城御朱印。本丸・二ノ丸・三日月堀もはっきり分かる。築城した織田信秀公らの名前も記されている。

頒布場所DATA

販売場所	城山八幡宮
販売料金	500円(税込)

戦将の符帳
真・戦国丸が発売している「戦将の符」を入れる戦将の符帳。ポケットタイプで出し入れしやすく、飾るときには豪華に見えるデザイン。

頒布場所DATA

販売場所	真・戦国丸
販売料金	―

戦国魂ノ御城印帳（荒城）
ポケット式で、布製で汚れや耐久性に高く、風合いと手触りが心地良い仕上がりの御城印帳。虎口や石垣などお城の構造をアイコン化したデザインで、他にフェミニンな色合いの「花城」もある。

頒布場所DATA

販売場所	戦国魂オンラインショップ
販売料金	3520円（税込）

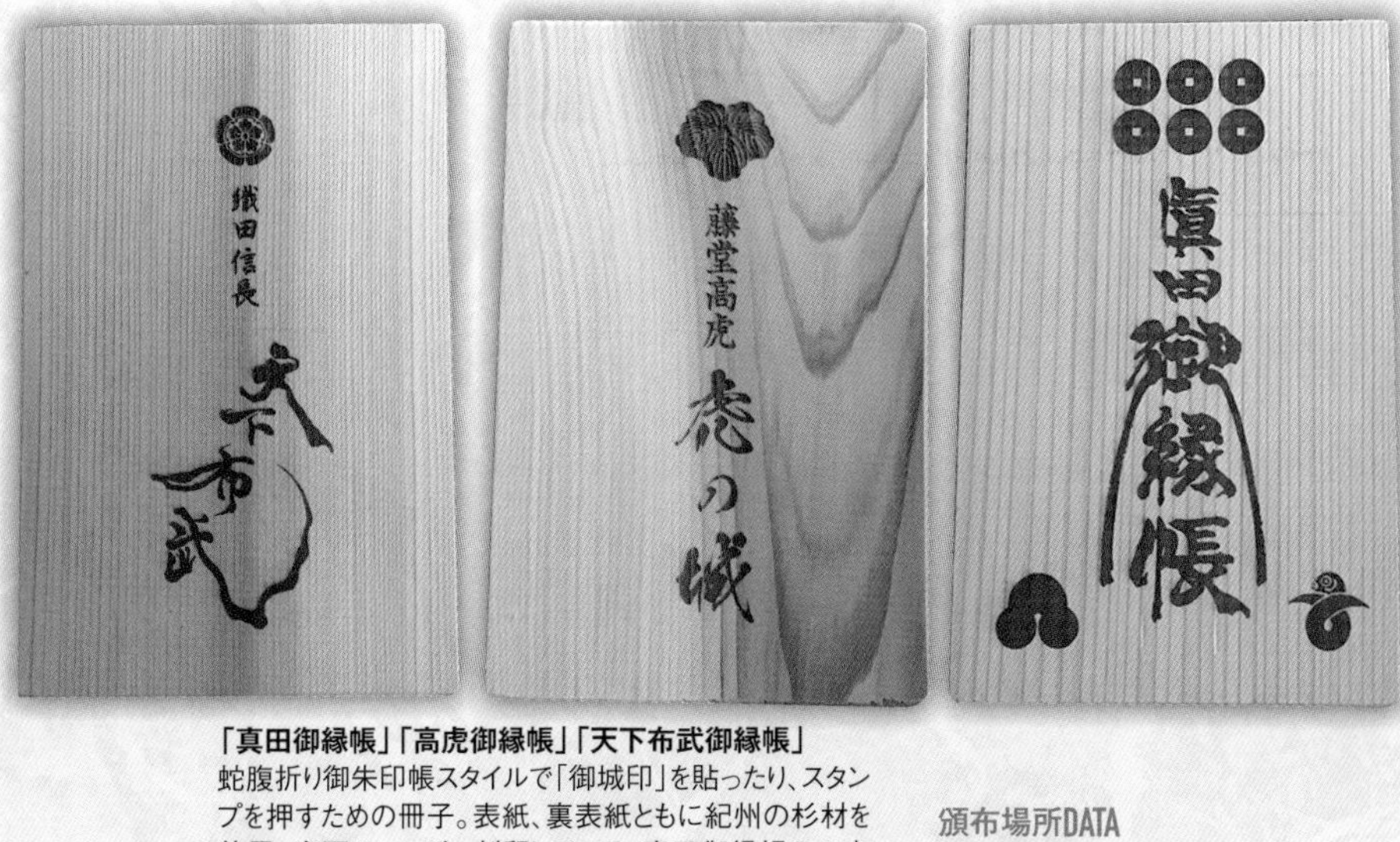

「真田御縁帳」「高虎御縁帳」「天下布武御縁帳」
蛇腹折り御朱印帳スタイルで「御城印」を貼ったり、スタンプを押すための冊子。表紙、裏表紙ともに紀州の杉材を使用。表面はレーザー刻印している。真田御縁帳のみ京都真田紐師 江南氏による真田紐がついている。

頒布場所DATA

販売場所	紀州九度山真田砦
販売料金	各3300円（税込）

営業日・営業時間	定休日	問い合わせ先電話番号	見学料金	駐車場の有無
9:00～12:00、13:00～16:00	なし	0247-26-7534	無料	あり（無料）
9:30～17:00	不定休	0852-27-5843	-	あり（近くの有料パーキング）
9:00～17:00	月曜日（祝日の場合は開館）、12/28～1/4	0561-73-8825	無料	約20台（無料）
9:00～17:00	毎週水曜日	0574-42-8580	-	普通乗用車: 7台
9:00～18:00	なし	0736-73-8500	-	あり（無料）
10:00～16:00	月～木曜日（祝日の場合は営業）	090-2108-7133	-	8台
平日14:00～17:00、土日祝13:00～17:00	教法院ツイッターにて告知	075-462-1232	志納	あり（無料）
9:00～18:00	なし	080-1532-3273	無料	あり（有料）
9:00～17:00	-	0268-72-5700	-	あり（有料）
9:00～16:00	-	0268-22-7302	-	あり（有料）
9:15～16:30	なし	052-751-0788	-	あり
9:00～17:00	毎週火曜日（祝日・休日の場合は翌日）、年末年始	025-521-6280	無料	50台（無料）
平日13:00～17:00、土日祝10:00～17:00	月・水・金・日	090-2337-0383	-	2～3台
10:00～18:00	水曜日（木曜日不定休）	0749-30-9195	-	あり（無料）
10:00～21:00	東京スカイツリータウン・ソラマチに準じる	03-5809-7274	-	あり（有料）
9:00～17:00	なし	0848-62-2577	無料	あり（無料）
-	なし	0790-48-2484	無料	40台（無料）
9:00～14:00	日曜（祝日の場合は翌日）	0584-23-2020	無料	2台（無料）
【通常】9:00～17:00、【冬期】9:00～16:00（R1.12月～R2.3月予定）	年末年始（12/29～1/3）	0278-25-8555	無料	普通車55台・大型バス7台（無料）
-	-	080-3669-6447	-	-
9:00～17:00	水曜日	0736-33-3552	-	なし
9:00～17:00	12/29～12/31	0749-30-6120（彦根市観光企画課）	-	なし
9時～18時（12月～2月:～17時）※入館は各閉館の30分前まで	12/29～31（臨時休館あり）	082-221-7512	370円（大人）	なし
9:00～17:00	月曜日（祝日の場合翌日）、年末（12月28日～12月31日）	084-922-2117	200円（大人）	あり（有料）
平日10:00～16:00、土日祝10:00～17:00	第2、第3火曜日	0597-97-0968	-	あり（無料）
10:00～14:00	月・火・水・木・金・土	-	無料	あり（無料）
御朱印受付10:00～16:00	不定休	0567-26-4573	無料	3台（無料）
9:00～17:00	なし	0748-32-3323	境内自由（寺院拝観料300円）	普通車20台・大型車5台
17:00～0:00	不定休（店入口横に無人販売所あり）	090-1498-6253	無料	店舗前に1台
9:30～17:00	火曜日、12/29～1/3	0854-32-2767	210円	あり
9:00～17:00	不定休	0859-21-3007	-	6台
10:00～16:00	なし	075-531-0986	500円	なし
9:00～17:30（飲食の提供は10:00～16:00）	なし（荒天の場合除く）	073-488-7640	-	あり（有料）

	頒布場所	住所	アクセス
あ	石都々古和気神社	〒963-7858 福島県石川郡石川町字下泉150	JR磐城石川駅より徒歩15分
	いっぷく処清松庵	〒690-0888 島根県松江市北堀町308-2	JR松江駅よりバス15分
	岩崎城歴史記念館	〒470-0131 愛知県日進市岩崎町市場67番地	名古屋市営地下鉄東山線星ヶ丘駅より 名鉄バスで20分
	御嵩宿わいわい館	〒505-0116 岐阜県可児郡御嵩町御嵩1554-1	名鉄広見線御嵩駅下車すぐ。または東海環状自動 車道可児御嵩ICより車で約10分
か	観光特産センターこかわ	〒649-6531 和歌山県紀の川市粉河2046-1	JR和歌山線粉河駅より徒歩15分
	紀州九度山真田砦	〒648-0145　和歌山県伊都郡 九度山町下古沢244-14	南海高野線下古沢駅より徒歩10分
	教法院	〒602-8345 京都市上京区一番町107	二条駅より徒歩18分
	小倉城しろテラス	〒803-0813 福岡県北九州市小倉北区城内2-1	JR西小倉駅より徒歩約10分
さ	真田神社	〒386-2201長野県上田市 真田町長4473 山家神社境内	上田菅平ICから車で15分
	眞田神社	〒386-0026長野県上田市 二の丸1-12 上田城鎮座	JR上田駅から車で3分または徒歩で10分。 長野自動車道上田菅平I.Cから車で15分
	城山八幡宮	〒464-0045 名古屋市千種区城山町2-88	東山線覚王山駅2番出口から東へ300m(徒歩6分) 東山線・名城線本山駅1番出口から西へ300m(徒歩6分)
	上越市埋蔵文化財センター	〒943-0807 新潟県上越市春日山町1-2-8	えちごトキめき鉄道・妙高はねうまライン 「春日山駅」から徒歩20分
	上州真田武将隊商い処 松之屋	〒378-0048 群馬県沼田市中町1126番地	JR上越線沼田駅よりバス 下之町バス停で下車、徒歩3分
	真・戦国丸	〒522-0083 滋賀県彦根市河原3丁目4-36	近江鉄道ひこね芹川駅より徒歩7分
	戦国魂天正記 ※通販はhttp://www.sengokudama.jp	〒131-0045 東京都墨田区押上1丁目1−2	東武スカイツリーライン 「とうきょうスカイツリー駅」徒歩すぐ
た	瀧宮神社	〒723-0003 広島県三原市中之町1丁目1-1	JR山陽本線三原駅より徒歩10分
	多聞寺	〒675-2242 兵庫県加西市尾崎町288	北条鉄道播磨下里駅より徒歩15分
	垂井駅前観光案内所	〒503-2121 岐阜県不破郡垂井町1812-10	JR東海垂井駅北口徒歩1分
な	沼田市観光案内所	〒378-0042　群馬県沼田市 西倉内町2889-3(沼田公園内)	JR上越線沼田駅よりバス4分 テラス沼田市役所前下車、徒歩6分
	濃州明知砦HP (現在は通販のみ)	〒505−0121 岐阜県可児郡御嵩町中127-1	-
は	はしもと広域観光案内所	〒648-0065 和歌山県橋本市古佐田1丁目5-9	JR和歌山線橋本駅下車すぐ
	彦根市観光案内所	〒522-0007　滋賀県彦根市 古沢町40番7号 JR彦根駅構内	JR彦根駅　徒歩1分
	広島城 天守閣内ミュージアムショップ	〒730-0011 広島市中区基町21-1	JR新白島駅　徒歩17分
	福山城博物館	〒720-0061 広島県福山市丸之内一丁目8番	JR福山駅より徒歩5分
ま	道の駅 熊野・板屋九郎兵衛の里	〒519-5413 三重県熊野市紀和町板屋82	JR熊野市駅より三重交通バス約45分 道の駅 熊野・板屋九郎兵衛の里下車すぐ。
	箕輪城跡駐車場	〒370-3106 群馬県高崎市箕郷町東明屋	JR高崎駅よりバス約30分、徒歩約20分
	妙延寺	〒496-0803 愛知県津島市今市場町1-11	名古屋鉄道津島駅より徒歩8分
	村雲御所瑞龍寺門跡	〒523-0828 滋賀県近江八幡市宮内町19-9	JR琵琶湖線近江八幡駅よりバス 12分　大杉町下車、 徒歩5分、ロープウェイに乗換え　八幡山頂駅下車すぐ
や	やきとり居酒屋もみじ	〒019-0205 秋田県湯沢市小野字西堺171-1	奥羽本線横堀駅より徒歩2～3分
	安来市立歴史資料館	〒692-0402 島根県安来市広瀬町町帳752	JR安来駅より車で約15分
	米子まちなか観光案内所	〒683-0832 鳥取県米子市灘町1丁目19番地	JR米子駅より徒歩22分
ら	霊源院	〒605-0811　京都市東山区 大和大路四条下ル小松町594	京阪電車祇園四条駅より徒歩12分
わ	和歌山城お天守茶屋	〒640-8146 和歌山県和歌山市一番丁	南海本線和歌山市駅より徒歩10分、 阪和自動車道和歌山ICから車で20分

索引（50音順）

	名前	読み	ページ数
あ	明石全登	あかしてるずみ	87
	明智光秀	あけちみつひで	18
	浅井長政	あざいながまさ	136
	足利義輝	あしかがよしてる	132
	姉崎四郎左衛門	あねさきしろうざえもん	143
	姉崎六郎	あねさきろくろう	143
	尼子経久	あまごつねひさ	116
	尼子晴久	あまごはるひさ	118
	井伊直政	いいなおまさ	90
	石田三成	いしだみつなり	60
	今川義元	いまがわよしもと	134
	上杉謙信	うえすぎけんしん	124
	宇佐美定満	うさみさだみつ	128
	円珠姫	えんじゅひめ	105
	お市の方	おいちのかた	104
	阿梅姫	おうめひめ	104
	大谷吉継	おおたによしつぐ	74
	大友宗麟	おおともそうりん	122
	大祝鶴姫	おおほうりつるひめ	104
	織田信包	おだのぶかた	26
	織田信長	おだのぶなが	14
	織田信秀	おだのぶひで	24
	織田信勝	おだのぶかつ	25
	織田秀孝	おだひでたか	27
	小山田茂誠	おやまだしげまさ	46

	名前	読み	ページ数
か	片倉重綱（重長）	かたくらしげつな（しげなが）	48
	片倉守信	かたくらもりのぶ	49
	加藤清正	かとうきよまさ	70
	加藤貞泰	かとうさだやす	101
	可児才蔵	かにさいぞう	79
	河原綱家	かわはらつないえ	47
	帰蝶（濃姫）	きちょう（のうひめ）	105,106
	吉川広家	きっかわひろいえ	112
	九鬼嘉隆	くきよしたか	80
	黒田官兵衛	くろだかんべえ	72
	後藤又兵衛	ごとうまたべえ	56
	小早川隆景	こばやかわたかかげ	110
	小松姫	こまつひめ	105,106
さ	雑賀孫市	さいかまごいち	144
	真田信繁（幸村）	さなだのぶしげ（ゆきむら）	28
	真田信綱	さなだのぶつな	40
	真田信之	さなだのぶゆき	36
	真田昌幸	さなだまさゆき	32
	真田幸綱（幸隆）	さなだゆきつな（ゆきたか）	38
	真田幸昌	さなだゆきまさ	41
	三法師（織田秀信）	さんぼうし（おだひでのぶ）	65
	島左近	しまさこん	52
	島津義弘	しまづよしひろ	86
	末次元康	すえつぐもとやす	114
	菅勘四郎	すがかんしろう	142

	名前	読み	ページ数
さ	菅勘助	すがかんすけ	143
	菅六郎	すがろくろう	142
	鈴木忠重	すずきただしげ	42
た	高橋紹運	たかはしじょううん	123
	竹中半兵衛	たけなかはんべえ	66
	伊達政宗	だてまさむね	96
	竹林院	ちくりんいん	106
	長宗我部元親	ちょうそかべもとちか	82
	長宗我部盛親	ちょうそかべもりちか	83
	筒井順慶	つついじゅんけい	81
	藤堂高虎	とうどうたかとら	92
	土岐頼芸	ときよりのり	145
	徳川家康	とくがわいえやす	88
	豊臣秀次	とよとみひでつぐ	62
	豊臣秀吉	とよとみひでよし	50
	豊臣秀頼	とよとみひでより	64
な	長野業正	ながのなりまさ	126
	中村一氏	なかむらかずうじ	102
	中村忠一	なかむらただかず	103
	丹羽氏次	にわうじつぐ	94
	沼田景義	ぬまたかげよし	138
は	羽柴秀長	はしばひでなが	78
	熙子	ひろこ	106
	福島正則	ふくしままさのり	68
	北条氏綱	ほうじょううじつな	146

	名前	読み	ページ数
は	細川ガラシャ	ほそかわがらしゃ	107
	細川忠興	ほそかわただおき	140
	堀尾忠氏	ほりおただうじ	85
	堀尾吉晴	ほりおよしはる	84
	本多忠勝	ほんだただかつ	97
ま	前田利益	まえだとします	130
	松平直政	まつだいらなおまさ	98
	松永久秀	まつながひさひで	23
	三河の菊丸	みかわのきくまる	148
	水野勝成	みずのかつなり	99
	宮本武蔵	みやもとむさし	148
	三好長慶	みよしながよし	147
	村上武吉	むらかみたけよし	115
	村松殿	むらまつどの	107
	毛利勝永	もうりかつなが	76
	毛利元就	もうりもとなり	108
	森蘭丸	もりらんまる	22
や	八口内貞冬	やくないさだふゆ	142
	矢沢頼綱	やざわよりつな	44
	山手殿	やまてどの	107
	山中鹿介	やまなかしかのすけ	120
	横田内膳	よこたないぜん	100

「御城印」徹底ガイド シリーズ

発売中！

東日本

東日本（石川・岐阜・愛知以東）の
御城印を発行しているお城61城・約100種類の
情報をまとめて紹介。

書名：東日本「御城印」徹底ガイド　見どころ・楽しみ方がわかる
監修：小和田哲男
ページ数：144ページ
定価：1760円+税

名城から古城、奇城まで、魅力的な「御城印」を一挙に収録した
「御城印」徹底ガイドシリーズが好評発売中！
家紋や花押の解説はもちろん、
限定・コラボ・特別デザインなどバリエーションを豊富に掲載！
城郭の詳細情報＆ＭＡＰ付き。
ぜひ本書と一緒にお城めぐりの際に持っていこう！

西日本

西日本（滋賀・三重以西）の
御城印を発行しているお城95城・約120種類の
情報をまとめて紹介。

書名：西日本「御城印」徹底ガイド　見どころ・楽しみ方がわかる
監修：小和田哲男
ページ数：144ページ
定価：1760円+税

スタッフ
企画・構成・編集／浅井貴仁（ヱディットリアル株式會社）
執筆協力／向千鶴子、今 眞人、志水 彩、
岡田晶代（アーク株式会社）、安倍季実子
デザイン／田中宏幸（田中図案室）

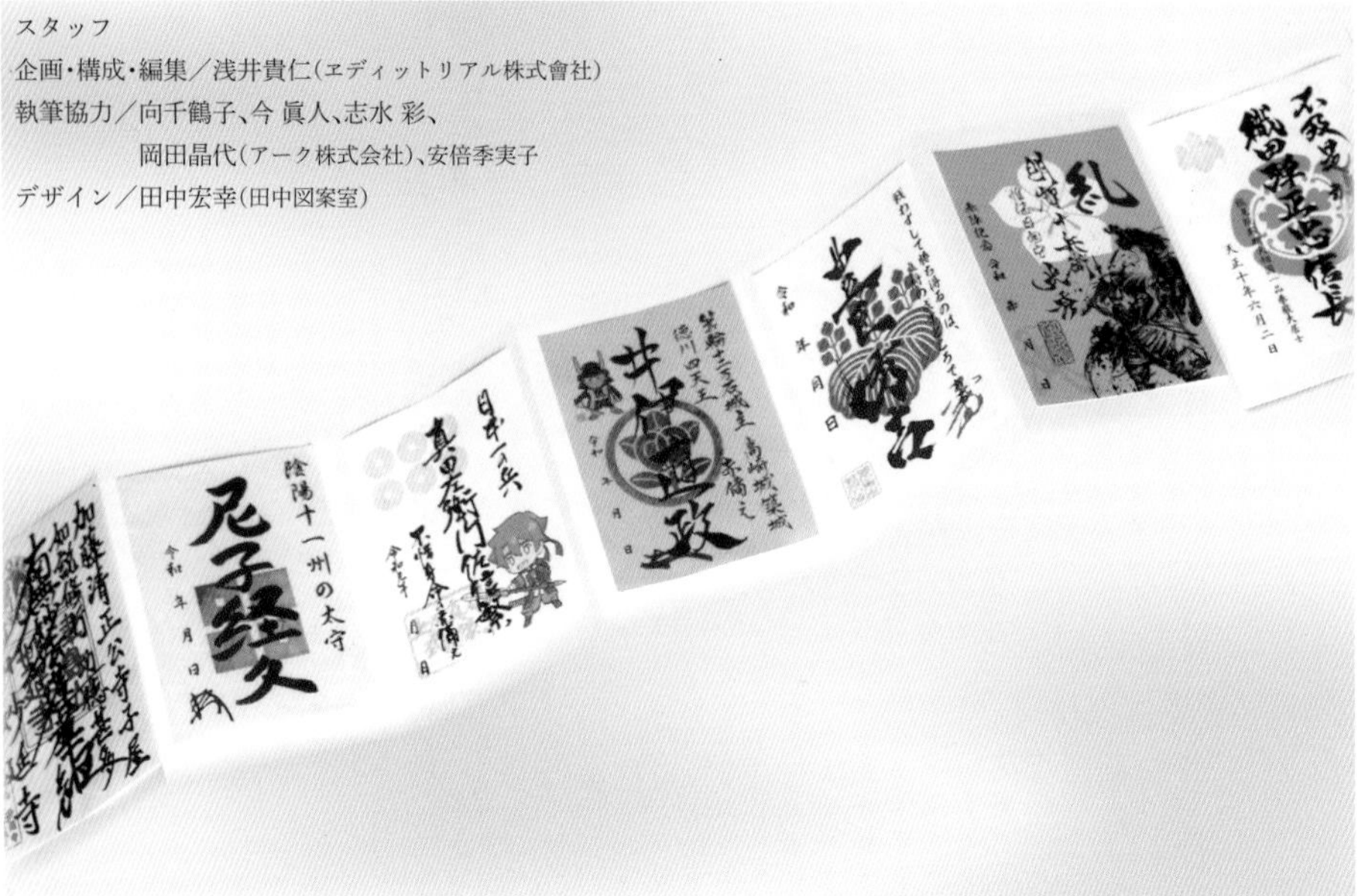

全国「武将印」徹底ガイド
見どころ・楽しみ方がわかる

2020年10月30日　第1版・第1刷発行
2020年12月20日　第1版・第2刷発行

監修者　小和田　哲男（おわだ　てつお）
発行者　株式会社メイツユニバーサルコンテンツ
（旧社名：メイツ出版株式会社）
代表者　三渡 治
〒102-0093 東京都千代田区平河町一丁目1-8
TEL：03-5276-3050（編集・営業）
03-5276-3052（注文専用）
FAX：03-5276-3105
印　刷　三松堂株式会社

ご意見・ご感想はホームページから承っております。
ウェブサイト https://www.mates-publishing.co.jp/

編集長：折居かおる　副編集長：堀明研斗　企画担当：堀明研斗